商务礼仪实训

（第三版）

胡爱娟　陆青霜 ◎ 编著

首都经济贸易大学出版社
Capital University of Economics and Business Press
·北 京·

图书在版编目(CIP)数据

商务礼仪实训/胡爱娟,陆青霜编著.—3 版.—北京:首都经济贸易大学出版社,2014.5

ISBN 978 -7 -5638 -2212 -6

Ⅰ.①商… Ⅱ.①胡… ②陆… Ⅲ.①商务—礼仪—教材 Ⅳ.①F718

中国版本图书馆 CIP 数据核字(2014)第 046778 号

商务礼仪实训(第三版)
胡爱娟 陆青霜 编著

出版发行 首都经济贸易大学出版社
地　　址 北京市朝阳区红庙(邮编 100026)
电　　话 (010)65976483 65065761 65071505(传真)
网　　址 http://www.sjmcb.com
E - mail publish@cueb.edu.cn
经　　销 全国新华书店
照　　排 首都经济贸易大学出版社激光照排服务部
印　　刷 北京地泰德印刷有限责任公司
开　　本 787 毫米×960 毫米 1/16
字　　数 299 千字
印　　张 17
版　　次 2008 年 7 月第 1 版 2011 年 9 月第 2 版
2014 年 5 月第 3 版 2015 年 5 月总第 6 次印刷
印　　数 14 001 ~ 19 000
书　　号 ISBN 978 -7 -5638 -2212 -6/F · 1263
定　　价 29.00 元

修订第三版前言

随着经济的不断发展，国内、国际商业竞争日趋激烈和复杂。现代商业竞争的激烈性和复杂性要求商务人员必须成为讲礼仪的一族。商务礼仪是企业的商务人员在商务活动中，为了塑造良好的个人和组织形象而应当遵循的，对商务交往对象表示尊敬与友好的规范或程序。现代商务人员掌握和运用了商务礼仪知识和技能，不仅能体现自己的礼仪修养、赢得他人的尊重和信赖，更能在商业竞争中技高一筹，充分施展自己的才能。

商务礼仪具有极强的实践性，它要求从业人员不但要掌握有关商务礼仪的知识，更要注重礼仪知识的实践应用，服务于各种商务活动。为了适应社会的需要，本教材在编写中贯彻了当前教育改革的要求，着眼于素质教育，根据职业特点，突出实践性教学，重点训练学生的礼仪知识的应用能力；采用模块、项目、任务的实践性教学体系；导入知识目标和能力目标，侧重了商务礼仪项目和任务的实际训练，图文并茂，操作性强。

本教材除可供经贸类、管理类、服务类等专业教学使用外，还可作为企业员工商务礼仪的培训用书和从业人员自学读物。

本次修订，我们根据商业服务性质和对从业人员礼仪的不同要求，专门增设了模块九——商业服务礼仪。全书作者分工如下：胡爱娟负责全书体系的构思、内容的确定和统稿，同时编写模块一（礼仪及商务礼仪概述）、模块三（商务接待礼仪）、模块四（商务宴请礼仪）、模块五（商务谈判礼仪）。模块九（商业服务礼仪）。陆青霜负责编写模块二（商务人员个人礼仪）、模块六（商务会议礼仪）、模块七(商务仪式礼仪)、模块八(涉外商务礼仪)。

本教材的编写,得到了浙江经贸职业技术学院领导的支持和师生的帮助,作者还参考了许多专家学者的有关著述,同时,在出版中得到首都经济贸易大学出版社的协助,在此一并表示诚挚的谢意。

本教材属教育部高职高专教指委教育科研“十一五”规划课题 [GLJKT201002017] 阶段性成果。同时,也是 2013 年全国供销总社商务礼仪精品课程的建设成果之一。

由于作者水平有限,加之时间较紧,错误和疏漏在所难免,敬请广大师生和读者指正,以臻完善。

CONTENTS

目录

模块一　礼仪及商务礼仪概述　/　1

项目一　礼仪的概念和起源　/　1
项目二　商务礼仪的概念和内容　/　5
项目三　商务礼仪的作用与准则　/　6
项目四　商务礼仪修养　/　9
项目五　商务礼仪学习与训练　/　11

模块二　商务人员个人礼仪　/　14

项目一　商务人员仪容礼仪　/　14
项目二　商务人员服饰礼仪　/　20
项目三　商务人员举止仪态礼仪　/　29
项目四　商务人员交际语言礼仪　/　34
项目五　商务人员表情礼仪　/　39
项目六　实训　/　43

模块三　商务接待礼仪　/　47

项目一　了解商务接待规范　/　47
项目二　做好商务接待准备　/　49
项目三　掌握商务接待基本程序　/　50
项目四　知晓礼品馈赠礼仪　/　53
项目五　实训　/　61

模块四　商务宴请礼仪　/　71

项目一　了解宴请的类型　/　72

项目二　做好宴会组织工作　/　76
项目三　知晓宴会礼仪规范　/　78
项目四　宴请者礼仪　/　90
项目五　赴宴礼仪　/　92
项目六　中外饮食习俗　/　97
项目七　实训　/　101

模块五　商务谈判礼仪　/　113

项目一　商务谈判准备工作　/　114
项目二　商务谈判程序　/　117
项目三　商务谈判基本礼仪　/　122
项目四　商务谈判中的技巧与礼仪　/　126
项目五　实训　/　132

模块六　商务会议礼仪　/　145

项目一　新闻发布会礼仪　/　146
项目二　展览会礼仪　/　152
项目三　茶话会礼仪　/　156
项目四　赞助会礼仪　/　158
项目五　各种会议的会场布置　/　161
项目六　实训　/　164

模块七　商务仪式礼仪　/　169

项目一　开业仪式　/　169
项目二　剪彩仪式　/　171
项目三　签字仪式　/　174
项目四　交接仪式　/　176
项目五　庆典仪式　/　178
项目六　实训　/　188

模块八　涉外商务礼仪　/　196

项目一　部分国家的习俗礼仪　/　196

项目二　出国访问礼仪　/　207
项目三　接待外宾礼仪　/　216
项目四　实训　/　218

模块九　商业服务礼仪　/　219
项目一　酒店服务礼仪　/　220
项目二　会展服务礼仪　/　240
项目三　导游服务礼仪　/　246
项目四　金融服务礼仪　/　251
项目五　商场服务礼仪　/　255
项目六　实训　/　258

参考文献　/　263

模块一

礼仪及商务礼仪概述

知识目标	能力目标
了解礼仪的概念与起源； 了解商务礼仪的概念与内容； 了解商务礼仪的作用与准则。	掌握把商务礼仪知识转化为商务能力的方法； 掌握商务礼仪的训练技能； 提高个人的礼仪修养和运用商务礼仪的能力。

案例导入

2009年9月9日上午8点，杭州市莫干山路的“爱心斑马线”前，几名佳丽朝着南来北往的车辆，举起了鲜亮的“礼让”牌。尽管这时的交通还有些繁忙，但过往的司机们看到这么热情的美女，大多很自觉地在斑马线前刹住了车，行人们则从容地过起了马路。这些美女是第59届世界小姐浙江区总决赛的佳丽，她们分别在杭城的8条“爱心斑马线”上当起了宣传礼让的公益使者。

据了解，这是浙江电台交通之声联合省文明办、杭州市公安局交通警察局共同推出的“礼行天下”系列活动。

思考：

结合资讯，你认为古代礼仪对于现代文明礼仪有哪些正面、积极的作用？

项目一 礼仪的概念和起源

孔子早在2 000多年前就说过：“不学礼，无以立。”当今社会更是如此。改革开放以后，我国与世界各国在政治、经济、文化、教育、科技、体育等方面的交往日益增多，尤其是在加入世界贸易组织以后，我国的涉外交往更加频繁。交际范围的扩展、交际关系的复杂、交际频率的加快，使人们迫切需要找到一种有效的工具，以帮助他们清除交往中的障碍，更为顺利地进入各种交际场合，从而为事业的发展打开局面。

这一有效的工具就是礼仪。

一、礼仪的概念

何谓礼？“礼之名，起于事神”。《说文·示部》解释：“礼，履也，所以事神致神福也。”其本意是敬神，为表示敬意的活动。由于礼都有一定的规矩、仪式，于是又有了礼节、礼仪的概念。进入文明社会以后，人们把这种礼仪活动由“祈神”转向敬人。所以，礼是表示敬意的通称，是人们在社会生活中处理人际关系并约束自己行为以示尊重他人的准则。与“礼”相关的词主要有：礼貌、礼节、礼仪，在大多数情况下，这些词被视为一体，混合使用。其实，从内涵上来看，它们之间既有区别，又有联系。

礼貌，是指人们在交往时，通过言语、动作向交往对象表示谦虚、恭敬和友好的行为规范。它是一个人在待人接物时的外在表现，侧重于表现人的品质与素养。

礼节，是指待人接物的行为规则，是人们在日常生活中，特别是在交际场合相互表示尊敬、问候、祝贺、致意、慰问、哀悼以及给予必要的协助与照料的惯用形式。它实际上是礼貌的具体表现方式，与礼貌之间的相互关系是：没有礼节，就无所谓礼貌；有了礼貌，就必然伴有具体的礼节。

礼仪，是指人们在一定的社会交往场合，为表示相互尊重、敬意、友好而约定俗成的、共同遵循的行为规范和交往程序。从广义的角度来看，礼仪是一系列特定的礼节的集合。它既可以指在较大、较正规的场合隆重举行的各种仪式，也可以泛指人们在社交活动中的礼貌礼节。例如，正式交往场合对服饰、仪容仪表、举止等方面的规范与要求，或者大型庆典活动、展览会的开幕式、社交宴请以及迎接国宾的鸣放礼炮等均属礼仪的范畴。

礼貌、礼节、礼仪都是人们在相互交往中表示尊重、友好的行为，从本质上说，三者是一致的，但又有各自特殊的含义和要求，它们之间既有联系又有区别。礼貌、礼节多指交往过程中个别的行为；礼仪则是指社交活动中，自始至终以一定程序、方式来表现的完整行为，更具文化内涵。一般来说，礼节产生于礼仪之前，最初的社交活动规模较小，礼节也较为简单。随着社会的进步和发展，交往活动日趋频繁深入，礼节也就越来越复杂，且逐渐形成了一些系列化的礼节规范和约定俗成的礼节程序，礼仪于是自然而然地形成了。因此，礼节是礼仪的基础，礼仪是系列化、程式化了的礼节。

人们从不同的视角对礼仪这一概念作出了不同的解释、理解和把握：从道德角度来看，礼仪可以被界定为人处世的行为规范、标准做法、行为准则。从修养角度来看，礼仪可以说是一个人的内在修养和素质的外在表现。从审美角度来看，礼仪可以说是一种形式美，是人心灵美的必然外化。从传播角度来看，礼仪可以说是一种人际交往中相互沟通的技巧。从交际角度来看，礼仪既可以说是人际交往中适用的一种艺术，也可以说是一种交际方式或交际方法。从民俗角度来看，礼仪是待人接物的一种惯例，是在人际交往中必须遵行的律己敬人的习惯形式，也可以说是在人际交往中约定俗成的示人以尊重、友好的习惯做法。

二、我国礼仪的起源与发展

（一）我国古代礼仪的起源与发展

礼之产生，可以追溯到远古时代。自从有了人，有了人与自然的关系，有了人与人之间的交往，礼便产生和发展起来了。从仪式上来说，礼起源于氏族公社举行的祭祀活动。在原始社会中，人们无法解释日月星辰的更替、风雨雷电的变幻和灾害瘟疫的流行等自然现象，认为冥冥之中是鬼神、祖先以超自然的力量在对人类的生活进行干预，故对之顶礼膜拜。人类最初的礼仪都是与祭鬼神、祭祖先相联系的，其主要形式是用礼器举行祭祀仪式，以表示氏族成员对神灵和祖先的敬献和祈求。因此，有“礼立于敬而源于祭”之说。

礼仪是在人类交往活动过程中逐渐形成的。可以这样说，任何一种具体的礼仪方式都可追寻到它形成、变化的历史痕迹与线索。比如，人们见面总少不了握手。据考证，握手这种礼节，最早可以追溯到早期的人类社会。那时，人们为了生存，外出时手中总要拿着棍棒、石器等，当彼此表示友好，没有敌意时，就放下手中武器以掌相击，久而久之演变成今天的握手礼节；而在古代欧洲，双方见面为了表示友好，手中没有武器，也同样是以手相握。因此，礼仪与人类社会的文明史共存，是人类文明与进步的一个重要表征；同时，它与一个民族的政治、经济、文化、历史相融为一体。

礼仪在其传承沿袭的过程中不断发生着变革，从历史发展的角度看，其演变可分为四个阶段。

1. 起源时期。这一阶段约在公元前21世纪之前，也就是夏朝产生之前。综合考古学、民族学的材料可以发现，这一时期原始的政治礼仪、祭祀礼仪、婚姻礼仪等已有了雏形。据考证，距今约1.8万年前的北京周口店山顶洞人，就已经知道打扮自己。他们用穿孔的兽齿、石珠作为装饰品，挂在脖子上。而他们在去世的族人身旁撒放赤铁矿粉，举行原始宗教仪式，这是迄今为止在中国发现的最早的葬仪。人类进入新石器时期后，不仅能制作精细的磨光石器，并且已开始从事农耕和畜牧生产。在其后数千年的岁月里，原始礼仪逐步发展。例如，在今西安附近的半坡遗址中，发现了距今约5 000年前的半坡村人的公共墓地。墓地中的坑位排列有序，死者的身份有所区别，有带殉葬品的仰身葬，还有无殉葬品的俯身葬等。那个时代，人们在交往中已经开始尊卑有序、男女有别了。在房子里，家庭成员按照长幼席地而坐，老人坐上边，小辈坐下边；男人坐左边，女人坐右边。他们用两根中柱把主室分为两个半边，右边中柱是女柱，左边中柱是男柱，男女成年时在各自的柱子前举行成人仪式。这种礼仪在今天的纳西族中仍然传承。炎黄时期，传统礼仪已渐至严密，且逐渐被纳入礼制的范畴。尧舜时代，国家已具雏形，同时，民间交际礼仪得到了进一步的发展，延续几千年的拜、揖、拱手等礼节已被广泛地运用于社交活动之中了。

2. 形成时期。这一阶段约在公元前21世纪到公元前771年，也就是夏、商、西周三代。三代时期，社会生产力比原始社会有了更大的发展，与之相适应，社会文化也得到了较大的发展，统治者制定了比较完备的国家礼仪制度，提出了极为重要的礼仪概念，如“五礼”（吉礼、凶礼、军礼、宾礼、嘉礼）等，确立了崇古重礼的文化传统。古代的礼制典籍亦多撰修于这一时期，如在西周，出现了中国历史上第一部记载“礼”的书籍——《周礼》。人们通常认为，传世的《周礼》和《仪礼》是周公编制的，它们与其释文《礼记》，成为后世称道的“三礼”。“三礼”是当时各种礼制的总和，涵盖了中国古代礼仪的主要内容，是我国礼仪方面的经典之作，对我国后世的礼仪发展起到了不可估量的作用。

3. 变革时期。这一阶段约在公元前771年到公元前221年，也就是春秋战国时期。这一时期，三代之礼在许多场合废而不行，一些新兴利益集团开始创制符合自己利益和可以巩固其社会地位的新礼。各种思想百家争鸣，以孔子、孟子为代表的儒家学者系统地阐述了礼的起源、本质和功能等问题，第一次在理论上全面而深刻地论述了社会等级秩序划分及其意义，以及与之相适应的礼仪规范。

4. 强化和衰落时期。这一阶段大约是从公元前221年到1911年，也就是从秦汉到清末。这一时期的重要特点是尊君抑臣、尊夫抑妇、尊父抑子、尊神抑人。西汉的董仲舒总结了秦王朝覆灭的教训，指出统治者要采取德治和法治两手，并着重以仁义道德去教化人民，把以孔子为代表的儒家思想定为统治思想。儒家讲君君臣臣父父子子，讲仁、义、忠、信等。董仲舒在此基础上提出了“三纲”、“五常”的学说。“三纲”即“君为臣纲，父为子纲，夫为妻纲”；“五常”即仁、义、礼、智、信。“三纲”和“五常”是“天”的意志的表现，“三纲”的主从关系是绝对不可改变的。在漫长的历史演变过程中，一方面，它起着调节、整合、润滑人际关系的作用，作为一种无形的力量制约着人们的行为，使人们循规蹈矩地参与社会生活；另一方面，它又逐渐成为妨碍人类个性自由发展、阻挠人类平等交往、窒息思想自由的精神枷锁。

（二）我国现代礼仪的形成与发展

我国现代礼仪的形成与发展也经历了四个阶段。

1. 形成阶段。辛亥革命后，西方文化大量传入中国，孙中山先生和战友们破旧立新，用民权代替君权，用自由、平等取代宗法等级制，普及教育，废除祭孔读经，改易陋俗，剪辫子、禁缠足等，从而正式拉开了现代礼仪建设的帷幕。民国期间，由西方传入中国的握手礼开始流行于上层社会，后逐渐普及民间。20世纪三四十年代，中国共产党领导的苏区、解放区，重视文化教育事业及移风易俗，谱写了现代礼仪的新篇章。

2. 革新阶段。1949年至1966年，是中国当代礼仪发展史上的革新阶段。此间，摈弃了昔日束缚人们的“神权天命”、“愚忠愚孝”以及严重束缚妇女的“三从四德”等封建礼教，确立起了同志式的合作互助关系及男女平等的新型社会关系，而尊老爱幼、讲究信义、以诚待人、先人后己、礼尚往来等中国传统礼仪中的精华，则得到继承和发扬。

3. 退化阶段。1966 年至 1976 年，“文化大革命”的十年动乱使国家遭受了难以弥补的严重损伤，许多优良的传统礼仪被当做“封、资、修”加以批判和抛弃，使社会风气大变，人与人之间的关系变得不正常。

4. 复兴阶段。1978 年至今，中国的礼仪建设进入新的全面复兴时期。从推行文明礼貌用语到积极树立行业新风，从开展“18 岁成人仪式教育活动”到制定市民文明公约，各行各业的礼仪规范纷纷出台，岗位培训、礼仪教育日趋红火，讲文明、重礼貌蔚然成风。广阔的华夏大地上再度兴起礼仪文化热，具有优良文化传统的中华民族掀起了新时期精神文明建设的高潮。

随着中国与世界的交往日趋增多，许多礼仪从内容到形式都在不断革新。我国现代礼仪是继承和发扬了中华民族在礼仪方面的优良传统，具有时代特点的礼仪规范；又是适应改革开放，在新的层次上同国际礼仪接轨，符合国际通行原则的礼仪规范。而商务礼仪是现代礼仪的重要组成部分，随着经济的发展越来越受到人们的重视。

项目二　商务礼仪的概念和内容

一、商务礼仪的概念

商务礼仪是公司或企业的商务人员在商务活动中，为了塑造良好的个人和组织形象而应当遵循的对交往对象表示尊敬和友好的规范或程序。它是一般礼仪在商务活动中的运用和体现，并且比一般人际交往礼仪的内容更丰富，它不仅以对顾客的尊重为基础，而且以提供符合消费者需求的商品和优质的服务来体现这种尊重。同一般的礼仪相比较，商务礼仪有很强的规范性和可操作性，并且与商务组织的经济效益、社会形象密切联系。

二、商务礼仪的内容

商务礼仪的内容具体包括：①商务人员个人礼仪，如个人的语言、行为、仪表、服饰、举止、教养等；②商务接待礼仪，如见面、邀请与应邀、作客、接待客户等；③商务宴请礼仪，如宴请、赴宴、收赠礼品等；④商务洽谈礼仪；⑤仪式礼仪，如开业、庆典、发布会、展销会、洽谈会、签字仪式等；⑥涉外商务礼仪；等等。

项目三　商务礼仪的作用与准则

一、商务礼仪的作用

（一）商务礼仪是国民素质的体现和国家文明的标志

一般而言，人们的教养反映其素质，而素质又体现于细节。一个人、一个民族、一个国家的礼仪，往往反映着这个人、这个民族、这个国家的文明水平和整体素质。随着改革开放的深入，我国与世界各国之间的交流与合作日益增多。在涉外商务活动中，商务人员的言谈举止、服饰仪容等，无不反映着其个人的文化修养，并在一定程度上反映了其所在的组织及国家的精神面貌。

（二）商务礼仪是塑造企业形象的重要工具，有助于提高企业的美誉度和经济效益

商务人员在工作中，总是代表着自己为之服务的组织的利益。在消费者及公众心目中，商务人员是企业的代表，他们的形象代表着企业的形象。对企业来说，商务礼仪是企业价值观念、道德观念、员工整体素质的整体体现，是企业文明程度的重要标志。商务礼仪可强化企业的道德要求，树立企业的良好形象。礼仪是企业文化、企业精神的重要内容，是塑造企业形象的重要工具。企业文化会通过企业员工的言谈举止传达出来。诚信、理解、大度、谦逊、尊重等都是商务礼仪内涵的表现。大凡高水平的企业，对于礼仪都有高标准的要求，都把礼仪作为企业文化的重要内容。学习、运用现代商务礼仪，在业务往来中树立良好的形象，在复杂的环境下更好地处理公共关系，已成为组织提高自身竞争力的重要手段。因此，从组织角度而言，无论是领导者还是员工，都应有强烈的形象意识。任何组织内的个人，均应重视商务礼仪的学习与再教育，自觉掌握商务礼仪的知识，为塑造良好的组织形象服务。

（三）在商务活动中讲究礼仪，有利于塑造个人形象

个人形象，是一个人的仪容、仪表、言谈、举止、气质风度以及文化素质等方面的综合。身处经济社会，商务礼仪与个人形象塑造密切相关，以商务礼仪规范自己的言行、仪容和仪表，是展示良好个人形象的一条有效途径。学习并运用礼仪，无疑将有益于商务人员更好、更规范地设计个人形象，更好、更充分地层示个人的良好教养与优雅的风度。

1. 在商务活动中讲究商务礼仪，可以给对方留下良好的第一印象。第一印象是由人的相貌、仪表和风度举止等综合因素组成的，第一印象在人们的商务交往中起着重要的作用，它常常是以后交往的根据。印象好，彼此能继续交往，印象不好，彼此可能就此中断交往。而且，第一印象的好坏还直接影响商务活动中人们对彼此的

信任与评价。

2. 在商务活动中讲究商务礼仪，可以充分展示商务人员良好的教养与优雅的风度。美丽的面容、矫健的身姿、华丽的服饰等，是一个人外在的美，而只有将外在美与内在美结合起来，才能给人留下深刻而美好的印象。商务礼仪正是衡量商务人员教养与风度的一个尺度，它要求所有商务人员讲究礼貌、仪表整洁、尊老敬贤、礼让妇女、助人为乐，以赢得他人的好感。

3. 在商务活动中讲究商务礼仪，可以更好地向交往对象表示尊敬友好之意。尊敬是礼仪情感的基础，在社会交往中，人与人是平等的，尊敬、关心客户，有助于与客户之间建立起真诚友好的关系，同时也有助于赢得客户的尊敬。

（四）商务礼仪有助于促进人们的社会交往，改善人际关系

古人云："世事洞明皆学问，人情练达即文章。"这句话讲的其实就是交际的重要性。运用礼仪，除了可以使个人在商务交往活动中充满自信、胸有成竹、处变不惊外，其最大的好处就在于，它能帮助人们规范彼此的交际活动，更好地向交往对象表达自己的尊重、敬佩、友好与善意，增进彼此之间的了解与信任。假如人皆如此，长此以往，必将造就和谐、完美的人际关系，有助于交往各方事业的成功。

二、商务礼仪的准则

商务人员为了更好地开展商务活动，除了要提高自身的商务礼仪修养之外，还应遵守基本的商务礼仪准则，这就需要做到以下四点：

（一）宽容自律

宽容自律是要求我们在礼仪活动中，既要严于律己，又要宽以待人。在人际交往中，要允许他人有个人行动和独立进行自我判断的自由。对不同于自己或不同于众人的行为，应该给予理解和体谅，要尊重人，容忍人，千万不要求全责备，过分苛求，更不必要求他人与自己所要求的保持完全的一致。

自律是要求我们在具体地运用礼仪时，要做到自我约束、自我控制、自我要求、自我对照、自我反省、自我检查。古人云："己所不欲，勿施于人。"从总体上看，礼仪规范包括两个方面，即对待自己的要求和对待他人的做法，而对待自己的要求，是礼仪的基础和出发点。只有从自身做起，才能影响他人，感动他人，不慎独和克己，以礼待人就无从谈起。

（二）遵时守信

所谓遵时，就是要遵守规定或约定的时间，不能违时或失约；所谓守信，就是讲信用，对自己的承诺认真负责。现代社会工作节奏快，时间就是生命，时间就是效益，这早已为世人所认同。违时既会给对方造成各方面的损失，也是对对方的不尊重。"言必信，行必果"，这是对自身的肯定，也是对自身人格的尊重

和肯定。违时失约和不守信用，都是失礼的行为，是人际交往中的大忌。在商务活动中，如果已和宾客约定了时间或是作出了承诺，一般不能轻易变动，而应想方设法做到。在不得已需要变更时，也须提前打招呼并作出令人信服的解释，尽量避免给对方造成麻烦或使对方产生误解。“轻诺必寡信”，凡是需要承诺的事情，要量力而行，不能仅仅是为了顾及面子就随便答应，事后又不负责任地随意毁约。这会造成别人的不便，甚至会对企业、对自己的形象和声誉造成损害。

（三）同情关怀

在现实的社会生活中，并不是每个人都永远处于顺境。相反，在人生的旅途上，许多人都会遭遇这样或那样的不幸，存在精神上或物质上或大或小的困难。有的为金钱所困扰，有的受疾病的折磨，有的为恋爱的失败而痛苦，有的因家庭的裂痕而烦恼，有的在事业上受挫，有的求职不成、住房无着落……种种不如意的事每时每刻都会产生。你接触的人也很可能会遇到这种情况。在这种时候，你就应该怀有同情心去分担他的痛苦，并真诚地去帮助他。因此，时常探讨以下问题，对正确地运用礼仪必定大有好处：朋友面临困境，朋友事业受挫，朋友恋爱失败，朋友躺在病床上，朋友面临失去亲人的痛苦时，我该怎么办？

有一位心理学家曾经说过，不肯关心别人的人，不但自己做人处事感到孤单，甚至会成为害群之马。关心别人，是你领导、说服、激励、影响、引导别人的好方法，也是使别人愿意为你做事的好方法。

（四）尊重真诚

心理学认为，人们对尊重的需要分两类，即自尊和来自他人的尊重。自尊即自我肯定，自我感觉良好，并认可自我。来自他人的尊重包括威望、承认、接受、关心、赏识等。人们往往容易做到自尊，但要获得来自他人的尊重，则首先要学会尊重他人。尊重他人是礼仪的重要原则。与人交往，不论对方的地位高低、身份如何、相貌怎样，都要尊重他人的人格，使人感到他在你的心目中是受欢迎的，从而使之得到一种心理上的满足，进而产生愉悦。以下几点值得注意：

1. 在交往中，要热情、真诚。热情的态度会使人产生受重视、受尊重的感觉。相反，对人冷若冰霜，会伤害别人。但如果过分热情，也会使人感到虚伪，缺乏诚意。

2. 不伤别人的自尊心。每个人都有自尊心，自尊心受伤害对一个人来说是件非常痛苦的事。伤害别人的自尊是严重的失礼行为。因为维护自尊，希望得到他人的尊重，是人的基本需要。

3. 允许他人表达思想，表现自己。当别人和自己的意见不同时，不要把自己的意见强加给对方。当你和与自己性格不同的人交往时，也应尊重对方的人格和自由。尊重他人才能赢得他人的尊重。

4. 尊重他人隐私 。每个人都拥有自己的空间和不为人知的秘密。尊重别人的隐私,是尊重他人人格的表现。所以,当你与别人交谈时,切勿鲁莽地盲目触及“雷区”,这样会影响彼此的交谈效果,甚至会引起对方的极度讨厌。另外,忌主动提及别人的伤心事。有些过于私人的问题还容易造成尴尬,如婚姻状况、年龄、体重、三围、薪水和穿着品牌等。在公共场合尽量避免公开谈论他人隐私。与人交谈时,如果对方不愿意主动提及某事,必有其原因或有难言之隐,此刻最不应该有的态度就是“打破沙锅问到底”。如果你知晓别人的困难,又没有能力替人分忧解难,则最好不要提及。

真诚是要求在人际交往中要以诚待人,真心诚意。具体而言,就是不能虚情假意,表里不一。只有这样,才容易为交往对象所接受和理解,从而达到增进友谊,加强合作的效果。

项目四 商务礼仪修养

商务人员必须具备较高的商务礼仪修养,具体来说,要做到以下几点:

一、遵守公德

公德是指一个社会的公民为了维护整个社会生活的正常秩序而共同遵循的最起码、最简单的公共生活准则。它反映的是人类社会中最一般、最基本的关系,而不是某一领域或特定阶级的关系。公德是日常生活中的道德,是人们普遍应该做到又不难做到的最低限度的行为,是道德体系中的最低层次。公德的内容包括尊重妇女、关怀体贴老人、遵守公共秩序、救死扶伤等。遵守社会公德反映了人与人之间的互相尊重以及对社会的责任感,是文明公民应具备的品质。商务人员作为社会公民的一员,自然应遵守公德。

二、谦虚真诚

在商务交往中,谦虚真诚是十分重要的,这也是礼仪修养的基本内容。谦虚随和的人,说话和气,一般比较有耐性,待人不严厉、不急躁、不粗暴,乐意听取他人的意见,有事能与他人商量,容易与他人建立亲近的关系。相反,如果自吹自擂、趾高气扬、卖弄学问、夸夸其谈、唯我独尊,听不得半点不同意见,自以为是,这是缺乏修养的表现,在商务活动中极易引起交往对象的反感,从而无助于商务活动的成功。

商务活动中的人际交往,需要诚心待人,表里如一,谦虚恭敬,不能自以为是。社会生活中常可见到这种现象,越是博学多才的人,修养越好,他们待人处事自然大方,善于听取别人的不同意见,即使是对比较尖刻的人,也能给予其表达观点和看法的机会,显得非常平易近人。而虚情假意、口是心非者,即使在礼貌礼节方面做得无可挑剔，仍然会让人感到不快，最终使得正常的交往难以继续。

三、理解宽容

所谓理解，就是善解人意，懂得别人的思想感情，能意识到并宽容别人的立场、观点和态度，能够体谅别人、尊重别人，体会到别人的喜怒哀乐。宽容就是大度，要宽宏大量，能容人，尤其是在非原则问题上，能够原谅别人的过失。

人与人相处过程中，尊重别人，才会得到别人的尊重，人与人之间才会彼此尊重。理解和信任他人是建立良好人际关系的基石，只有建立在理解和信任他人基础上的人际关系才能纯洁、长久、有活力。在人际交往和商务活动中，最怕的就是互相缺乏理解，甚至出现误解。缺乏理解就无法沟通感情，产生误解则容易导致失礼，在交往者之间产生妨碍交流思想的隔膜，甚至会使相互间的关系恶化。

宽容是理解的提高和升华，是理解的结果。宽容是在与不同性格的人打交道时，对对方的误解、无礼，表现出气量，宽大为怀，允许不同观点的存在，也原谅他人对自身利益的无意侵害。以宽容的态度待人处世并不是懦弱的表现，而是一种有气度的行为，它往往具有巨大的感化力量。宽容别人不但能缓和气氛，而且有助于改善人际交往环境，有利于大局。但宽容不是无限度的，不能因此而丧失原则和人格，姑息纵容错误。

四、平等尊重

礼仪施行必须讲究平等的原则，平等是人与人交往时建立情感的基础，是保持良好的人际关系的诀窍。在交往中，平等表现为不骄狂，不我行我素，不自以为是，不厚此薄彼，更不以貌取人，或以职业、地位和权势压人，而是应该处处时时平等谦虚待人，唯有如此，才能结交更多的朋友。

五、热情有度

热情指对人要有热烈的感情，使人感到温暖；有度是指对人热情的表现要有一定的分寸，恰到好处，使人感到能够自然适应。热情的人往往使人觉得容易接触，也愿意与之接近交往。热情有度，要求人们在交往中，既要彬彬有礼，又要不卑不亢，要亲切和气，不要虚情假意，轻浮阿谀。要想在商务交往中获得成功，就必须热情友善，同时还要注意言行适度。言行适度要求人们在交往中，为了保证取得交往效果，必须注意技巧，合乎规范，特别要注意做到把握分寸，认真得体。在交往前，首先考虑目的何在，然后根据目的，针对不同场合、不同对象，正确地表达自己的敬人之意。

六、注意小节

作为一个商务人员，注意小节，彬彬有礼，是最起码的交往行为修养。有的人做

事大大咧咧，行为没有约束、不拘小节，诸如当众掏鼻孔、剔牙齿；进入他人办公室不先敲门；在他人办公室随便乱翻别人的东西；在公共场所大声喧哗，随地吐痰，乱丢垃圾；展览会上随便触摸展览品；等等。在商务活动中过于不拘小节，会让人感觉其行为修养较差。在注重礼仪的商务社交场合，不注意小节的人是不受欢迎的。

项目五　商务礼仪学习与训练

一、学习途径

学习商务礼仪，要想取得理想的效果，应当对学习途径多加注意。对一般人来讲，学习商务礼仪主要有三大途径：

（一）进行理论学习

进行理论学习，可以利用图书资料、广播电视、网络等多种渠道和方式进行自学，较系统、全面地了解和学习商务礼仪知识。比如，涉外礼仪的学习，就必须要了解和学习掌握对象国的民族风俗和禁忌，这方面的内容十分丰富，书本、电视、网络等是很好的学习途径。

（二）向社会实践学习

实践是学习商务礼仪最好的教师。交际实践作为学习礼仪的一个具体过程，不仅可以使人加深对礼仪规范的了解，强化对礼仪规范的印象，而且还会检验其作用，并且据以判断自身掌握、运用礼仪的实际水平。

（三）向专人学习

这里所指的专人，可以是教师、培训专家、礼仪顾问，也可以是在某些方面确有经验或有所长者。在老师、培训专家、礼仪顾问等专业人员的指导下，可使自己取长补短，益智开窍，对礼仪知识理解得更深刻，掌握得更透彻，把握得更准确。

二、学习方法

学习商务礼仪可采用多种学习方法，下面介绍几种常用方法：

（一）联系实际

商务礼仪本身就是一门应用学科，因此，学习礼仪，务必要坚持知和行的统一，要注重实践，将知识运用于实践，不断地在实践中学习。这是学习礼仪的最佳方法。

（二）重复渐进

学习商务礼仪是一个渐进的过程，对一些礼仪规范、要求，只有反复运用，重复体验，才能真正掌握。然而必须注意，切不可眉毛胡子一把抓，而应当有主有次，抓住重点。从与自己生活联系最密切的地方着手,往往可以事半功倍。

(三)自我监督

提高个人修养要注意反躬自省,学习礼仪也应进行自我监督。对自己既要在礼仪方面有所要求,又要处处注意自我检查。要善于在礼仪实践中发现自己的缺点,找出不足,将学习、运用礼仪真正变为个人的自觉行动和习惯做法。

(四)多头并进

在学习礼仪的同时,不应孤立地学,而应当将这种学习与其他科学、文化知识的学习结合起来。这样做,不但可以全面提高个人素质,而且还有助于个人更好地掌握、运用礼仪。

三、训练方法

从根本上说,礼仪不是纯粹的理论知识,而是一门应用的学问。很多内容仅仅了解、知道还远远不够,重要的是会在交往实践中加以应用。简单的诸如个人的举止——坐、立、言、行,以及介绍、鞠躬、握手、微笑等;复杂的诸如交往中的各种仪式礼仪等。这些内容必须要经过认真、严格的训练,即实训,才能准确熟练的掌握。这方面的训练应该是专业的培训,请专业人士有计划、有针对性、有目的、有考核地进行。同时,对礼仪的训练应该是循序渐进的,不可贪多求快,而要从最基本的内容开始,从易到难,由简单到复杂。另外,对一些规范、标准,要反复练习,重复体验,考核通过,才能真正掌握。训练的目的有两个:一是对个人礼仪内容,特别是个人行为规范,要达到自我养成,使之变成自觉行为和习惯做法;二是对应用礼仪内容要会做。本书主要进行以下方面的训练:

(一)仪容训练

仪容训练通过着装、发型、化妆等项内容的训练,使学生的仪表仪容符合礼仪要求。

(二)姿态训练

姿态训练通过实训,使学生养成正确、规范的站立、行走、坐、蹲、手势等方面的姿态,以体现良好的精神状态和礼仪教养。

(三)表情训练

表情训练,要求学生能恰当地运用目光和微笑与人交流,因为目光和微笑是商务人员面部表情的核心,恰当地使用,会给交往对象留下美好的印象,有助于交际的成功。

(四)常用礼节训练

常用礼节的训练,要求学生掌握最常用的礼仪规范,如见面礼节中的握手、鞠躬、介绍,商务接待中的奉茶、引导、陪车、馈赠,以及商务宴请中的中西宴会铺摆台等。

（五）仪式训练

掌握常见的各种商务会议，如洽谈会、新闻发布会、展览会、茶话会、赞助会的礼仪；商业仪式中开业仪式、剪彩仪式、签字仪式、交接仪式、庆典仪式的会场布置和会议程序安排、会议组织。

（六）综合训练

综合训练要求学生自愿组织若干人，在实训室内模拟从事某一商务活动，在这一商务活动中要能体现商务礼仪的一些基本规范。

（七）实训考核与成绩评定

实训考核包括：

1. 学生自愿组织若干人，一般 6 ~ 8 人一组，在实训室内模拟从事某一商务活动，在活动中要能体现商务礼仪的一些基本规范。

2. 每组自我设计礼仪小品的内容、场景、台词以及角色分配。

3. 道具自备，在教师指导下反复训练。

4. 对最后的表演进行录像，并进行分析、评议、打分。

成绩评定为：平时成绩（30%）、小品表演成绩（50%）、剧本（20%）。

四、礼仪实践的应用

学习礼仪，不仅是了解其知识理论，最重要的是理论联系实际，将礼仪知识应用于实践。这其中最重要的是要从我做起，从自身做起。

礼仪具有很强的自我实践性，特别是一些微观的礼仪，更要从我做起，一点一滴地去做。从我做起，有两个含义：一是个体举止言谈规范，要自我实践，以身作则，从我做起，影响他人；二是在礼仪活动中，主动将礼仪应用于实践，使礼仪在实践中得到应用和推广，使礼仪在实践中得到检验和升华。

礼仪的学习、训练和实践，这三个方面是密切联系在一起的，是缺一不可的。学习是基础，训练是条件，实践是根本。要真正学习好礼仪，必须做到这三个方面的结合，这样才能把礼仪学好、应用好、实践好。通过学习—训练—养成—实践，做到学、练一致，教、养一致，学、用一致。

模块二

商务人员个人礼仪

知识目标	能力目标
掌握仪容修饰的基本要求； 掌握男士、女士商务着装的基本原则； 掌握优美规范的站姿、走姿、坐姿、蹲姿等； 掌握表情神态的基本要求。	能根据职业专业形象进行设计和修饰； 能在仿真的工作环境中正确着装和搭配； 能在职业环境运用正确规范的仪态； 能综合设计个人整体形象，规范个人礼仪； 能在社交场合，把握说话时机和内容，有效地进行交流； 能具有较好的日常交际口头表达能力和应变能力。

案例导入

小李刚从大学毕业，便加入了一家公司，被分配到销售部，具体从事产品推销工作。小李早就听说过公司职员的个人形象在业务交往中备受重视，因此他头一次外出推销产品时，便穿上了一身刚买的深色西装、一双黑色皮鞋、一双新的白色袜子，希望自己形象不俗，并因此而有收获。让小李大惑不解的是，他虽然跑了不少地方，但与接待他的人刚一见面，对方往往朝他打量几眼，就把他打发走了，有的大厦保安甚至连楼门都不让他进去。

思考：

这是为什么呢？小李很苦恼，请你支招。

项目一　商务人员仪容礼仪

一、化妆

化妆，是一种通过对美容用品的使用，来修饰自己的仪容，美化自我形象的行为。化妆是为了对自己容貌上的某些缺陷加以弥补，以期扬长避短，使自己更加美丽，更为光彩照人。

（一）化妆的功能

对商务人员来说，化妆最重要的功能有两个：

第一，化妆上岗，是塑造单位形象之必需。

第二，化妆上岗，意在向商务交往对象表示尊重之意。

由于上述两点原因，每一位商务人员对于化妆问题都应予以重视。

谈起化妆，它实在不是简简单单的举手之劳，而是一种艺术性、技巧性很强的工作。若是不理解这一点，自以为化妆不过是一学就会，只是随便妆扮一下而已，那就错了。

要想学会化妆，并且在这方面具有一定的造诣，首先必须对化妆品的种类、化妆品的用法、化妆的程序和化妆的重点，有一定程度的正确认识。

（二）化妆的基本原则

一是化妆要视时间场合而定。在工作时间、工作场合只能允许工作妆（淡妆），浓妆一般在参加晚宴等时才可以用。外出旅游或参加运动时，不要化浓妆，否则在自然光下会显得很不自然。

二是不要非议他人的化妆。由于文化、肤色等差异，以及个人审美观的不同，每个人化的妆不可能是一样的，切不可对他人的化妆品头论足。

三是不要在他人面前化妆。化完妆是美的，但化妆的过程则不一定。

四是不要借用他人的化妆品。这不仅不卫生，也不礼貌。

五是吊唁、丧礼等场合不可化浓妆，也不宜抹口红。

脸部化妆一方面要突出面部五官最美的部分，使其更加美丽，另一方面要掩饰或矫正缺陷或不足的部分。经过化妆品修饰的美有两种：一种是趋于自然的美，一种是艳丽的美。前者是通过恰当的淡妆来实现的，它给人以大方、悦目、清新的感觉，最适合在家或平时上班时使用；后者是通过浓妆来实现的，它给人以庄重高贵的印象，可出现在晚宴、观看演出等特殊的社交场合。无论是淡妆还是浓妆，都要利用各种技术，恰当使用化妆品，通过一定的艺术处理，才能达到美化形象的目的。

1. 椭圆脸化妆。椭圆脸可谓公认的理想脸型，化妆时宜注意保持其自然形状，突出其可爱之处，不必通过化妆去改变脸型，见图 2－1。

图 2－1　椭圆形脸

涂胭脂：应涂在颊部颧骨的最高处，再向上向外揉化开去。

使用唇膏时，除嘴唇、唇形有缺陷外，尽量按自然唇形涂抹。

眉毛可顺着眼睛的轮廓修成弧形，眉头应与内眼角齐，眉尾可稍长于外眼角。

正因为椭圆形脸是无需太多掩饰的，所以化妆时一定要找出脸部最动人、最美丽的部位，而后加以突出，以免给人平平淡淡、毫无特点的印象。

2. 长脸形化妆。长脸形的人，在化妆时力求达到的效果应是增加面部的宽度，见图2－2。

图2－2　长形脸

涂胭脂时，应注意离鼻子稍远些，在视觉上拉宽面部，抹时可沿颧骨的最高处与太阳穴下方所构成的曲线部位，向外、向上抹开去。

施粉底时，若双颊下陷或者额部窄小，应在双颊和额部涂以浅色调的粉底，造成光影，使之变得丰满一些。

修正眉毛时应令其呈弧形，切不可有棱角。眉毛的位置不宜太高，眉毛尾部切忌高翘。

3. 圆脸形化妆。圆脸形给人可爱、玲珑之感，若要修正为椭圆形并不十分困难，见图2－3。

图2－3　圆形脸

涂胭脂：可从颧骨起始涂至下颌部，注意不能简单地在颧骨突出部位涂成圆形。

涂唇膏：可在上嘴唇涂成浅浅的弓形，不能涂成圆形的小嘴状，以免有圆上加圆之感。

施粉底：可用来在两颊造成阴影，使圆脸显得瘦一点；选用暗色调粉底，沿额头靠近发际处起向下窄窄地涂抹，至颧骨部下可加宽涂抹的面积，造成脸部亮度自颧骨以下逐步集中于鼻子、嘴唇、下巴附近部位。

修眉毛：可修成自然的弧形，可作少许弯曲，不可太平直或有棱角，也不可过于弯曲。

4. 方脸形化妆。方脸形的人以双颊骨突出为特点，因而在化妆时，要设法加以掩蔽，增加柔和感，见图2－4。

图2－4　方形脸

涂胭脂：宜涂抹得与眼部平行，切忌涂在颧骨最突出处，可抹在颧骨稍下处并往外揉开。

施粉底：可用暗色调在颧骨最宽处造成阴影，令其方正感减弱。下颚部宜用大面积的暗色调粉底造阴影，以改变面部轮廓。

涂唇膏：可涂丰满一些，强调柔和感。

修眉毛：应修得稍宽一些，眉形可稍带弯曲，不宜有角。

5. 三角脸形化妆。三角脸形的特点是额部较窄而两腮较阔，整个脸部呈上小下宽状。化妆时应将下部宽角“削”去，把脸型变为椭圆状。

涂胭脂：可由外眼角处起始，向下抹涂，令脸部上半部分拉宽一些。

施粉底：可用较深色调的粉底在两腮部位涂抹、掩饰。

修眉毛：宜保持自然状态，不可太平直或太弯曲。

6. 倒三角形脸化妆。倒三角形脸的特点是额部较宽大而两腮较窄小，呈上阔下窄状。人们常说的“瓜子脸”、“心形脸”，即指这种脸型。化妆时，掌握的诀窍与三角脸形相似，需要修饰的部分则正好相反，见图2－5。

图2－5 倒三角形脸

涂胭脂：应涂在颧骨最突出处，而后向上、向外揉开。

施粉底：可用较深色调的粉底涂在过宽的额头两侧，而用较浅的粉底涂抹在两腮及下巴处，造成掩饰上部、突出下部的效果。

涂唇膏：宜用稍亮些的唇膏以加强柔和感，唇形宜稍宽厚些。

修眉毛：应顺着眼部轮廓修成自然的眉形，眉尾不可上翘，描时从眉心到眉尾宜由深渐浅。

总之，化妆一定要适当，要恰如其分，通过化妆来突出优点，遮掩缺陷，从而让人更美，更加充满信心，充满魅力。参加社交场合，得体适度的化妆，既是自尊自信的表现，又体现了对他人的尊重。

从技巧上讲，进行一次完整而全面的化妆，其程序与步骤也有一定之规。下面列举一位女士全套化妆的大体步骤，供参考：

第一步，沐浴。沐浴时使用浴液，浴后使用润肤品保养、护理全身肌肤，并注意保护手部。

第二步，做头发。在沐浴时，使用香波洗头。浴后吹干头发，冷烫定型，或使用发胶、摩丝，做出可心的发型。

第三步，洁面。用洗面奶去除油污、汗渍与灰尘，使面部彻底清洁。随后，在脸上扑打化妆水，为面部化妆做好准备。

第四步，涂敷粉底。先用少量的护肤霜，以保护皮肤免受其他化妆品的刺激。此外，它还有助于使涂敷粉底打底色的工作进行得更容易。接下来，在面部的不同区域使用深浅不同的粉底，使妆面产生立体感。完成之后，即可使用少许定妆粉来固定粉底。

第五步，描眉画眼。首先，修眉、拔眉、画眉；其次，沿着眉毛的根部，画好眼线；再次，运用睫毛膏、睫毛器，对眼睫毛进行“加工”、造型；最后，通过涂眼影来为眼部着色，加强眼睛的立体感。

第六步，美化鼻部，即画鼻侧影，以改变鼻形的缺陷。

第七步，打腮红。使用胭脂扑打腮红的目的，是为了修饰美化面颊，使人看上去容光焕发。涂好腮红之后，应再次用定妆粉定妆。

第八步，修饰唇形。先用唇笔描出口形，然后填入色彩适宜的唇膏，使红唇生色。

第九步，喷涂香水，美化身体的整体“大环境”。

第十步，修正补妆。检查化妆的效果，进行必要的调整、补充、修饰和矫正。至此，一次全套化妆彻底完成。

无论是什么人、什么性别，准备在什么场合抛头露面，其化妆的步骤大致都是在上述范例的基础上增减变化。故此，也可以将其称之为商务人员化妆的基本步骤。

总结起来，面部化妆的基本步骤是：①洗面；②拍收缩水（化妆水）；③搽营养霜；④搽粉底；⑤第一次定妆（涂干粉）；⑥修眉；⑦画眉；⑧画眼影；⑨画鼻侧影；⑩涂腮红；⑪第二次定妆（涂干粉）；⑫画眼睫毛；⑬涂口红。

化妆步骤的繁简可以根据场合不同而定，比如日常工作妆，可以简略掉②、⑤、⑥、⑨、⑪步，甚至只化①、③、⑫、⑬几步简略淡妆就可以了。社交场合，淡妆比浓妆艳抹效果更好，更能显示人的修养和审美情趣的高雅。化妆时，粉底、眼影、腮红、口红的颜色应与人的皮肤、服饰的颜色协调，才能给人和谐之美感。

选择粉底应考虑颜色和质感，最好选择较好的品牌。粉底颜色越接近肤色看上去越自然，最好还要多准备一个深色的，作为下颚、鼻梁、额头上打阴影用。选择粉底时，不要抹在手臂上，因为手臂的颜色和脸部皮肤的颜色大不相同，测试的地方应在脸颊接近颈项处，利用自然的光线看看，用了粉底的脸色是否和颈部肤色配得上，如果粉底颜色选择正确，你的颈项是不用打粉底的，因为化妆品沾在衣领上不好看。质感好的粉底用后皮肤按下去有弹性，感觉不干不湿，不会长粉刺。粉底不是面具，要使皮肤看上去透明光滑、有光泽、健康滋润。苍白色肤色，使用象牙色或粉红色的粉底；乳黄色皮肤用茶色或金褐色粉底；棕色皮肤肤色暗就不用太多粉底，通常使用亮光剂最佳。眼影、腮红、口红的颜色应与服饰的颜色协调。灰、白、黑色服装适合任何化妆颜色。

其他常用化妆颜色与服饰颜色的搭配：

（1）蓝紫色系：适合穿深蓝、浅蓝、紫红、玫红、桃红等颜色的服装。眼影用色为棕、紫红、深紫、浅蓝色；腮红用粉、粉红色；口红用紫红色系。

（2）粉红色系：适合穿白、黑、灰、粉红、红等颜色的服装。眼影用色为棕、粉红、驼色、橘红、灰色；腮红用粉红、红色；口红用红色系。

（3）棕色系：适合淡棕、深棕、土红、棕红、驼色、米色等颜色的服装。眼影用色为棕、驼、灰；腮红、口红用红色系。

男士化妆的内容，一般包括美发定型、清洁面部与手部、使用护肤品进行保护等；也可以使用无色唇膏或无色指甲油进行保护；适当情况也可以使用清新淡雅的香水等。

在工作岗位上，切记一定要以淡妆为主，尽可能避免使用过量的浓艳型化妆品。当然，还值得一提的是，切忌当众化妆或者补妆，因为化妆属于比较私密的行为。

二、发型

发型对商务人员的个人形象发挥着重要的、不可替代的作用。有鉴于此，系统地学习一些美发知识是极为必要的。人们观察一个人往往是“从头开始”的，位居于头顶之处的头发，自然是最先被关注的，因此，对于美发礼仪要特别重视。

美发主要包括护发和发型设计两个方面。

护发所关注的主要是头发的保养问题。护发的基本要求是：健康、干净、清爽、卫生、整齐、秀美等。要重视头发的洗涤，保持头发干净、清洁，防止有异物、有异味，而且头发要梳理整齐。

养护头发也是很重要的，尽量防止长时间暴晒等，以免头发开叉、断裂甚至脱落。要定期修剪头发，一般商务活动要求不染彩发。

美发，一般是指人们对头发所进行的护理与修饰。近些年流行的离子直发、烫发、染发等美发方式，在美化秀发的同时，也伤害着我们的秀发，所以人们需要科学的护发美发理念。

头发的造型通常称为发型。它需要和个人的性别、年龄、发质、脸型、身材、职业等因素相协调。

（一）发型、脸形相互搭配的五大误区

误区一：圆脸形，发型中间分界。不少东方人是圆脸形，但不少圆脸的人喜欢头发中间分缝。头发紧贴头皮，中间分缝，会使脸显得更圆；有的人还喜欢头发往后梳或采用一把抓的发型，这样只会使脸看起来更大、更圆。

圆脸形合适的发型应该是把圆的部分盖住，以显得脸长一些。比如，头发侧分可以增加高度，用吹风机和圆齿梳将头顶吹高，两边的头发略盖住脸庞，头发宜稍长；或者两边的头发要紧贴耳际，不要露出耳朵，稍梳些短发盖住脸庞。

误区二：长脸形不留刘海。一些长脸形人士喜欢梳不留刘海的发型，不留刘海会使脸形显得更长。事实上，应该选一个使脸看上去没有那么长的发型，同时要好好地利用刘海，前额的刘海可以缩短脸的长度，两边修剪少许短发，盖住腮帮，脸就不显得长了。

误区三：方形脸剪平直或中分的发型。剪太平直或中分的发型会使脸显得更方。正确的搭配应该是顶部头发蓬松，使脸变得稍长，刘海往一边梳，使前额变窄；头发宜长过腮帮，侧分的头发显得蓬松，可使脸形变得柔和。另外，还可用不平衡法，因为每个人的脸长得并不匀称，某一边要比另一边漂亮，侧分头发可偏向漂亮的一边；将头发尽量往一侧梳，造就不平衡感，可缓解四方脸的缺陷。

误区四：东方人做大卷发。西方明星蓬松自然的卷发造型曾引起不少国内女士的向往，但是亚洲人的脸型因为不像西方人那么立体，所以大卷发放在亚洲人的头上会显得很沉重，这时就要通过调整发色和发量来平衡，比如将发色染成棕色，适当减少头发的量，这样在视觉效果上会更好看。

误区五：脸大不适合剪清爽短发。很多人认为，脸大的人剪清爽短发不是很好看，但是这并不是绝对的，发型师可以通过适当的细节修剪打破这一传统看法，两侧的头发可以剪得流线一些，来掩饰较胖的圆脸。

（二）发型要与服饰相协调

与礼服相配：女士在比较庄重的场合穿礼服时，可将头发挽在颈后，显得端庄、高雅。

与连衣裙相配：如果穿 V 字领连衣裙，可将头发盘起；如果穿外露较多的连衣裙，可选择披肩发或束发。

与西装相配：因西装给人以端庄整洁的感觉，发型也要梳得端庄、大方，不要过于蓬松。

项目二　商务人员服饰礼仪

一、西装礼仪

西装，又称洋服、西服。它起源于欧洲，目前是世界最为流行的一种服饰，也是商务人员在正式场合的着装。可以说，西装是最常见、最标准、男女通用的礼服，见图 2－6。

西装的特点是端庄、稳重、大方、自然、潇洒。西装与衬衫、皮鞋、袜子、裤带等形成一个统一的整体。

男士们要注意西装的穿法、场合和礼仪。不遵守西装的规范穿法，穿西装太过随便，都是有违礼仪的表现。

图 2－6　男士西装图

（一）西装穿着需注意的几个方面

根据西装礼仪的基本要求，男士在穿西装时，务必要注意以下七个方面：

第一，要拆除衣袖上的商标。在西装上衣左边袖子上的袖口处，通常会缝有一块商标。有时，那里还同时缝有一块纯羊毛标志。在正式穿西装之前，切记将它们先行拆除。这种做法是对外宣告该套西装已被启用。

第二，要熨烫平整。欲使一套穿在自己身上的西装看上去美观大方，首先就要使其显得平整挺括，线条笔直。要做到此点，除了要定期对西装进行干洗外，还要在每次正式穿着之前，对其进行认真的熨烫。

第三，要扣好纽扣。穿西装时，上衣、背心与裤子的纽扣，都有一定的系法。在三者之中，又以上衣纽扣的系法讲究最多。一般而言，站立之时，特别是在大庭广众之前起身而立之后，西装上衣的纽扣应当系上，以示郑重其事。就座之后，西装上衣的纽扣则大都要解开，以防其扭曲走样。唯独在内穿背心或羊毛衫，外穿单排扣上衣时，才允许站立之际不系上衣的纽扣。

通常，系西装上衣的纽扣时，单排扣上衣与双排扣上衣又有各不相同的具体做法。系单排两粒扣式的西装上衣时，讲穿“扣上不扣下”，即只系上边那粒纽扣。系单排三粒扣式的西装上衣时，正确的做法有二：要么只系中间那粒纽扣，要么系上上面那两粒纽扣。而系双排扣式的西装上衣时，则可以系上的纽扣一律都要系上。

穿西装背心，不论是将其单独穿着，还是穿着它同西装上衣配套，都要认真地扣上纽扣，而不可听任其自由自在地敞开。在一般情况下，西装背心只能与单排扣西装上衣配套。它的纽扣数目有多有少，但大体上可被分作单排扣式与双排扣式两种。根据西装的着装惯例，单排扣式西装背心最下面的那粒纽扣应当不系，而双排扣式西装背心的全部纽扣则必须无一例外地全部系上。

第四，要不卷不挽。穿西装时，一定要悉心呵护其原状。在公共场所，千万不要当众随心所欲地脱下西装上衣，更不能把它当做披风一样披在肩上。需要特别强调的是，无论如何，都不可以将西装上衣的衣袖挽上去。

第五，要慎穿毛衫。男士打算将一套西装穿得有“型”有“味”，那么除了衬衫与背心之外，在西装上衣之内，最好就不要再穿其他任何衣物。在冬季寒冷难忍时，只宜暂作变通，穿上一件薄型 V 字领的单色羊毛衫或羊绒衫，这样既不会显得过于花哨，也不会妨碍自己打领带。不要穿色彩、图案十分繁杂的羊毛衫或羊绒衫，也不要穿扣式的开领羊毛衫或羊绒衫。后者的纽扣较多，与西装上衣同穿时，会令人眼花缭乱。千万不要一下子同时穿上多件毛衫、背心，那样会致使西装鼓胀不堪，变形走样。

第六，要巧配内衣。西装的标准穿法，是衬衫之内不穿棉纺或毛织的背心、内衣。

第七，要少装东西。为保证西装在外观上不走样，西装的口袋里应当少装东西，或者不装东西。具体而言，西装上不同的口袋发挥着各不相同的作用。

西装上衣左侧的外胸袋除可以插入一块用以装饰的真丝毛帕，不准再放其他任何东西，尤其不应当别钢笔、挂眼镜。内侧的胸袋，可用来别钢笔、放钱夹或名片夹，但不要放过大过厚的东西或无用之物。外侧下方的两只口袋，原则上以不放任何东西为佳。

西装裤子的两只侧面口袋只能够放纸巾、钥匙包或者碎银包。其后侧的两只口袋，则大都不放任何东西。

第八，切记“四不要”。衣袖不要过长：最好是在手臂向前伸直时，衬衫袖子露出 2 ~ 4 厘米。衣领不要过高：一般在伸直脖子时，衬衫领口以外露 2 厘米左右为宜。雨天不穿西装：西装上衣淋湿后，很容易变形。不要只穿一套：衣服的纤维有伸缩性，衣服穿在身上，纤维伸拉适体，衣服脱下会缓慢恢复原状。所以，西装最好准备两套以上轮流穿，以保持西装式样不变，并减少衣服的磨损，自己也会有新鲜感。

第九，男士要注意西装的搭配。熟知西装着装规范的人，大都听说过一句话：西装的韵味不是单靠西装本身穿出来的，而是用西装与其他衣饰一道精心组合搭配出来的。由此可见，西装与其他衣饰的搭配，对于成功地穿着西装，是何等的重要！

西装，是全世界最流行的服装，是正式场合着装的优先选择。而像居家、旅游、娱乐的时候，不必穿西装。根据国际惯例，参加正式、隆重的宴会，欣赏高雅的文艺演出时，均应该穿着西装。

鉴于西装在对外活动中往往充当正装或礼服，面料的选择应力求高档。藏蓝色西装是首选，灰色或棕色也可以，而黑色的西装适合在庄严、肃穆的礼仪性活动中穿着。

按照惯例，越是正规的场合，越讲究穿单色西装。

（二）领带的要求

穿西服不扎领带，是不够正式的，不适宜出席正式场合。领带的花色与图案很多，一般来说，素色、斜纹、圆点和几何图案的领带能够与任何款式的西服或衬衫搭配。但要注意的是，其他的图纹只能在休闲时穿戴，在上班时最好避免使用，否则会有失庄重，见图 2－7。

领带的款式主要在领带的宽度上，常用的领带宽度多为 8～9 厘米，最宽的可达 12 厘米，最窄的仅有 5～7 厘米。

图 2－7　男士西装领带图

炎炎夏日里最好佩带丝和绸等材质的轻软型领带，颜色以冷色调为主，领带结也要打得比较小，以给人清爽感。而在秋冬季里，领带颜色就要以暖色为主了，如深红色、咖啡色之类的暖色调在视觉上能让人产生温暖的感觉。

那么，领带如何与西服衬衫相搭配呢？有一种搭配叫三单，也就是说，三种单色搭配在一起比较保险。或者二单一花，这种装束要注意，其中唯一一个有花纹或图案的无论是衬衫、领带或是西服，那么花纹或图案的颜色一定要是其他两种颜色其中的一种。还有二花一单。如果想这样打扮就要注意：当有两种花纹或图案时，必须先区分出图案的强弱和图案的走势。如果穿直条纹西服或衬衫时就要避免使用直纹或横纹的领带，最好用斜纹、圆点或草履虫色等没有方向性的领带。色彩搭配的基本原则是：银灰色、乳白西服配红领带，红色、紫色西服配乳白领带，深蓝、墨绿西服配黄、玫瑰领带，褐色、深绿西服配天蓝色领带。

(三) 西裤的穿着礼仪

有的人爱在皮带上携挂手机等，这样会影响皮带的装饰性，看上去即不简洁也不干练。皮带的长度在系好后尾端应该介于第一个和第二个裤绊之间，既不要太短也不要太长。皮带的宽窄应适中，皮带太窄会使男人失去阳刚之气，太宽的皮带则只适合于休闲、牛仔风格。一般皮带宽窄应该保持在 3 厘米。还有就是在系皮带的时候要使皮带扣与拉链在一条线上，否则不雅观。

裤管也要讲究，裤管的中折线一定要不偏不倚地、比直而自然地垂到鞋面，只有这样中心折线才能撑出裤管英挺的质感。裤子的长度从后面看应该刚好到鞋跟和鞋帮的接缝处。如果想让腿看起来更修长，那么裤管的长度也可以延伸到鞋后跟的 1/2 处。

着西装不可穿白袜子，白袜子和浅颜色的纯棉袜子只适合运动休闲时穿。一般来说，男袜的颜色应该是基本的中性色，而且要比长裤的颜色深。袜子的颜色与西服的颜色相配最好。另外，袜子的长度也要注意。太长的袜子会显得土气，太短的袜子会在坐下时或一条腿搭在另一条腿上时露出部分腿上的皮肤。

(四) 西服衬衫的穿着礼仪

在何种场合穿何种衬衫，如何穿法，给人的印象全然不同。衬衫的质地、挑选法、穿着法以及与领带的搭配法等，都是现代男子必知的基本常识。

1. 衬衫领子。衬衫的领子通常可分为以下六种。

(1) 标准领：领子的长度和敞开的角度走势“平缓”的领子都为标准领。这种衬衫常见于商务活动中，色泽以单色和白色为主，是最常见、最普通的款式，见图 2－8。

图 2－8　标准领

(2) 异色领：指配一个白领子的素色或条纹衬衫，有的袖口也做成白色。领型多为标准领或敞角领。领尖形状颇多，通常为圆形。选择异色领的男士，在搭配上一定要注意协调，否则一不留神就会被归为“没品位”一类，见图 2－9。

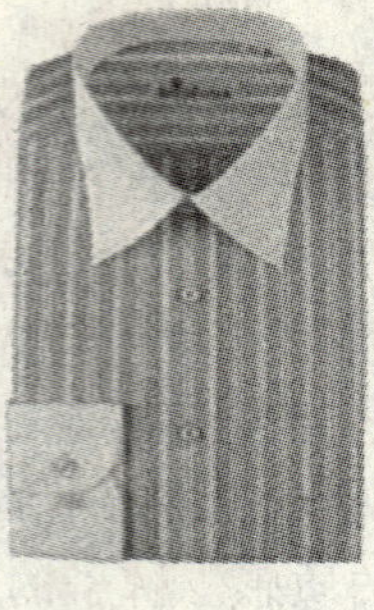

图 2－9　异色领

(3)暗扣领:传统型,左右领子上缝有提纽,领带从提纽上穿过。领部扣紧的衬衫领讲求严谨,强调领带结构的立体。穿着这种领型的衬衫必须打领带,并要打得小些。通常打紧密的小结,而且绝不能随意打松领带结,这样领部才显得妥帖,见图2－10。

图 2－10　暗扣领

(4)敞角领:浪漫型,左右领子之间的角度在 120°～180°之间,又称“温莎领”或“法式领”。据说当年“不爱江山爱美人”的温莎公爵最喜爱这种领子,见图2－11。

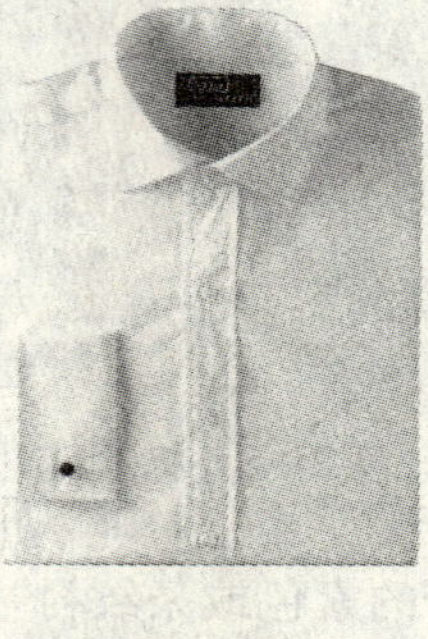

图 2－11　敞角领

(5)纽扣领:运动型,领尖以纽扣固定于衣身,原是运动衬衫,是所有衬衫中唯一不要求过浆的领型,典型的美国风格,随意自然,舒适便捷。这一领型多用于休闲式的衬衫上,如牛仔衬衫,见图2-12。

图2-12　纽扣领

(6)长尖领:时尚型,细长略尖的领型,线条简洁得体,多用作具有古典风格的礼服衬衫,通常为白色或素色,见图2-13。

图2-13　长尖领

2.衬衫衣料。衬衫所用线的种类、粗细及织法的不同,制成的衬衫衣料也大不一样,触觉和视觉也各异。

(1)青年布:竖向用染色棉线,横向用白棉线平织的轻薄棉质衬衫衣料。淡而柔和,稍带光泽,最常见的是蓝色棉线与白棉线的组合。

(2)牛津布:纽扣领衬衫常用的衣料,平织,纹路较粗,颜色有白、蓝、粉红、黄、绿、灰等,大都为淡色,柔软、透气、耐穿,深受年轻人的喜爱。

(3)条格平布:用染色棉线和漂白棉线织成的衬衫衣料,配色多为白与红、白与蓝、白与黑等。既可用于运动衬衫,也适宜于礼服衬衫。

(4)细平布:最常见的衬衫衣料,通常为白色,所用棉线越细,手感越柔和,高等级的精织细平布几近丝绸的感觉,所制衬衫多用于着礼服等盛装场合。

3.领带的打法。领带的打法包括以下几种:

(1)双环结。一条质地细致的领带再搭配上双环结,颇能营造时尚感,适合年轻的上班族选用。该领结完成的特色就是第一圈会稍露出于第二圈之外，不可刻意盖住。打法如图 2 – 14 所示。

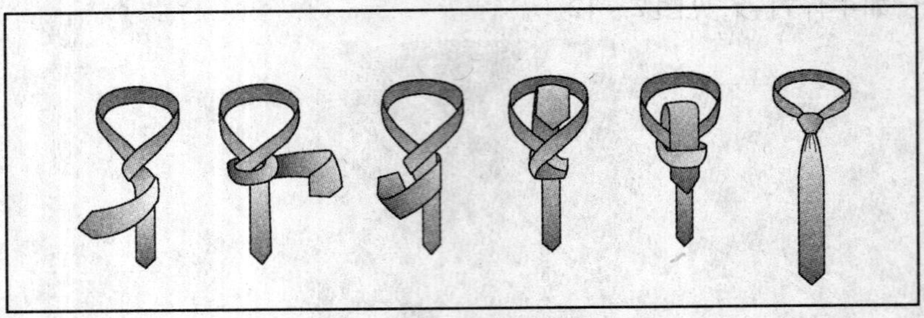

图 2 – 14　双环结

（2）交叉结。单色素雅质料且较薄领带适合选用这种领结方法。对于喜欢展现流行感的男士不妨多加使用。打法如图 2 – 15 所示。

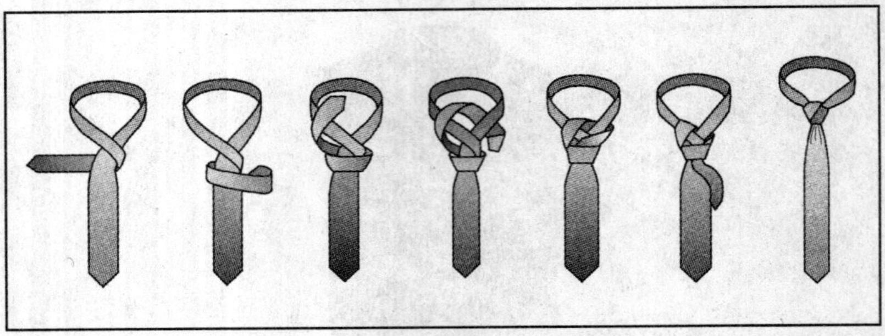

图 2 – 15　交叉结

（3）平结。平结为最多男士选用的领结打法之一，要诀是领结下方所形成的凹洞须让两边均匀且对称，这种打领带的方法几乎适用于各种材质的领带。打法如图2 – 16 所示。

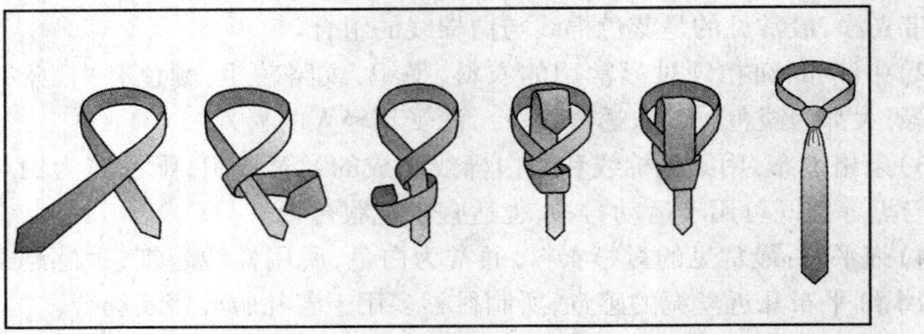

图 2 – 16　平结

(4)双交叉结。这样的领结让人有种高雅且隆重的感觉，适合正式活动场合选用。该领结多运用在素色且丝质领带上，若搭配大翻领的衬衫，能产生尊贵感。打法如图2－17所示。

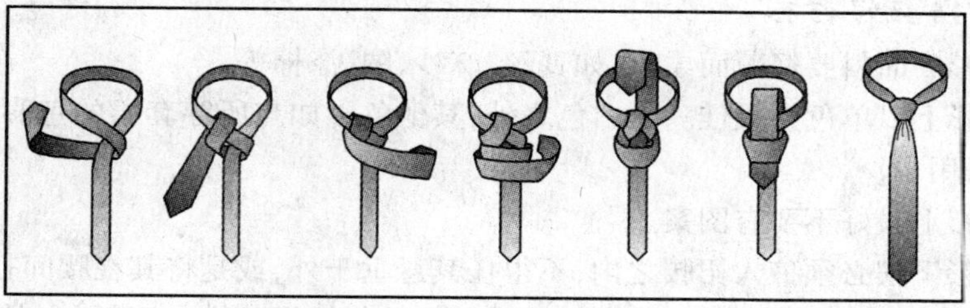

图2－17　双交叉结

二、套裙礼仪

图2－18　女士套裙

套裙是商务女士们的职业服装，其地位就如同女员工的“制服”，见图2－18。为了让套裙烘托出穿着者文静、优雅的气质和高尚的品位来，要注意以下几点：

(一)长短适度

1.通常，套裙之中的上衣最短，可以齐腰，而裙子最长则可以达到小腿的中部。穿着套裙时不能露腰露腹，否则很不雅观。

2.上衣的袖长以恰恰盖住着装者的手腕为好。上衣或裙子均不可过于肥大或包身。

(二)穿着到位

1.上衣的领子要完全翻好，衬衫的领子可以翻出盖于外套上。

2.不要将上衣披、搭在身上，要穿着整齐。

3.裙子要穿得端端正正，上下对齐。

(三)扣紧衣扣

在正式场合穿套裙时，上衣的衣扣必须全部系上。不要将上衣部分或全部解开，更不要当着别人的面随便将上衣脱下。

(四)考虑场合

1.在各种正式的商务交往及涉外商务活动中，应该穿着套裙。

2.在出席宴会、舞会、音乐会时，可酌情选择与此类场合相协调的礼服或时装。

(五)协调装饰

1.高层次的穿着打扮，讲究的是着装、化妆与佩饰风格统一、相辅相成。

2. 在穿套裙时,既不可不化妆,也不可化浓妆。

3. 穿着套裙时,不适宜佩带与个人身份不符的珠宝首饰,也不适宜佩带有可能过度张扬的耳环、手镯、脚链等首饰。

(六)搭配好衬衫

1. 衬衫的面料要轻薄而柔软,如真丝、麻纱、绸、涤棉等。

2. 色彩上以单色为最佳。除白色之外,其他色彩如与所穿套裙的色彩不相互排斥,也可采用。

3. 衬衫上最好不要有图案。

4. 衬衫下摆必须掖入裙腰之内,不得任其悬垂于外,或是将其在腰间打结。

5. 衬衫纽扣要一一系好。除最上端的一粒纽扣按惯例允许不系外,其他纽扣均不得随意解开。

6. 专门搭配套裙的衬衫可在公共场合直接外穿。

(七)内衣的搭配

1. 选择内衣时,最关键的是要大小适当,既不能过于宽大晃悠,也不能过于窄小。

2. 内衣所用面料,以纯棉、真丝等面料为佳,色彩可以是常规的白色、肉色,也可以是粉色、红色、紫色、棕色、蓝色或黑色。

3. 穿上内衣后,不应使它的轮廓一目了然地在套裙之外展现出来。

4. 内衣不宜外穿,且不准外露、外透。

(八)搭配衬裙

1. 衬裙的色彩多为单色,如白色、肉色等,但必须与外面套裙的色彩相互协调,二者要么彼此一致,要么外深内浅。

2. 衬裙的款式应线条简单、穿着合身、大小适度,并且衬裙上不宜出现图案。

3. 衬衫下摆应掖入衬裙裙腰与套裙裙腰之间,切不可掖入衬裙裙腰以内。

(九)选择合适的鞋袜

1. 鞋子。穿鞋时注意以下几点:应为高跟或半高跟鞋,最好是牛皮鞋,颜色以黑色最为正统。此外,与套裙色彩一致的皮鞋亦可选择。注意大小应相宜。

2. 袜子。穿着袜子时应注意,一般选择尼龙丝袜、羊毛筒袜或连裤袜。颜色宜为单色,如肉色、黑色、浅灰、浅棕等。切勿将健美裤、九分裤等裤装当长袜来穿,袜口要没入裙内,不可暴露于外,袜子应当完好无损。

三、制服礼仪

对商务人士而言,制服指的是工作时间应当穿着,由单位统一制作下发的,面料、色彩、款式整齐统一的服装。制服可以称之为上班装或者工作服。

在现代社会里,很多企业会要求本单位的员工一律身穿制服上班,实现整齐划一。从事不同职业,所穿的制服各不相同,具有其职业特征,整齐统一的制服能很好地树立单位的形象。

制服切不可色彩过于繁杂，一般应当选择具有标志性的一种或者数种色彩。一般情况下，在一套制服里，上衣、裤子或者裙子最好采用统一色彩，力求色彩单一而偏深。常见制服的颜色为黑色、蓝色、灰色等。

不管制服采用哪一种款式、何种颜色，都不能太露、太透、太短、太紧。

通常认为，制服不应该使着装者的胸、腹、背、大腿和肩膀露在外面。制服绝对不可以透明，也不可以不合身，既不能太长也不能太短，制服的裙子一般都应长于膝盖。当然，制服一定要合身舒适，不能过紧也不能过于肥大。

在穿着制服上班时，必须注意制服不能脏，不能皱，不能破旧，更不能杂乱，穿着者必须认真依照着装规范行事。

项目三　商务人员举止仪态礼仪

一、站姿

站姿的具体要求包括：

（一）肃立

头正、脖颈挺直、双目平视，嘴唇微闭、下颌微吸、面容平和自然，两肩放松、稍向下沉，呼吸自然、躯干挺直，做到收腹、立腰、挺胸、提臀；双臂自然下垂于身体两侧，手指并拢自然弯曲，两膝靠拢，两腿直立，脚掌成“V”字形，大约45°角，如图2－19所示。庆典、剪彩等仪式上应肃立。

（二）直立

1. 男士：两脚平行分开，两脚之间约距20厘米，两手自然并拢，右手搭在左手上，轻贴腹部，双目平视，面带微笑；脚跟靠拢，脚尖呈60°左右，或者双手叠放在背后，如图2－20所示。

2. 女士：两脚并拢或两脚尖略展开，右脚在前，将右脚跟置于左脚内侧，两手自然并拢，大拇指相叉，右手放在左手上，轻贴腹前；身体立直，挺胸收腹，身体重心可以在两脚上移动，以减轻疲劳。此种站姿适用于商业服务，表示尊重和欢迎，如图2－21所示。

二、坐姿

坐时，头正、颈直、双目平视前方或注视对方，嘴唇微闭，面带微笑；身体自然坐直，挺胸收腹，腰背挺直；双腿合拢，小腿与地面垂直，双膝和双脚跟并拢；双肩自然放松，双臂、手指自然弯曲，放在腹前双腿或座位扶手上。

图 2－19

图 2－20

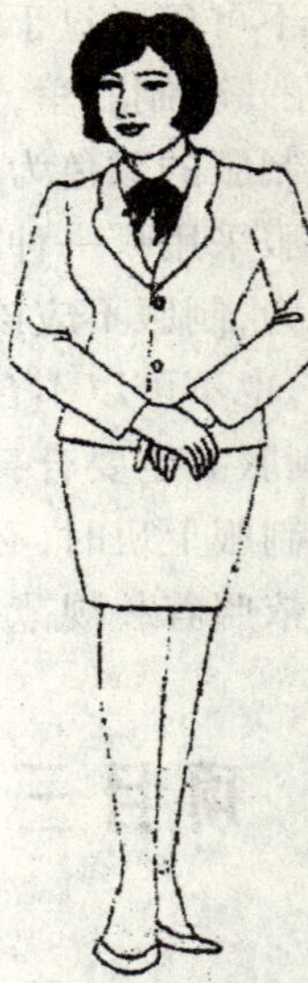

图 2－21

端坐时间过长，会使人感觉疲劳，这时可以轻靠椅背。无论哪一种坐法，都应该娴雅自如，自然大方。

其一，正坐式。同基本坐姿，有时根据情况，上体可稍微前倾，这种坐姿是正式场合最常见、最基本的坐姿，给人以诚恳、认真的印象，如图 2－22 和图 2－23 所示。

图 2－22

图 2－23

其二，曲直式。上身挺直，左腿前伸，右小腿屈回，用脚掌着地，大腿紧靠，两脚前后在一条线上，如图 2－24 所示。

其三，正身重叠式。上身挺直，坐正，腿向前方，左小腿垂直于地面，全脚支撑，右腿重叠于左腿上，小腿向里收，脚尖向下。双臂交叉支撑于右腿上。特别要注意将上面的小腿回收，脚尖向下，如图 2－25、图 2－26 所示。

图 2－24

图 2－25

图 2－26

三、走姿

走姿是人们行走时的姿态。行走是人们生活中的主要动作。优美的走姿给人以动态美，要求稳健、轻盈、大方、有节奏感。走姿的基本规范要求包括：

第一，站姿端正。规范的走姿是以端正的站姿为基础的。

第二，双肩平稳。以肩关节为轴，双臂前后自然摆动，摆幅为 30°～35°，手臂前后摆动时，与侧身夹角不宜超过 30°。

第三，上身挺直。头正、挺胸、收腹、立腰，重心稍前倾，提髋屈大腿，带动小腿向前迈进。

第四，注意步伐。脚尖略开，脚跟先接触地面，依靠后腿将身体重心送到前脚掌，使身体前移。两脚内侧落地时，行走的轨迹应该是一条直线。

第五，步幅适当。一般是前脚的脚跟与后脚的脚尖相距为脚长，但因性别的不同和身高的差异，每个人的步幅不尽相同。

第六，保持一定的速度。一般情况下，男子每分钟走 108～118 步，女子每分钟 118～120 步左右。

四、蹲姿

女性在公共场所拿取低处的物品或拾起落在地上的东西时，多采用下蹲和屈膝动作，以避免弯上身和翘臀部。特别是穿裙子时，如不注意，背后的上衣会自然上提，露出臀部肌肤和内衣，这是很不雅观的。即使穿着长裤，两腿展开平衡下蹲，撅起臀部的姿态也不美观。

蹲姿的基本要领是：站在所取物品的旁边，蹲下屈膝去拿，而不要低头，也不要弓背，要慢慢地把腰部低下，两腿合力支撑身体，掌握好身体的重心，臀部向下。

优雅的蹲姿，一般采取下列两种方法：

其一，交叉式蹲姿。下蹲时右脚在前，左脚在后，右小腿垂直于地面，全脚着地。左腿在后与右腿交叉重叠，左膝由后面伸向右侧，左脚跟抬起，脚掌着地。两腿前后靠紧，合力支撑身体。臀部向下，上身稍前倾，如图 2 –27 所示。

其二，高低式蹲姿。下蹲时左脚在前，右脚稍后（不重叠），两腿靠紧向下蹲。左脚全脚着地，小腿基本垂直于地面，右脚脚跟提起，脚掌着地。右膝低于左膝，左膝内侧靠于左小腿内侧，形成左膝高右膝低的姿势，臀部向下，基本上以右腿支撑身体。男士选用这种蹲姿时，两腿之间可有适当距离，如图 2 –28 所示。

图 2 –27

图 2 –28

五、鞠躬

鞠躬是一种比较常见的礼仪。在初次见面的朋友之间，熟人、同事之间，主人、客人之间，上下级之间，晚辈长辈之间，为了表达对对方的尊重，都可以行鞠躬礼。

一般情况下，行鞠躬礼的基本要求是：行礼者和受礼者相互注目，不得斜视或环视；行礼时不可戴帽，行礼者在距离受礼者两米左右进行；行礼时，身体上部向前倾约 15°至 90°不等，具体的前倾幅度视行礼者对受礼者的尊重程度而定；双手应在上体前倾时自然下垂平放膝前或两侧，行礼完毕后恢复到自立式，如图2 –29 和图 2 –30 所示。

图 2 - 29

图 2 - 30

六、手势

手势是商务人员经常使用的极富有表现力的“体态语言”。正确地掌握和运用手势，可以增强感情的表达，提高沟通的效果。

（一）直臂式

动作要求：以右手为例。五指并拢，曲肘由身前向右斜前方抬起，抬到约与肩同高，再向指示方向伸出前臂，身体为右前倾，见图2 - 31。

用途：用于商务服务活动中，为指示方向时常用的手势，多数情况都是向较远的地方指示方向。

图 2 - 31　直臂式

（二）横摆式

动作要求：以右手为例。五指并拢伸直，掌心向上，与地面呈 45°，肘关节曲为 140°左右，腕关节要低于肘关节。动作要连贯，手从腹部前抬起，至上腹部处，然后以肘关节为轴向右摆动，摆到身体右侧稍前的地方停住。注意不要把手摆动到体后，并且眼神要跟着手势方向移动，双脚并拢或者是右丁字步，面带笑容，目视客人，见图2 - 32。

用途：用于商务服务活动中，表示“请”的意思，给客人指示方向时常用。

（三）双臂横摆式

动作要求：两手五指分别伸直并拢，掌心向上，从腹前抬起至上腹部处，双手上下重叠，同时向身体两侧摆出，摆至身体的侧前方；肘关节略弯曲，上身稍向前倾，面带微笑，头微点，向客人致意。如果来宾站在某一侧，也可将两手臂向同一侧摆动，见图 2 - 33。

用途：在庆典活动来宾较多，向众多来宾表示“请”或者指示方向时，可采用此手势。

（四）曲臂式

动作要求：以右手为例。五指伸直并拢，从身体的右侧前方，由下向上抬起，抬至上臂离开身体105°的高度时，以肘关节为轴，手臂由体侧向体前的左侧摆动，摆到距身体20 厘米处停住，掌心向上，手尖指向左方，头部随客人由右转向左方，见图2－34。

图2－32　横摆式

图2－33　双臂横摆式

图2－34　曲臂式

用途：当一只手拿东西，或者一只手开门，同时又要表示“请”或指示方向，可采用曲臂式。

项目四　商务人员交际语言礼仪

一、谦词敬语

我国素有“礼仪之邦”的美名。随着社会的进步，交往中对语言文明的要求也越来越高了。在社交场合中，我们应该用以礼相待的态度待人接物。

不论是何种场合，问候时表情应该自然、和蔼、亲切，面带微笑。不论是何人以何种方式向自己问候，只要对方出自友好和善意，均应该作出回答，不能毫无表示，没有表情。当得到别人的馈赠、帮助、服务时，都应当向对方说声“谢谢”，以表示你的谢意和领情。如果是从别人那里接受一件珍贵的礼物或者别人给你帮了个大忙，还需要加重语气。受到别人的道贺和慰问，也是要表示感谢的。当受到别人的恭维或者称赞时，中国人习惯说“过奖了”或者“不敢当”之类的客气话，而外国人往往说“谢谢”。当然，最好说“谢谢”。在感谢别人时，最好说明原因，说的时候还应该以热情的目光注视着对方。“对不起”和“请原谅”也是社交中经常要讲的话，它们既可表示自己的歉意，也可表示对别人的尊重，不要羞于启齿。不论在上级、下级、同事、同学还是陌生人面前，该道歉时应及时道歉，作为被道歉者，也不要忘说一声“没关系”。另外，“对不起”有时还含有遗憾的意思。当说“很好”、“很不错”、“太好了”这类赞美的话时，既要热情，又要坦诚，切莫言不由衷。口不应心的溢美之词，非但不能令人愉快，还会引起别人的反感。俗话说：“礼多人不怪”，在社交场合中经常致谢和道歉，会博得他人的尊重和好感。当然，要恰到好处，掌握好分寸，否则也会给人一种虚假逢迎的印象。

（一）基本礼貌用语

常见的基本礼貌用语，主要有以下一些：

问候语：早上好、你早、晚上好、晚安。

致谢语：请多关照、承蒙关照、拜托。

慰问语：辛苦了、受累了、麻烦您了。

赞赏语：太好了、真棒、美极了。

同情语：太忙了、不得了啦、这可怎么好。

挂念语：身体还好吗、怎么样、还好吧。

祝福语：托您的福、上帝保佑、你真有福气。

理解语：深有同感、所见略同。

迎送语：欢迎、欢迎光临、欢迎再次光临、谢谢惠顾。

祝贺语：祝你节日愉快、祝您生意兴隆、祝你演出成功。

征询语：你有什么事情？需要我帮你做什么？你还有别的事情吗？如果你不介意的话，我可以做……吗？请你慢点讲。

应答语：没关系、不必客气、照顾不周的地方请多多指正、非常感谢、谢谢你的好意。

道歉语：实在对不起，请原谅；打扰您了，失礼了；完全是我们的过错，对不起；谢谢您的提醒，我们立即采取措施使你满意。

婉言推托语：很遗憾不能帮你的忙；承你的好意，但我还有许多工作呢。

（二）敬语

敬语，亦称“敬辞”，它与“谦辞”相对，是表示尊敬和礼貌的用语。除了礼貌上必需之外，多使用敬语，还可以体现出一个人的文化修养。敬语通常较多地用于比较正规的场合，常见的敬语有“请”、“您”、“阁下”、“贵方”、“尊夫人”等。敬语尤其多用在称呼对方的亲属上，如与别人谈话或给别人写信，在敬称对方的亲属时，常常使用“令”、“尊”、“贤”三个字。在日常生活中，敬语也有一些习惯用法，如请教、包涵、打扰等。这些敬语使用的频率比较高。此外，常见的敬语还有：

重教——尊称长者给予教诲。

重问——尊称长者或上级的问题。

重念——尊称长者或上级的挂念。

拜望——意为探望。

拜服——意为佩服。

拜辞——意为告辞。

呈——恭敬地送上去。用于晚辈对长辈或下级对上级。

呈正——把自己的作品送请别人批评改正。

赐教——给予指教。

奉告——意为告诉。

奉还——意为归还。

奉陪——意为陪伴。

贵庚——询问对方年龄。

贵姓——询问对方姓名。

惠存——请保存。多用于送人相片、书籍等纪念品时。

惠顾——指对方到自己这里来。多用于商家对顾客。

华翰——尊称别人的书信。

华诞——尊称别人的生辰。

恭候——恭敬地等候。

请便——请对方自便。

钧鉴——敬请长辈或首长看信。用于书信开头的称呼之后。

高就——指离开原职就任较高职位。

高寿——用于询问老人的年纪。

大作——尊称别人的文章。

府上——尊称对方的家或老家。

光临——宾客来到。

光顾——商家多用以欢迎顾客。

璧还——用于归还原主或辞谢赠品。

璧谢——意为退还原物并表示感谢。多用于辞谢赠品。

千金——称别人的女儿。

驾临——指对方到来。

宽衣——请别人脱下衣服。

仰承——意为遵从对方的意图。

（三）谦语

谦语，亦称“谦辞”，它与“敬语”相对，是向人表示谦恭的一种词语。使用谦语和使用敬语一样，两者都体现了说话人自身的文明修养。它们是同一事物的两个方面，即对人使用敬语时，对己则使用谦语。谦语的用途，较之敬语要稍少一些，它较多地出现在书面语中。谦语最常用的一种用法，也是在别人面前谦称自己和自己亲属。常见的谦语主要有以下一些：

敢——表示冒昧地请求别人。

敝——旧时用于与自己有关的事物。

寒门——贫寒家庭。

刍议——指自己的议论。

错爱——表示感谢对方爱护。

斗胆——形容大胆。

痴长——用于年纪较大的人，说自己白白地比对方大若干岁。

不才——自我谦称。

拙——多谦称自己的文章、见解等。

卑职——旧时官吏自我谦称。

老朽——老年人的自我谦称。

才疏学浅——意为学而不广，学而不深。

笨鸟先飞——指能力差的人，做事恐怕要落后，比别人先行动。

过奖——对方过分地表扬或夸奖。

不敢当——表示承当不了。

自谦和敬人，是不可分割的统一体。尽管在日常生活中谦语的使用不多，但其精神却是无处不在的。只要在日常用语中表现出你的谦虚和恳切，人们自然也会对你报以尊重。

二、介绍

“第一印象是黄金”。介绍礼仪是礼仪中基本的、也是很重要的内容。

介绍是人与人进行沟通的出发点，可以很快缩短人与人之间的距离。在社交或商务场合，善于介绍自己，不仅可以扩大自己的交际圈，而且有助于自我的展示、宣传，见图 2－35。

（一）正式介绍和非正式介绍

介绍有多种方式，根据介绍的正式程度可以分为正式介绍与非正式介绍。

1. 正式介绍的礼仪。在较为正式、郑重的场合，有两条通行的介绍规则：其一是将年轻的人介绍给年长的人；其二是将先生介绍给女士。在介绍过程中，先提某人的名字是对此人的一种敬意。比如，要将一位姓张的先生介绍给一位姓王的女士，

图2-35　相互介绍

就可以作如下介绍:“王××,让我把张××介绍给你好吗?”然后给双方作介绍:“这位是王××,这位是张××。”假如女方是你妻子,那你就先介绍对方,后介绍自己的妻子,这样才不失礼。如把一位年轻的女士介绍给一位德高望重的长辈,则不论性别,均应先提这位长辈。在介绍时,最好是姓名并提,还可附加简短的说明,像职称、职务、学位、爱好和特长等。

2. 非正式介绍的礼仪。如果是在非正式的场合,则不必过于拘泥,假若大家又都是年轻人,就更应以自然、轻松、愉快为宗旨。介绍人可先来一句:“我来介绍一下”,然后即作简单的介绍,不必讲究先介绍谁后介绍谁的规则。最简单的方式恐怕莫过于直接报出被介绍者各自的姓名:“王芳”、“张力”,也不妨加上“这位是”、“这就是”之类的话以加强语气,使被介绍人感到亲切和自然。

(二)自我介绍和他人介绍

根据介绍对象和介绍方式的不同,可以将介绍分为自我介绍和他人介绍。

1. 自我介绍。在商务交往活动中,如果想结识某个人或某些人,而又没有人引见,可以自己充当自己的介绍人,把自己介绍给对方。

确定自我介绍的具体内容时,要考虑实际需要、所处场景,要具有鲜明的针对性,不要“千人一面”。有时可以把自己的姓名同名人的姓氏或是常用名词相结合,以增强别人的记忆。比如,姓名是“周英”的,就可以介绍为:周总理的“周”,英雄的“英”。但要注意的是,若介绍人在场,自我介绍会被认为是不礼貌的。

自我介绍时应注意以下方面:

(1)注意时间。自我介绍以半分钟左右为佳,如无特殊情况,最好不要长于1分钟。进行自我介绍的适当时间,一般是对方有兴趣时、空闲时、情绪好时或者干扰少时,当然对方有要求时,也应该及时作自我介绍。

(2)讲究态度。进行自我介绍,态度务必要自然、友善、亲切、随和,届时应显得落落大方,笑容可掬。既不要小里小气,畏首畏尾,又不要虚张声势,轻浮夸张,矫揉造作。

(3)力求真实。进行自我介绍,要实事求是地介绍自己的情况,不虚美,不掩恶。

2. 他人介绍。他人介绍,又称第三者介绍,它是经第三者为彼此不相识的双方引见、介绍的一种介绍方式。在为他人作介绍时,可以遵循这样的顺序:把年轻的介绍给年长的，把地位低的介绍给地位高的。如果介绍对象双方的年龄、职务相当，就要遵从“女士优先”的原则，即把男士介绍给女士；对于同性，可以根据实际情况灵活掌握，比如把和你熟悉的介绍给和你不熟悉的，也可以按照从左到右或从右到左的顺序介绍等。

为别人介绍之前要征求一下被介绍双方的意见，当介绍者开始介绍时，被介绍者双方都应该起身站立，面含微笑，大方地目视介绍者或对方。

当介绍者介绍完毕后，被介绍者双方应依照合乎礼仪的顺序进行握手，彼此问候一下对方，也可以互递名片，交换联络方式。

不论是给别人作介绍还是自我介绍，被介绍双方态度都应谦和、友好、不卑不亢，切忌傲慢无礼或畏畏缩缩。

项目五　商务人员表情礼仪

一、笑

笑可以有效缩短沟通双方的距离，给对方留下美好的心理感受，从而形成融洽的交往氛围，因为笑不仅是一种外化的形象，也是内心情感的写照。

人的感情是非常复杂的，表现在面部有“喜、怒、哀、乐”等多种形式。其中，“笑”在人际交往中，有着突出重要的作用。面对不同的场合、不同的情况，能用笑来接纳对方，可以显示出一个人高度的修养、待人的至诚，是处理好人际关系的一种重要手段。

一般来说，对笑的要求是：发自内心、自然大方，显示出亲切。眼神、表情等方面要协调，要防止生硬、虚伪，“笑”不由衷。

正因为要笑得好并非易事，所以必要时可进行训练。自己对着镜子，观察自己笑的样子，也可请同伴给以评议，帮助矫正。

（一）笑的种类

在商务交往中，合乎礼仪的笑大致可以分作以下几种：

1. 含笑。不出声，不露齿，只是面带笑意，表示接受对方，待人友善，适用范围较为广泛。

2. 微笑。唇部向上移动，略呈弧形，但牙齿不外露，表示乐观、充实、满意、友好，适用范围最广，见图2－36。

3. 轻笑。嘴巴微微张开一些，上齿显露在外，不发出声响，表示欣喜、愉快，多用于会见客户、向熟人打招呼等情况。

4. 浅笑。笑时抿嘴，下唇大多被含于牙齿之中，多见于年轻女性表示害羞之时，通常又称为抿嘴而笑。

图 2－36　微笑图

（二）笑的方法

笑的共性是面露喜悦之色，表情轻松愉快。但是，如果发笑的方法不对，要么笑得比哭还难看，要么会显得非常假，甚至虚伪。所以，笑要做到以下几点：

1. 发自内心。笑的时候要自然大方，显出亲切。

2. 声情并茂。笑的时候，要做到表里如一，使笑容与自己的举止、谈吐有很好的呼应。

3. 气质优雅。笑的时候，要讲究笑的适时、尽兴，更要讲究精神饱满，气质典雅。

4. 表现和谐。从直观上看，笑是人们的眉、眼、鼻、口、齿以及面部肌肉和声音所进行的一次协调行动。

（三）笑的禁忌

在商务社交场合，严禁下述几种笑出现：

1. 假笑，即笑的虚假，皮笑肉不笑。

2. 冷笑，即含有怒意、讽刺、不满、无可奈何、不屑一顾、不以为然等情绪，容易使人产生敌意的笑。

3. 怪笑，即笑得怪里怪气，令人心里发麻，多含有恐吓、嘲讽之意。

4. 媚笑，即有意讨好别人，非发自内心，有一定功利性目的的笑。

5. 怯笑，即害羞、怯场，不敢与他人交流视线，甚至面红耳赤的笑。

6. 窃笑，即偷偷地、洋洋自得或幸灾乐祸的笑。

7. 狞笑，即面容凶恶，含有愤怒、惊恐、吓唬等情绪的笑。

二、目光

目光是受感情制约的，人眼睛的表现力极为丰富、微妙。正确地运用目光，能恰当地表现出人内心的情感，所以要把握好自己内心的感情，很好地发挥目光的作用。

眼睛被人们称为心灵的窗户，这是因为心灵深处的奥秘都会自觉不自觉地从眼神中流露出来。一双炯炯有神的眼睛，能给人以精力充沛、生机勃发的感觉；目光呆滞麻木，则使人产生疲惫厌倦的印象。

在人与人之间进行交流时，信息的交流要以目光的交流为起点。交流过程中，双方要不断地应用目光表达自己的意愿、情感，还要适当观察对方的目光，探测“虚实”。交流结束时，要用目光作一个圆满的结尾。在各种礼仪形式中，目光有重要的作用，目光运用得当与否，直接影响交往的效果。

在掌握并正确运用自己目光语言的同时，还应当学会“阅读”对方目光语言的方法。从对方的目光变化中，分析他的内心活动和意向。随着交谈内容的变化，目光和表情和谐地统一，表示很感兴趣，思想专注，谈兴正浓。对方的目光长时间地中止与自己目光的接触，或游移不定，表示其对交谈不感兴趣，交谈应当尽快结束。交谈中，目光乜斜，表示鄙夷；目光紧盯，表示疑虑；偷眼相觑，表示窘迫；瞪大眼睛，表示吃惊；等等。目光语言是千变万化的，但都是一个人内心情感的流露，学会阅读和分析目光语言，对于正确处理社交活动的进行和发展有着重要意义。

（一）注视的时间

注视对方时间的长短是十分有讲究的。

1. 表示友好。向对方表示友好时，应不时地注视对方，注视对方的时间约占全部相处时间的 1/3 左右。

2. 表示重视。向对方表示关注，应常常把目光投向对方，注视对方的时间约占相处时间的 2/3。

3. 表示轻视。目光时常游离于对方，注视对方的时间不到全部相处时间的 1/3，意味着轻视。

4. 表示敌意。目光始终盯在对方身上，注意对方的时间在全部相处时间的 2/3 以上，有可能被视为有敌意，或有寻衅滋事的嫌疑。

5. 表示感兴趣。目光始终盯在对方身上，偶尔离开一下，注视对方的时间在全部相处时间的人 2/3 以上，同样也可以表示对对方较感兴趣。

（二）注视的角度

注视别人时，目光的角度，即目光从眼睛里发出的方向，能表示出与交往对象的亲疏远近。

1. 平视，也叫正视，即视线呈水平状态。常用在普通场合，与身份、地位平等的人进行交往时。

2. 侧视，是一种平视的特殊情况，即位于交往对象的一侧，面向并平视着对方。侧视的关键在于面向对方，若为斜视对方，则为失礼之举。

3. 仰视，即主动居于低处，抬眼向上注视他人，以表示尊重、敬畏对方。

4. 俯视，即向下注视他人，可表示对晚辈宽容、怜爱，也可表示对他人轻慢、歧视。

（三）注视的部位

允许注视的常规部位有以下三个：

1. 与不熟悉者打招呼：眼睛注视其面部大三角，即以肩为底线，头顶为顶点的大三角。

2. 与较熟悉者打招呼：眼睛注视其面部小三角，即以下巴为底线，额头为顶点的小三角。

3. 与很熟悉者打招呼：眼睛注视其面部的倒三角，即以两眼为底线，鼻子为顶点的倒三角。

三、社交距离

社交距离是每个人在社交场合都会遇到的。在社交场合，人与人之间交往距离的远近，既能反映出他们之间关系的亲疏，又能反映出人们修养的高低。因此，了解不同交往距离的界线，有利于我们在不同的社交场合采取不同的社交距离。

(一)亲密距离

这种距离一般保持在0～0.5米以内，可以有身体的接触，通常在极亲密的亲友间采用，如恋人、夫妻、父母子女之间，或与莫逆之交的来往。如果不是这种关系而进入这个距离，则会让人反感。

(二)私人距离

这种距离一般在0.5米～1.2米之间，伸手可以握到对方的手，一般的熟人间交往都在这个距离内，如老同事、老同学、老朋友、老邻居之间的来往，这种交往已较少有身体接触。用这个距离与人交往，既能体现出对人的友好和亲密，又使人感到这种友好是很有分寸的。

(三)社交距离

这种距离一般在1.2米～3.5米之间，通常在处理工作关系时采用，如上下级之间、营业员与客户之间、医生与病人之间、老师与同学之间等。

(四)公众距离

这种距离一般保持在3.5米～7米之间，通常在讲课或开会时采用。如教师上课时站在讲台前面对学生；演讲者或主持人在主席台上发言；等等。

社交距离示意图见图2－37。

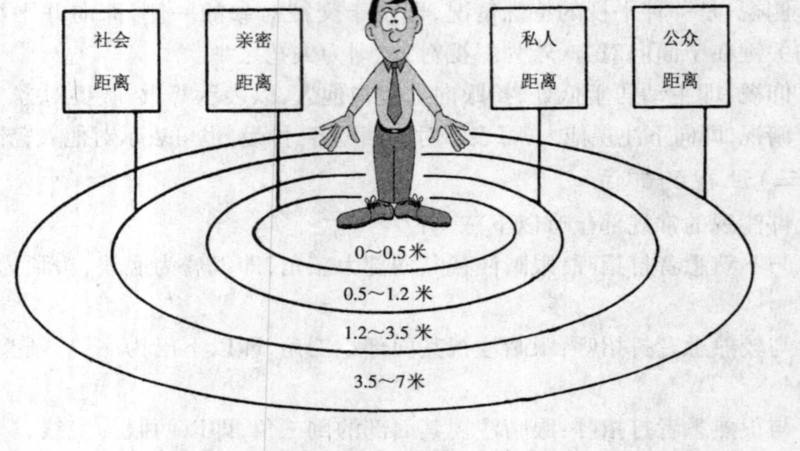

图2－37　社交距离示意图

项目六 实训

任务一 仪容训练

（一）实训目的与要求

通过着装、发型、化妆等项内容的训练，使学生的仪表仪容符合礼仪规范。

（二）实训器材

西装、套装、基础化妆工具、镜子等。

（三）实训内容

1. 着装训练

（1）男士西装穿着的具体要求：

男士在穿西装时，务必拆除衣袖上的商标。

西装要熨烫平整。

西装要注意纽扣的扣法：单排两颗扣，扣上不扣下；单排三颗扣，只扣中间那颗或上面两颗；双排扣，要全扣上。

站立之时，特别是在大庭广众之前起身而立，西装上衣的纽扣应当系上；就座之后，西装上衣的纽扣则要解开，以防止扭曲走样。

还要注意：袖子不倦不挽；要慎穿毛衣；要巧配内衣；西装口袋应不装或少装东西。

正装衬衫与西装要配套，应选择单色无图案为宜，白色为佳；衬衫衣扣要系上，袖长要适度，袖领口长于西装 1 ~ 3 厘米，下摆要掖入裤腰内，衬衫大小要合身。

领带的颜色要注意与西装颜色搭配，并注意领带的系法，打领结要求挺括、端正、外观呈倒三角形，领带的长度以到皮带扣处为宜。

与西装相配的只能是皮鞋，以黑色的牛皮鞋最好。袜子应选纯棉或棉毛混纺的深色袜子为好，不能穿白色袜子。

（2）女士套裙穿着的具体要求：职业女装可根据年龄、形体、性格、肤色等选择藏青、炭黑、烟灰、雪青、紫红等色，款式一般是上衣一件西装，下配一条西装裙。

穿套裙一般穿黑色的皮鞋，或与套裙颜色相近的皮鞋。袜子以单色的肉色为佳，连裤袜为标准搭配。穿着鞋袜应当注意大小适宜，完好无损，不可当众脱下，袜扣不可暴露在外。

2. 发型训练。发型的具体要求：

男士发型：男士头发要清洁，长度要适宜，前不及眉，旁不遮耳，后不及衣领；不能留长发，大鬓角；不允许留络腮胡子和小胡子。

女士发型：女士不宜梳披肩发，头发不可挡盖眼睛，不宜留怪异的新潮发型；过肩长发最好用黑色的发夹、网罩扎起来。

3. 化妆训练。化妆的具体要求：

面部、手部的清洁护理：男士要注意清洁面部，勤刮胡须，勤剪鼻毛，勤洗手，勤修剪指甲，保持清洁；适当使用护肤品护理。女士稍复杂但目的亦为清洁、美观、自然。

女士职业淡妆的化妆技巧及步骤：①洗面；②拍收缩水（化妆水）；③搽营养霜；④搽粉底；⑤第一次定妆（涂干粉）；⑥修眉；⑦画眉；⑧画眼影；⑨画鼻侧影；⑩涂腮红；⑪第二次定妆（涂干粉）；⑫画眼睫毛；⑬涂口红。

（四）实训方法

通过组织现场操作，观看教师操作以及资料片进行学习。

任务二　姿态训练

（一）实训目的与要求

通过实训，养成正确、规范的站立、行走、坐、手势等方面的姿态，以展现作为商务人员良好的精神状态和礼仪修养。

（二）实训器材

凳子、镜子、文件夹等。

（三）实训内容

站姿、坐姿、走姿、蹲姿和手势训练

1. 站姿的训练包括：肃立、直立。

2. 坐姿的训练包括：正坐式、曲直式、正身重叠式。

3. 走姿的具体训练为：规范、正确的走姿

4. 蹲姿的训练包括：高低式、交叉式

5. 手势的训练包括：横摆式、直臂式、曲臂式、双臂横摆式

（四）实训方法

1. 站姿训练。训练可采用背靠背站立练习和背靠墙站立练习这两种方法，采用以上两种方法训练时，应配合音乐进行，以减轻训练的疲劳感。

2. 坐姿训练。男女同学分组，再按 10 人一组分成若干小组在实训室内练习，老师现场指导并监督其保持正确的坐姿。

坐姿训练每次不少于 15 分钟，应配以适当的音乐以减轻疲劳。

3. 走姿训练。走姿训练包括走直线、停顿、拐弯、侧行、侧后退步等。

在训练走姿时可配有音乐，并进行摄像，然后播放录像，使学生了解自己的步态，再在教师指导下进行纠正。经过反复训练，达到端正、轻盈、稳健、灵敏的标准。

4. 蹲姿训练。在实训室内老师先讲清各种蹲姿的要领并示范各种蹲姿，分组练习。在掌握蹲姿的要领之后，再进行蹲下拾物练习。

5. 手势训练。规范站立的基础上在教师指导下分组进行反复训练，直到符合

要求。

任务三　表情训练

（一）实训目的与要求

通过表情训练，要求学生能恰当地运用目光和微笑与人交流，因为目光和微笑是商务人员面部表情的核心，恰当地使用，会给客户留下美好的印象，有助于更好地为客户服务。

（二）实训器材

镜子等。

（三）实训内容

1. 目光。目光的具体要求：

（1）在接待客户时，问话答话、递物等，都必须以热情柔和的目光正视客户的眼睛，向客户行注目礼，使之感到亲切温暖。

（2）在目光运用中，正视、平视的视线更能引起人的好感，显得礼貌和诚恳，应避免俯视、斜视。

（3）当距离较远或人声嘈杂，言辞不易传达时，商务人员应用亲切的目光表示致意，不致使客户感到受冷落。

2. 笑。笑的具体要求：

（1）轻笑时，嘴巴不张开，一般下牙不露出，并发出轻微的声音。

（2）微笑时，嘴巴不张开，上、下牙齿均不露出，也不发出声音，做到笑不露齿。

（四）实训方法

教师传授要领后以学生个人对着镜子自我训练为主。

在自我训练的基础上进行分组练习，两人一组进行交流，学会正确使用目光和笑。

任务四　常用礼节训练

（一）实训目的与要求

通过常用礼节的训练，要求学生掌握最常用的礼仪规范，如握手、鞠躬、介绍等，以便能在社交和商务活动中正确使用。

（二）实训器材

名片、物品、文件夹等。

（三）实训内容

1. 握手

（1）握手的顺序 ："尊者决定"——地位、身份高者先伸手。

（2）握手的方法：双方在介绍之后，相互致意问候时，待走到约一步左右的距离，双方自然伸出右手，手掌略向前下方伸直，拇指与手掌分开向前，其余四指自然并

图 2－38　握手图

拢，用手掌和五指与对方相握并上下摇动。握手时应注意上身略向前倾，面带微笑，正视对方眼睛以表示尊重；左手应当空着，并贴着大腿外侧自然下垂，以示专一；用力应适当，不能过轻或过重；边握手边致意，如说“您好”！时间一般不宜过长或过短，大约 3～5 秒为宜，应特别注意的是男性与女性握手时，男方只需轻握一下女方的四指即可，见图 2－38。

2. 鞠躬。鞠躬礼的具体要求：行礼者和受礼者相互注目，不得斜视或环视；行礼时不可戴帽，行礼者在距离受礼者两米左右进行；行礼时，身体上部向前倾约 15°至 90°度不等，具体的前倾幅度视行礼者对受礼者的尊重程度而定；双手应在上体前倾时自然下垂平放膝前或两侧，鞠躬完毕后恢复到直立式。

3. 递物与接物

（1）递接名片：一般情况下，地位低的人先向地位高的人递名片，男士先向女士递名片。递送名片时，应面带微笑，正视对方，将名片的正面朝着对方，恭敬地用双手的拇指和食指分别捏住名片上端的两角送到对方胸前。接受他人名片时，应十分郑重地把名片读一遍，不懂之处可当即请教，随后将对方的名片放入自己的名片盒内。

（2）递接其他物品：递交任何物品时都应恭恭敬敬地双手递上，若递笔、剪刀之类尖锐物品时，需将尖的一头朝向自己，而不能指向对方；接受物品时，一般情况下，凡是对方双手恭恭敬敬递过来的物品，也应双手接过，同时点头致意或道谢。

（四）实训方法

1. 握手训练。分组练习。可分为两人一组，在教师指导下进行练习，直到规范为止。

2. 鞠躬训练。分组练习。两人一组互相鞠躬致礼，教师在旁指导，直到符合规范。

3. 递物与接物训练。递接名片练习，可两人一组分别进行。递接其他物品，如礼品等，可在综合训练中进行。

模块三

商务接待礼仪

知识目标	能力目标
了解商务接待规范； 做好商务接待准备； 掌握商务接待基本程序； 掌握礼品馈赠礼仪。	学会日常接待中奉茶的技能； 学会接待中引导宾客的技能； 学会接待中馈赠礼品的技能； 学会接待中陪车服务的技能。

案例导入

武汉市与日本某市缔结为友好城市，在某著名饭店举办了一场大型的中餐宴会，邀请本市最著名的演员到场助兴。这位演员到达后，费了很多时间才找到了自己的位置。当他入座后发现与其同桌的许多客人，都是接送领导和客人的司机，演员感到自尊心受到了伤害，没有同任何人打招呼就悄悄离开了饭店。当时宴会组织者并没有觉察到这一点，一直等到宴会进行中主持人拟邀请这位演员演唱时，才发现演员并不在现场。幸好主持人灵活，临时改换其他演员顶替，才算没有出现“冷场”。

思考：

1. 演员为什么不辞而别？
2. 座次安排有何不妥？
3. 情况发生后该如何处理？

项目一　了解商务接待规范

孔子曰：“有朋自远方来，不亦乐乎！”礼貌待客是中华民族的传统美德。在商务活动中，虽然不同企业之间竞争激烈，但也存在着密切的合作，从接待礼仪来讲，“来的都是客”，不论客方平时与己方关系如何，都应以礼相待。

一、商务接待的性质

商务接待礼仪是商务人员在商务活动中迎送客人的一整套行为规范。严谨、热情、周到、细致的接待工作，会加深来客对本企业、单位的了解，展示本企业、单位的形象，提高本企业、单位的知名度和美誉度。接待工作是宾主双方面对面交流感情的过程，热情的接待，可增进双方的友谊。接待其按性质可分为日常接待、会议接待、参观游览接待等形式。

二、商务接待的原则

在商务活动中，必须遵循商务接待礼仪的惯例和规范。

（一）注意身份对等

身份对等，是商务接待礼仪的基本原则之一。其基本含义包含两方面的内容：一方面是指我方作为主人，在接待客户时，要根据对方的身份，同时兼顾对方来访的性质以及双方之间的关系，安排接待的规格，以便使来宾得到与其身份相称的礼遇，从而促进双方关系的稳定、融洽与发展。这项原则，要求我们在接待工作中应把对方的身份作为首要依据，一切具体的接待事务均应依此来确定，即我方出面迎送来宾的主要人员应与来宾的身份大体相当。若我方与来宾身份对等的人员身体不适，或忙于他事难以脱身或不在本地因而不能亲自出面迎送来宾，应委派与其身份相近的人员出面接待，并在适当的时候向来宾作出令人信服的说明和解释，以表示我方的诚意。

另一方面，我方人员在与来宾进行礼节性会晤或举行正式谈判时，也必须使我方到场的人数与来宾的人数基本上相等。另外，我方在为来宾安排宴请活动，或为其准备食宿时，亦应尽量使之在档次、规格各方面与来宾的身份相当，并符合客人的生活习惯，以体现东道主对客人的关心与照顾。在接待外商时，更应注意这一点。

在商务往来中贯彻身份对等的原则，是为了更好地确定宾主双方都能够接受和满意的接待标准，也是为了体现出对来宾的尊重与敬意。当然，有的企业为强调自己对双方特殊关系的重视和对于来宾的敬重，特意打破常规，提高对来宾的接待规格，这也是可行的，但不宜多用。

（二）讲究礼宾秩序

礼宾秩序所要解决的是多边商务活动中的位次和顺序的排列问题。在正式的商务活动中，确定礼宾秩序可参考下列四种方法：

1. 按照来宾身份与职务的高低顺序排列。如接待几个来自不同方面的代表团时，确定礼宾秩序的主要依据是各代表团团长职务的高低。

2. 按照来宾的姓氏笔画排列。在国内的商务活动中，如果双方或多方关系是对等的,可按参与者的姓名或所在单位名称的汉字笔画多少排列。其具体排法:首先,按个人姓名或组织名称的第一个字的笔画多少,依次按由少到多排列。若两者第一字笔画数相等,则按第一笔的笔顺,点、横、竖、撇、捺、弯勾的先后关系排列。当第一笔笔顺相同时,可依第二笔,以此类推。当两者的第一个字完全相同时,则用第二字进行排列,以此类推。

3. 按照字母的先后顺序排列。在涉外活动中,一般应将参加的组织或个人按英文或其他语言的字母顺序进行排列。具体方法如下:先按第一个字母进行排列,当第一个字母相同时,则依第二个字母的先后顺序排列;当第二个字母相同时,则依第三个字母的先后顺序排列,以此类推。但每次只能选一个语种的字母顺序排列,如奥运会代表队的入场顺序即是按此法排列。

4. 按其他顺序排列。如,可按照有关各方自己决定的先后顺序排列,或按各代表团正式抵达活动地点的时间的先后顺序排列。

项目二　做好商务接待准备

从接到来客通知后,接待工作就开始进入准备阶段。这是整个接待工作的重要环节,一般应从下面几个方面来准备:

一、了解客人基本情况

接到来客通知时,首先要了解客人的单位、姓名、性别、民族、职业、级别、人数等。其次要掌握客人的意图,了解客人的目的和要求以及在住宿和日程安排上的打算。再次要了解客人到达的日期,所乘车次、航班的到达时间。最后要将上述情况及时向主管人员汇报,并通知有关部门和人员做好接待的各项准备工作。

二、确定迎送规格

按照身份对等原则安排接待人员。对较重要的客人,应安排身份相当、专业对口的人士出面迎送;亦可根据特殊需要或关系程度,安排比客人身份高的人士高规格接待。对于一般客人,可由公关部门派遣有礼貌、言谈流利的人员接待。

三、布置接待环境

良好的环境是对来宾尊重的表示。接待室的环境应该明亮、安静、整洁、幽雅,应配置沙发、茶几、衣架、电话,以备接待客人进行谈话和通信联络之用。室内应适当点缀一些花卉盆景、字画,以增加雅致的气氛。还可放置几份报刊和有关本单位或公司的宣传材料，供客人翻阅。

四、做好迎客安排

与行政或公关部门联系，按时安排迎客车辆；预先为客人准备好客房及膳食；若对所迎接的客人不熟悉，需准备一块迎客牌，写上"欢迎×××先生（女士）"以及本单位的名称；若有需要，还可准备鲜花等。根据对方的要求和相关事务的要求，如果客人需要一些材料，则应该在客人到达之前准备齐全，这样客人到来之后就可以顺利地看到或者取走。

五、对接待人员的要求

一要仪表端庄，仪容整洁。服饰要整洁、端庄、得体、高雅。女性应避免佩戴过于夸张或有碍工作的饰物。女士适当化妆，化妆应尽量淡雅，发型不宜过于新潮，可适当佩戴首饰。

二要语言文明，举止优雅。作为一名接待员，站、坐、行走、举手投足、目光表情，都要能反映出内在的文化素养、业务能力，同时也能体现所在单位的管理水平。

三要恪守职责，高效稳妥。接待员要敬业爱岗，开创性地干好自己的工作，兢兢业业、一丝不苟、精益求精、讲究效率，减少或杜绝差错。

项目三　掌握商务接待基本程序

一、迎候

在商务往来中，对于如约而来的客人，特别是贵客或远道而来的客人，表示热情、友好的最佳方法，就是指派专人出面，提前到达双方约定的或者是适当的地点，恭候客人的到来。

（一）迎候来自本地的客人

对于来自本地的客人，接待人员一般应提前在本单位住地的大门口或办公楼下迎候客人。待客人的车辆驶入时，应面带微笑，举起右臂挥手示意；若来宾德高望重或是一位长者，则我方的接待人员应在对方的车子停稳之后，疾步上前，为之拉开车门，并伸出另一只手挡住车门的上框，以协助对方下车。在来宾下车之后，我方的迎候人员应依照身份的高低，依次上前，与对方人员一一握手，并同时道一声："欢迎光临"或是"欢迎，欢迎"！若双方此刻到场的人员较多，则我方应有专人出面，按照有关礼仪规范，为双方人员引见、介绍。

接待来宾时介绍的顺序是遵循客人有"优先知晓权"原则。若宾主双方需要介绍的人员较多，则应依照身份的高低顺序，先将我方人员的姓名、职务一一介绍给来宾，再将来宾一一介绍给我方人员。彼此见面后，即由我方接待人员引导到预定的会客室。

（二）迎候来自外地或海外的重要客人

对于来自外地或海外的重要客人，接待人员应专程提前赶往机场、码头或火车站迎接客人的到来。当客人到达时，应主动上前对客人表示欢迎和问候，并就有关事宜进行简单的介绍。接着，陪同来宾乘坐我方为之准备的车辆，驶往下榻地点。客人抵达住地后，尽可能妥善安排，使客人有宾至如归之感，如向客人提供活动的日程安排表、本地地图和旅游指南，向客人介绍餐厅用餐时间及简要的接待安排，了解客人的健康状况及服务要求等。将客人送到客房后，迎接人员不必久留，以便让客人更衣、休息和处理个人事务，注意分别前应约好下次见面的时间及联系方法等。

二、陪同

（一）陪同步行

在商务活动中，接待人员陪同客人步行，一般应在客人的左侧，以示尊重。如果是主陪陪同客人，要并排与客人同行。如果一行三人，主人应让客人走在中间，主陪在客人左边与其并行，随行人员尾随其后，不能并排或走在前面。随行人员可在客人允许之下帮客人拿包。主人在拐弯处应停下，用手指示方向，并说："请走这边。"服务员负责引导时，应走在客人左前方一两步远的地方并和客人的步速一致，遇到路口或转弯处，应用手示意方向加以提示。

引导客人上楼时，应该让客人走在前面，主人走在后面；下楼时，主人应该走在前面，让客人走在后面。引导客人进会客室时也要分情况：如果会客室的门是内开式的，开门后主人应先进去，站在门后阴影处，露出半身点头示意，然后再请客人进入；如果门是外开式的，则主人为客人开门后，应站在扶手的一边请客人进入。

（二）陪同乘电梯

乘电梯时，如有专人服务，应请客人先进；如无专人服务，接待人员应先进去操作，到达时请客人先步出电梯。

（三）陪同乘车

乘车时，陪同人员要先打开车门，请客人上车，并以手背贴近车门上框，作护顶动作，提醒客人避免磕碰，待客人坐稳后，再关门开车。但要注意，有两种客人不能遮挡，一是信仰伊斯兰教的客人，二是信仰佛教的客人，因为他们认为这样做会把"圣光"遮住。等客人坐好后，方可关门，注意不要夹了客人的手和脚，最后自己从左侧后门上车。按照习惯，乘车时客人和主陪应坐在司机后第一排位置上，客人在右，主陪在左，陪同人员坐在司机身旁。车停后陪同人员要先下车打开车门，再请客人下车。如果接待两位贵宾，主人或接待人员应先拉开后排右边的车门，让尊者先上，再迅速地从车的尾部绕到车的另一侧打开左边的车门，让另一位客人从左边上车；只开一侧车门让人先钻进去的做法是失礼的。当然，如为了让宾客顺路看清本地的一些风景名胜，也可以说明原因后，请客人坐在左侧，但同时应向客人表示歉意。需要强调的是，即使是为了让客人欣赏风景，也不要让客人坐司机旁的位置，尤其是接待港、澳、台地区和外国客人时更应注意这一点。

（四）陪同入座

引导客人入座时，若是主人要与客人对面而坐，那么应让客人坐面对房间正门的座位，而主人应坐背对房间正门的座位，以此表示对客人的尊重；若是主人要与客人并排而坐，倘若双方都面对着房间正门，则要以右为上。以右为上是指宾主之间排列位次时，客人应该坐在主人的右边。以右为上是一种国际惯例。如果客人较多，座次无法排列或者大家比较熟，那么就没有必要排列座次，客人可以自由选择座位。此外，在就座之时，为了表示对客人，尤其是表示对主宾的敬意，通常应当邀请对方首先就座，或者是与对方“平起平坐”，即宾主双方一同落座。若是主人抢在来宾之前入座，不向来宾让座或者让错了座位，则是一件很失礼的事。

（五）陪同照相

合影留念时，一般主人居中，主人右侧为第一主宾的位置，左侧为第二主宾，双方其他人员相间排列，两端的位置不要留给客方，由主方人员把边。第一排人员的安排既要考虑人员的身份，又要考虑场地的大小，人数多时还应准备阶梯架（如图 3－1所示）。

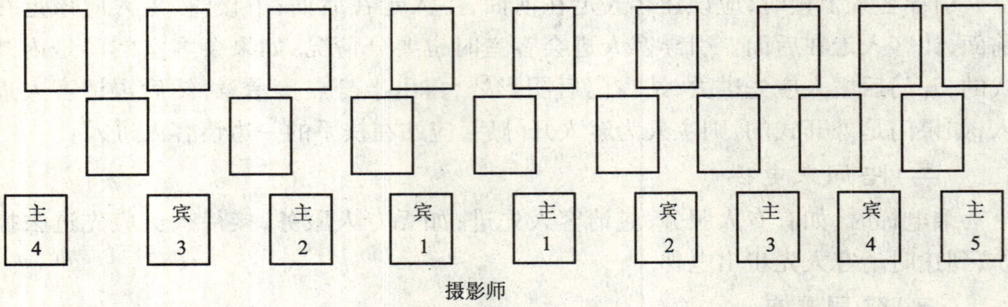

图 3－1　与客人合影时的礼仪

三、送别客人

当客人告辞时，应起身与客人握手道别，对于本地客人，一般应将其送至本单位楼下或大门口，待客人远去后再回单位。如果是乘车离去的客人，一般应走至车前，接待人员帮客人拉开车门，待其上车后轻轻关门，挥手道别，目送车远去后再离开。

对于外来的客人，应提前为之预订返程的车票、船票或机票。客人离开前，主人应专程前往客人下榻处话别或前往车站、码头或机场送行。送别时，应与客人一一握手，祝愿客人旅途平安并欢迎其再次光临。将客人送上车、船或飞机后，送行人员应面带微笑，挥手告别，待车、船或飞机离开，直到看不见对方时，方可返回。

项目四　知晓礼品馈赠礼仪

在商务交往中，馈赠礼品往往是必不可少的。馈赠礼品往往是向对方表示祝贺、感谢、友好、慰问等感情，是沟通人际关系的润滑剂，是一种传递友情的纽带。大凡向别人馈赠礼品的人，都希望通过馈赠礼品表达出自己的感情并给受礼人留下深刻的印象。因此，了解礼品馈赠的礼仪十分必要。

一、礼品的选择

（一）投其所好

由于每个人的性格、爱好、职业、年龄等各不相同，因而对物品的喜好也不尽相同。为了使受礼者接受并喜爱你的馈赠品，就必须做到投其所好。要做到这一点，平时需注意观察了解，多与对方沟通，以求掌握对方的喜好。

（二）注重真情

最好的礼物应融进送礼人的真正情感。礼品不一定要价钱昂贵，只要是具有“创造性”的，而且是花了心思的，那么，哪怕是自制的礼品，如亲手编织的毛衣、自制的贺卡等，也会使受礼者感动和喜欢。礼品的包装是很重要的，在许多国家都非常重视礼品的包装。因为精美的包装可以给人一种神秘感，又可显示出赠送者的情趣和心意。

（三）商务交往中宜选的礼品

在商务交往中，宜选具有一定宣传性、纪念性、时尚性、独特性的礼品，有时还应注意礼品要具有便携性。具体说明如下：

1. 宣传性。在商务交往中，首先要注意礼品的宣传性，以推广宣传企业的形象。

2. 纪念性。在商务交往中，所送出的礼品要能达到使对方记住自己，记住自己的单位、产品和服务的作用。

3. 时尚性。礼品不仅要与众不同，还应特别注意礼品的时尚性。

4. 独特性。商务交往中礼品应具有独特性。要做到人无我有，人有我优。不要千篇一律，否则易给人以敷衍了事之感。

5. 便携性。当客人来自异地他乡时，送给对方的礼品要不易碎、不笨重，便于对方携带，否则会给对方添许多烦恼。

（四）避免犯忌

商务交往中，有些物品是不可以作为礼品赠送给对方的，否则不仅不会给对方带来快乐，反而会弄巧成拙。具体来说，要注意以下几点：

1. 不宜送大额现金和有价证券等，否则就有贿赂对方之嫌。同时还要注意，金银珠宝、走私品也不适合送人。

2. 粗制滥造的物品或过季的商品，不能送给别人，否则有愚弄对方、滥竽充数之嫌。

3. 带有明显广告标志和宣传用语的物品不能送给别人，否则有利用对方为自己做广告之嫌。

4. 不能送给对方药品，否则有暗示对方身体欠佳之意。

5. 违背交往对象民族习俗、宗教信仰和生活习惯的物品不能送，否则会伤害彼此感情。

6. 不能送对方忌讳的物品，异性之间不送贴身物品等，否则会引起误会。

7. 要适当了解一些送花的禁忌，以避免送花不当而触别人的忌讳。

（1）商务交往中一般不送茉莉花和梅花，因为“茉莉”与“没利”谐音，“梅花”的“梅”与倒霉的“霉”同音。

（2）不要随便送红玫瑰花，以免引起对方误会。

（3）不要贸然送黄玫瑰给对方或在对方生日时送上洋水仙，因为前者表示在工作和感情方面妒忌对方，后者则暗示对方自大、虚假。

（4）不要送康乃馨给男性，因为这容易引起对方误会，以为你是指他“乳臭未干，需要妈妈照顾”，或者指他“婆婆妈妈”和“娘娘腔”。

（5）不要给病人送盆栽或浓香、颜色浓艳的花。香味很浓的花对病人不利，易引起咳嗽，所以像风信子、玫瑰、百合等香味颇浓的花不太适合送给病人；颜色太浓艳的花会刺激病人的神经，激发其烦躁情绪，所以像紫罗兰、大丽花、牡丹等颜色浓艳的花也不适宜送给病人。如果病人喜欢有香气的花，可以送兰花、郁金香等有淡淡香气的花。下面是一个例子：

案例

有一次，小李因公事到上海出差。事情办完之后，小李想起有一个大客户就在上海，于是想顺道拜访他一下。他得知此客户前几天心脏病发作住进医院了。小李心想既然客户生病，那一定得去医院探探病才行。小李平素最喜欢盆栽，于是就买了一盆准备送给客户。路上，他想起探病一般要带点水果，于是就又买了点苹果。到了客户的病房，小李先与客户寒暄了几句，然后就送上他所买的礼品。岂料客户和家属一看到他所买的礼品却变了脸色。小李颇感纳闷，又不好明问，只得与客户聊了会儿天后就悻悻离去。后来经过向当地人打听，小李才知道探病时是不宜送盆栽的，因为探病送盆栽意味着“根留医院”，而在上海话中“苹果”与“病故”同音，所以探病时也不宜送苹果。听完此番解释，小李才恍然大悟，难怪人家看到他的礼品会变了脸色呢！

此外，如果是给不同民族、不同国家的朋友送礼，更应很好地了解他们的风俗习惯和禁忌，否则，还会影响民族团结和国家友好。同一样东西在不同的地方，赠送效果是不一样的。有的物品在一个国家受欢迎，到另外一个国家可能不然，甚至受到厌恶和反对。例如，在美国一瓶好酒可能是件不错的礼品，但在阿拉伯国家是不能把酒作为礼品的。还需要注意各国赠花的忌讳，如西方国家的男士一般只送花束，而不送盆花，他们认为盆花不如插花庄重。按照风俗习惯，英国人忌送黄玫瑰，因为在英国，黄玫瑰象征亲友分离；德国人忌送郁金香，因为德国的习俗中黑郁金香是一种无情之花；给法国人不宜送康乃馨，特别是在对方生病住院期间，因为康乃馨意味着快要离开人世；拉丁美洲的人忌用菊花为礼品，他们认为这是送给死人的丧葬之花。而在日本，菊花是皇室的标志，皇室族徽上有 16 瓣菊花，所以，在商务交往时，所送菊花的花瓣不能超过 15 片，否则会被认为不尊重天皇。

二、赠送礼品的时机

（一）赠送礼品的时间

赠送礼品需要选择恰当的时机及具体时间。

1. 选择恰当的时机：

（1）节假日。遇到我国传统节日，如春节、端午节、中秋节等，法定节日，如元旦、五一、六一、教师节、国庆节等，都可以送些适当的礼物表示祝贺。

（2）喜庆嫁娶。乔迁新居、过生日、生小孩、庆祝寿诞、结婚等这些喜庆日子，一般应备礼相赠，以示庆贺。商务交往中也有一些喜庆日子，如开业典礼、周年纪念、重大项目投产等，备礼相送表示祝贺与纪念，可以增进感情。

（3）探视病人。亲友、同学、同事或领导生病，可以到医院或其家中探望，顺便带一些病人喜欢的水果、食品和营养品等，表示问候与关心。

（4）拜访、做客。这种时候可以备些礼物送给主人，特别是送给女主人或小孩。

2. 选择具体时间：

（1）一般来说，当我们作为客人拜访他人时，最好在双方见面之初向对方送上礼品，而当我们作为主人接待来访者时，则应该在客人离去的前夜或举行告别宴会时，把礼品赠送给对方。

（2）在国际交往中，馈赠礼品的时间，除考虑“适时效应”外，还应注意不同国家、不同民族的风俗习惯。在有些国家，只有在对方送礼时才能还礼。有些国家，例如日本，要当在场人数不多时送礼。而在另外一些国家则正好相反，比如阿拉伯国家，必须有其他人在场，送礼才不会被看做是贿赂。

（二）赠送礼品的地点

1. 考虑赠送礼品的地点要注意公私有别。一般来说，商务交往中所赠送的礼品应该在商务场合赠送，如在办公室、写字楼、会客厅；在谈判之余、商务交往之外或私人交往中赠送的礼品，则应在私人居所赠送，而不宜在公共场合赠送。

2. 初次在办公室或公开场合见面，就送上一份重礼，会有唐突之嫌。在庄严的场合或大庭广众面前，送给女士衬衣、鞋袜或食品之类的礼品，会使人感到俗气且令对方尴尬。在社交场合，宜送大方、体面、高雅的礼品，花束、书籍、纪念徽章等是上乘之物。

（三）赠送礼品的方式

在商务交往中，赠送礼品时应注意以下三点：

1. 加以包装，显示馈赠者的情谊。正式场合赠送他人的礼品最好加以包装，向外籍客人赠送礼品则必须加以包装，因为包装意味着重视，不加以包装有敷衍了事的嫌疑。

礼品一般用包装纸（彩色纸）包装，即使盒装的礼品也要另外包装，扎上漂亮的绸带。在许多外籍人的心目中，礼品的精致包装是对他们的尊重。

邮寄或托人赠送的礼品，也要加工包装，而且要附上贺词或名片。受礼者收到礼品后，也应回复一张名片或一封感谢信以示感谢。

2. 适当说明。礼物一般应当面赠送。在正式商务交往中，将所选择的礼品赠送给他人时，要进行必要的说明，如要说明礼品的含义、具体用途及与众不同之处，以使对方加深对礼品的印象，同时表达礼品赠送人的善意。例如，美国人的习惯是当场打开包装，欣赏礼品，赠礼者会作一番介绍说明。

3. 由在场地位最高者出面。赠送礼品时，如果条件允许，应该由本单位、本部门在场之人中身份地位最高者亲自出面赠送。由领导亲自出面向客人赠送礼品，对方会有种被重视的感觉，这是对对方的尊重。

三、接受和谢绝礼品的礼节

（一）接受礼品

1. 双手捧接。当他人表示要当面赠送礼品时，不论自己当时多么忙，都要停下手中的事情，站起身来，做好准备。当对方递上礼品时，应双手捧接过来，最好不要只用一只手去接，尤其是不要只用左手去接。

2. 与对方握手。接过礼品后，循例应当先用左手将其托在胸前，同时以右手与送礼者相握，以示热忱。要是礼品较大，可双手先捧着礼品慢慢放在一旁，然后再去与对方握手。如果对方当时面交的只是一份礼品单，受礼方也应当这样去做。只不

过在与对方握手前，须先细读一遍礼品单，以示对对方的尊重。

3. 致以谢意。在同送礼者热情握手的同时，应当口头上向对方认真而恭敬地致以谢意。可以说："谢谢您""真不好意思，让您破费了""它太漂亮了，我很喜欢""它正是我所喜欢的"等等，表示自己的谢意。

4. 若所赠的礼品是由他人转交的，在收到之后，应立即为此专门打一个电话，表示谢意。然后，还应再写一封道谢的书信，或寄给对方一枚道谢卡。

（二）谢绝礼品

1. 一般情况下，若送礼者别无他意，且其所送礼品亦无不妥，则不应当虚情假意地进行过多的推辞。

2. 假如对方赠送的礼品确实不宜接受，可以拒收。拒礼时，要讲究方式方法，不要让对方难堪。如果无外人在场，可当面委婉地表明自己的拒收之意。可以"公事公办"，认真地告诉对方："您的好意我领了，只是公司不允许接受客户的礼品，实在抱歉。"也可以婉言相告："太遗憾了，虽然我很喜欢它，可是已经买过了。"在拒礼时千万不要态度生硬，无礼地质问、斥责、教训、讽刺或挖苦对方。

3. 如果当时在场之人较多，可将礼品先收下来，过后再面交、寄交或请他人代交原主人。事后退还礼品，也应当口头或书面解释一下理由，并且勿忘感谢对方。退还礼品的时限，通常不应超过一天。

四、对外活动中的赠礼和受礼

（一）相关规定

根据相关对外活动中赠礼和受礼的文件规定，在对外活动中，我方一般不赠礼也不受礼，如有必要赠礼，须经授权机关批准。在与外宾的接触中，更不准向外宾索取礼品，但如系个人之间互赠礼品，如同学、同事或师生之间自费互赠纪念性的礼品，则可以接受，并可由本人自行处理。

（二）特殊情况的处理

在对外交往中，如对方赠礼，我方难以谢绝，则可以收下，但我方一般不回礼，或仅酌情回赠少量有纪念意义的礼品。

我国政府代表团（或代表）参加外国重大的庆典活动，以及友好省、市间相互往来，可以根据实际情况酌情赠礼。我国驻外机构和出国代表团、组，根据所在国和被访问国的习惯，如果需要，可以向接待人员、服务人员赠送小纪念品。对来华帮助建设或免费讲学的外国专家和技术人员，在他们归国时，也可赠送少量的礼品或纪念品。

（三）如何对待捐赠

华侨、华裔，以及港、澳、台同胞，主动对祖国进行的捐赠，不属于礼品范围，可以收下。

五、各国馈赠礼仪

世界各国由于文化、历史、民族、社会、宗教的不同，在馈赠礼品问题上的观念、喜好和禁忌自然也有所不同，各自均有一套复杂的礼仪习俗和禁忌。如果运用得当，赠礼能巩固双方之间的友谊和业务关系；如果运用不当，则会妨碍双方的关系，达不到馈赠礼品的目的。下面我们简要介绍一下亚洲、欧美、拉丁美洲等一些国家的馈赠习俗和禁忌。

（一）亚洲国家

1. 日本的相关馈赠礼仪：

（1）日本的送礼习俗：

- 在日本人看来，互赠礼品是增进友谊的一种重要方法，业务交往中，第一次见面就送礼的现象较为普遍，人们为能先向对方送礼而感到高兴。
- 日本人通常喜欢 1、3、5、7、9 等奇数，认为其吉利，这正好与中国人的习俗相反。
- 日本人讲究还礼，但所还礼品的价值一般只需相当于对方礼品价值的一半即可。否则，对方会认为你有意使他欠你的人情。
- 日本人若不愿意接受对方的赠礼，则会加倍还礼。
- 日本人重视礼品包装，一般不当着客人的面打开礼物的包装，这和中国人一样。
- 对日本人而言，越是形式美观而又无实际用途的礼品越受欢迎，这样的礼品，易于再转送他人。

（2）日本的送礼禁忌：

- 日本人对装饰着狐狸和獾图案的东西甚为反感，认为狐狸是贪婪的象征，獾则代表狡诈。
- 到日本人家里做客，携带的菊花只能有 15 片花瓣，因为只有皇室徽章上才有 16 瓣的菊花。
- 选择礼物时，要选购“名牌”礼物，不要把印有你自己公司名字的东西送给日本人。
- 日本人认为礼品的包装同礼品本身一样重要，禁忌劣质的包装，不要用颜色鲜亮的包装纸。鲜红颜色不适合用于包装礼品，黑白颜色则代表丧事。
- 探望病人时，赠送鲜花需了解病人对花是否有所禁忌，比如有人讨厌山茶花，因为它容易凋落；还有人忌讳盆栽花，因为“根系土中”与日语“卧床不起”谐音。尤其在探望病人时不要送双数的东西，更不能是 4 的倍数。

2. 韩国的相关馈赠礼仪。韩国人馈赠礼品的习俗与日本人有较多的相似之处。韩国商人对初次来访的客人常常会送当地出产的手工艺品，但一般要等客人先拿出礼物来，然后再回赠礼品。韩国人等对“4”字有忌讳，把“4”视为预示厄运的数字。而对 9、7、5、3 等奇数和 108 等数颇为青睐，对“9”及“9”的倍数尤其偏爱。

3. 阿拉伯国家的相关馈赠礼仪：

（1）阿拉伯人的送礼习俗：

- 中国的礼品，如唐三彩、古色古香的瓷瓶、织锦或香木扇、花卉或山水画较受欢迎。
- 可以送在办公室里用得上的东西，如笔架、计算器之类的东西，也可以送艺术品、书、唱片和音乐磁带等有文化内涵的礼品。

● 阿拉伯商人一般都赠送贵重礼物，同时也希望收到同样贵重的回礼，他们认为礼尚往来是有关尊严的问题，若不让他们表示大方则是不恭，会影响双方的关系。

（2）阿拉伯人的馈赠禁忌：

● 第一次和阿拉伯人见面时不要送礼，否则有可能被视为行贿。

● 阿拉伯人不愿让女子的形象在厅堂高悬，因此，不宜送古代仕女画。

● 不要送不值钱的东西，切勿把用旧的物品赠送他人，也不能把酒作为礼品。

● 绝对不能给阿拉伯人的妻子送礼，这会被认为是对其隐私的侵犯，但送给孩子则是受欢迎的。

● 不要在对方只有一人在场的情况下送礼。

● 不要送带有动物形象的东西。

（二）欧美国家

1. 欧洲人的相关馈赠礼仪：

（1）接待重要的代表团，通常是主人将一把金钥匙送给客人，并说："友谊之门随时为您打开，畅通无阻。"

（2）应邀到欧洲人家里吃饭，通常送给女主人的礼物是一束鲜花，提前送去比当面送更好，因为这样，没带礼物的客人也不会感到不好意思。

（3）送的礼物不可太贵重。在英国，送礼重了，会有贿赂之嫌。德国对礼品有明文规定，价格超过一定数额的就要纳税。

（4）在欧洲，人们送礼时习惯用一层漂亮的礼品纸将礼物包装起来，并在礼品上系一条彩带，德国人对礼品的包装特别讲究。

（5）法国人喜欢有美感和能体现文化修养的礼品，如唱片、艺术画册或小工艺品等，最受他们欢迎的是书，特别是新出版的传记、历史、评论、政府首脑和政治家的回忆录等。初次结识法国人就送礼是很不恰当的。应邀到法国人家里用餐时，应带上几支不加捆扎的鲜花。

（6）英国人喜欢高级巧克力、名酒和鲜花。英国人常把请客人吃饭、喝酒或晚上看戏、看芭蕾舞作为送礼的形式。

（7）德国人认为礼品应悉心准备，包装更要尽善尽美。

2. 欧洲人的赠礼禁忌：

（1）所送花的数目不能是"13"，也不能是双数；在讲法语的地区不要送菊花，菊花只在举行葬礼时才用；对于德国人、法国人、瑞士人，只有情人之间才能送红玫瑰。

（2）在业务交往中，不要第一次见面就送人礼物，否则会被认为是愚蠢的举动。

（3）如果彼此只是工作关系，送男女用香水都不合适，因为那会显得关系太亲近了。

（4）对饰有客人所属公司标记的礼品，主人大都不喜欢。

（5）德国人包装礼品时不用白色、黑色或棕色的纸。

3. 美国人的赠礼习俗：

(1) 推崇实用的内容加漂亮的形式。到美国人家里做客，假如你想带礼物，可以带一束刚摘下来的鲜花。如果主人喝酒，也可以带上一瓶酒或一盒巧克力。最使男女主人高兴的礼物莫过于用你的母语或英语，向他们祝酒并表示感谢。

(2) 礼尚往来不受时间的限制。在美国，最普遍的送礼形式是请客人吃顿饭、喝杯酒，或到别墅去共度周末。这并不意味着你必须作出报答，你只要表示感谢或当美国人到你的国家访问时招待他就可以了。

(3) 一般追求新奇。你如果打算为美国人送礼，最好挑选一些具有浓厚乡土气息和别致精美的工艺品。另外，一块手表，甚至一同游览、参观等，都是上佳的礼品。当然，如果再讲究一下礼品的牌子和包装，就更好了。

(4) 赠受双方喜欢共享礼品带来的欢乐。美国人与欧洲人一样，受赠人常常当着赠礼人的面打开包装并表示赞美，然后邀赠礼人一同享受或欣赏礼品。

(5) 讲究赠礼的时机。一般情况下，赠礼常在社交活动行将结束，即在社交已有成果时才进行，以避免有行贿受贿之嫌。

4. 美国人的赠礼禁忌：

(1) 不要送不值钱的项链之类的饰品。送此类东西对方会认为你看不起他。

(2) 不要送带有公司标记的便宜东西，他们会认为此类东西是在为公司做广告。

(3) 如果你是男性，就不要给美国妇女送香水、衣服或化妆品。

(4) 忌讳“13”和“星期五”这个灾难之数，因此礼品的数量要避开 13 等。

（三）拉丁美洲国家

1. 拉美人的赠礼习俗：

(1) 送重礼。这是拉美人社交馈赠的重要特征，在拉美国家，征税很高的物品极受欢迎，只要不是奢侈品，可送些名牌家用电器，例如一只精致的烤面包炉是很受欢迎的。

(2) 重视见面礼。到拉美人家里做客千万不能空手去，假如你是第二次拜访拉美国家的客人，可先写信问一问你所认识的人需要什么东西。

(3) 重视实用。无论你与拉美人关系如何，送礼时首先要考虑你的礼物是否对他有用，以及是否适合受礼人的口味，礼物的价值是第二位的。

2. 拉美人的馈赠禁忌：

(1) 公事交往中，在彼此没有熟识之前不要送礼；谈业务时不要送礼，等谈判结束后，气氛轻松下来时再送。

(2) 送礼时应注意“13”是不吉利的数字，要避开；礼物的色彩不能是黑色或紫色，黑和紫是拉丁美洲国家忌讳的颜色，这两种颜色意味着阴沉的天气。

(3) 不能送刀剑或手绢。因为刀剑暗示友情的完结，手绢是与眼泪联系在一起的。

项目五 实训

任务一 日常接待中奉茶礼仪实训

（一）实训目的与要求

通过本项目实训，要求学生掌握接待服务中奉茶的基本方法和敬茶礼仪。

（二）实训器材

托盘、垫布、茶杯、茶壶等。

（三）实训内容

1. 奉茶的方法：上茶应在主客未正式交谈前。正确的步骤是：要将茶盘放在临近客人的茶几上，然后右手拿着茶杯的中部，左手托着杯底，杯耳应朝向客人，双手将茶杯端起从客人的右后侧奉上，同时要说“您请用茶”。

2. 奉茶的顺序：一般应为先客后主、先女后男、先长后幼。如果来宾甚多，且其彼此之间差别不大，可采取下列三种顺序上茶：其一，以上茶者为起点，由近而远依次上茶；其二，以进入客厅之门为起点，按顺时针方向依次上茶；其三，在上茶时，以客人的先来后到为先后顺序。

（四）实训注意事项

1. 忌用不清洁或有破损的茶具。

2. 尽量不要用一只手上茶，尤其不能用左手。

3. 切勿让手指碰到杯口。

4. 为客人倒的第一杯茶，通常以七分满为佳。

5. 把握好续水的时机，以不妨碍宾客交谈为佳，客人喝了1/3后即可续水。

（五）实训方法

模拟在会客室接待客人，为客人奉茶。

任务二 接待中引导礼仪实训

（一）实训目的与要求

通过本项目实训，要求学生掌握接待服务中的引导礼仪。

（二）实训场地

办公室、走廊、电梯门口、楼梯。

（三）实训内容

1. 与长辈、上司同行时，原则上应在他们的左边或后面走，有急事需超越时要先道歉。

2. 与女性同行，男性必须迁就女性的步伐。在马路上男性应走在女性的左边，上楼梯时男性应走在后面，下楼梯时男性则应走在女性前面。

3. 引导客人时，最好是走在客人的右前方或左前方，一般应与客人保持二至三步的距离，一面交谈一面配合客人的脚步。与客人大约是130°的角度，切忌独自在前，臀部朝着客人。

4. 宾主并排行进，引导者应走在外侧后面或偏后一些的位置上；如果三人并行，通常中间为上，内侧次之，外侧再次之。

5. 上楼梯时，陪同人员应在扶手的一边，让客人走在前，下楼时可走在客人的前面，万一摔倒也不会冲倒后面的客人或上级。

6. 与同级、同辈或不相识者同乘电梯，进入时要讲先来后到，出来时应由外而里。如果与尊长、来宾乘梯，与客人或上级乘电梯，原则上客人和上级先进先出。如果进入无人管理的电梯，客人和上级人数较多，则宜自己首先进入电梯按住电钮以便客人或上级从容进入电梯。

（四）实训方法

模拟在各种场合引导陪同客人，并注意引导礼仪。

任务三　接待中馈赠礼仪实训

（一）实训目的与要求

通过本项目实训，要求学生掌握商务活动及社交中的馈赠礼仪。

（二）实训场地

实训室内。

（三）实训内容

设计不同目的的馈赠，让学生选择馈赠的礼品：

1. 贺礼：企业开张、大厦落成；

2. 喜礼：朋友结婚、长辈生日；

3. 节庆：教师节、六一儿童节；

4. 探望病人：亲友、同学、领导。

（四）实训方法

结合所学内容，让学生分组分别设计一定的情节、场景、人物、对话，进行馈赠礼品的训练。

任务四　接待中陪车礼仪的实训

（一）实训目的与要求

通过本项目实训，要求学生掌握商务活动及社交中的乘车礼仪。

（二）实训场地

实训室内。

（三）实训内容

1. 训练进出轿车的姿态。

2. 训练接待服务中“护顶”的姿势。

3. 训练接待服务人员陪车服务的礼仪。

(四)实训方法

结合所学内容，让学生分组分别设计一定的情节、场景、人物、对话，进行陪车礼仪训练。

任务五　接待礼仪模拟实训

下面是某校学生编排的接待礼仪训练小品，各角色均由学生扮演。

礼仪小品一：商务接待礼仪

角色分配：

甲方：总经理——张

秘书——庄

客房部经理——徐

餐饮部经理——王

领班——翁

顾客——严

礼仪小姐兼服务员——严、翁

乙方：总裁——施

秘书——陈

背景资料

美国国际大酒店总部将到国际大酒店杭州分店进行视察，杭州分店准备各项接待工作。上午 10 点，杭州分店的总经理和秘书已从机场把总裁接至酒店门口，各部门经理已在大门口恭迎。车至杭州分店门口，庄秘书先下车，打开后座总裁的车门。

剧本内容

庄：总裁，请。

施：好。

（庄秘书又打开后座总经理的车门）

庄：经理，请

（总经理走至总裁面前，面带微笑）

张：这就是我们国际大酒店杭州分店，欢迎总裁莅临指导。

（总裁和总经理边说边走至在酒店门前，徐经理和王经理在大门恭迎）

张：这是我们的客房部徐经理。

（总裁伸手，客房部经理伸手，握手）

施：你好！

徐：总裁，您好，一路辛苦了！

张：这是餐饮部王经理。

（总裁伸手，餐饮部经理伸手，握手）

施：你好！

王：总裁，您好！

（介绍完毕）

庄：总经理，我们准备好了午餐，你看是否现在可以就餐了呢？

张：（看了一下手表）：总裁一路辛苦，让我们为您接风洗尘，三楼主餐厅已准备好了午餐。

施：好。

庄：请这边走。

（走至大厅时，两位礼仪小姐面带微笑）

（当他们走至面前时）两位礼仪小姐：欢迎光临！（弯腰鞠躬）

（一行人向三楼主餐厅走去）

王：这是我们的西餐厅，有来自各国的经典咖啡。

施：好，进去看看。

王：这是大厅，旁边还有五间不同风格的小厅，这个小厅主要经营法国巴黎的咖啡，这个厅主要经营来自希腊的咖啡，这个厅主要经营来自夏威夷的咖啡。

施：嗯，设计也不错，这里的顾客反应如何？

王：这几个厅顾客反映都很满意，尤其是这间蓝山咖啡厅，几乎每天都客满，效益非常好。

施：哦，不错。（点头，微笑）

王：再过去就是主餐厅，我们在那里为您准备好了午餐。

（从西餐厅走出来，进入主餐厅）

（庄秘书把总裁领到就餐桌前，餐桌上已经摆好了酒杯、盘子、葡萄酒。庄秘书为总裁拉开椅子）

庄：总裁，您请坐。

施：好。

庄：总经理，您请坐。（为总经理拉开椅子）

（王经理和徐经理陆续入座）

（两名服务员上了酒菜）

（庄秘书走至总裁右边，为总裁倒上酒）

庄：这葡萄酒是法国著名的波旁葡萄酒，色香味俱全，而且已经珍藏了20年了。

（庄秘书一一为总经理、徐经理、王经理倒满，坐回座位）

（张总经理起立，举着酒杯）

张：总裁，先让我代表公司全体员工敬您一杯，祝您这次视察愉快，并提出宝贵的意见。

（总裁起立，举起酒杯）

施：好，我也祝愿我们的员工工作顺利，我们的公司蒸蒸日上。干！

（王经理、徐经理一一起立，大家一起干杯，坐下）

（这时服务员又上了一道菜）

徐：这是我们杭州的特色菜“东坡肉”。

施：为什么叫“东坡肉”？

徐：说起来这菜名的由来，还有一个典故。相传在宋代，著名词人苏东坡在杭州担任刺史时，颇受人们的爱戴和尊崇，百姓为了表达对他的尊敬，纷纷赠送猪肉给他。有一天，苏东坡去一工地视察，见工人劳作辛苦，便把那些猪肉放在大锅里煮熟分给民工吃。那时对这些民工来说能吃上一餐肉是很难得的，所以大家都感觉味美可口，回味无穷。为了歌颂苏东坡为官清正，关心民间疾苦的美德，故而把这菜称为“东坡肉”，流传至今，已成为杭城一道名菜。

施：哦，这传说很美，吃起来肯定更美。

庄：这东坡肉吃起来淳而不腻。总裁，您先尝尝。

施：好。

（这时，服务员又上了一道菜）

王：这就是有名的“西湖醋鱼”。

陈：哦，我早就听说过“西湖醋鱼”，就是从来都没吃过，今天可让我们大饱口福了。

张：大家都别客气，多吃点。

（就餐完毕，秘书领着总裁来到休息室，秘书倒茶）

庄：总裁，您喝茶，先好好休息一下。

施：好的。

（下午2:00，进入会议室，各部门汇报工作，总经理作总结；
下午4:00，总经理带领客人到客房部进行视察；
一行人来到402客房门前，听到有争吵声）

施：（敲门）

（领班开门）

严：好，你们来得正好，我明明放在化妆台上的戒指怎么会一下子不见了，我只不过是出去了几分钟。你们这儿的服务员是怎么整理房间的啊？

翁：请您先冷静一下，您确定放在那里了吗？

严：我就是放在那里的啊。你就知道冷静冷静，现在怎么叫我静得下来啊，你知道它有多贵，有多大的纪念意义吗？

翁：我知道，我知道。我们一起好好找找看，先别急，别急坏了身子。

徐：这位女士，如果是我们的服务员疏忽弄丢了您的戒指，我们一定对他们进行应有的处罚，但是请您再仔细找找，我们的服务员也一起帮您找，我们保证会给您满意的答复。

翁：啊，找到了，找到了，在这里。就在这垃圾筒里。

翁（来到顾客面前）：这枚就是您丢的戒指吧？

严：啊，就是这枚，太好了，太好了，总算找到了，谢天谢地。

翁：可能是您刚才把它包在面巾纸里放在桌上，不小心拿它当垃圾一起扔到垃圾筒里去了。

严：哦，好像是的，我洗手时把它脱了后就包在面巾纸里。幸好你找到了。真是虚惊一场。

翁：找到就好。

庄：事情顺利解决了，希望您在这里住得开心。

张对徐：你们以后要细心点。

徐对张：好的，总经理。

（总裁面带微笑，点了一下头）

（然后由总经理带领出了 402 客房，继续视察）

剧终

礼仪小品二：老总的选择

人员：

振辉集团总裁——金丹

振辉集团总裁秘书——徐杭

地造保险公司业务员——朱契妃

天明保险公司业务员——阮璐益

总裁好友（凌总）——凌虹

振辉集团接待员——姚慧丽

旁白——陈文荷

道具：

桌子、椅子、电话机、杯子、托盘、报纸、文件夹、笔、名片、花、红布

背景：

振辉集团总裁想为自己公司购买高额保险，欲考察几家保险公司，并择优选一家购买。

第一幕

时间：星期一早上 9 点

地点：总裁办公室

旁白：（早上，总裁办公室。金总接通了秘书的电话）

金总:喂,徐秘书,请把今天的文件拿给我。

徐秘书:好的,金总。

金总:谢谢!

徐秘书:不客气。

(敲门声)

徐秘书:金总,这是您要的文件。

(秘书递上文件)

金总:好的。你先出去吧。

旁白:(正当金总翻阅文件时,电话铃声响起……叮零零……)

(金总拿起电话)

金总:你好,哪位?

凌总:喂,金总,是我啊。

金总:哦,是凌总啊。

凌总:是呀,我听说张总的公司昨晚发生火灾,损失惨重。你听说了没有?

金总:啊,是真的吗。我不清楚。那他这次有大麻烦了。

凌总:不幸中的万幸,幸好他买了一份保险,所以这次损失由保险公司赔偿80%,把损失降到了最低,依我看我们也得向张总学习学习买一份了。

(金总沉思了一会)

金总:听你这么说,是有这个必要啊,我早就想买了,就是没时间啊。

凌总:这事可拖不得,我今天约了两家保险公司商谈,早买早放心。嗯,他们来了,那就先这样了,有空再聊。拜拜。

金总:好的,再见。

旁白:(金总看着窗外,沉思着,片刻后,拿起电话)

金总:徐秘书,帮我联系几家保险公司,安排时间见面。

徐秘书:好的,金总。

第二幕

时间:次日早上10点

地点:总裁办公室

旁白:(地造保险公司朱小姐来到振辉集团拜访)

朱小姐:喂,接待员,我是地造保险公司的,与你们总裁约好了。他现在在哪?

姚小姐:嗯,好的,请稍等……

旁白:(接待小姐打电话给徐秘书,徐秘书回说总裁还在开会,请稍等5分钟)

姚小姐:不好意思,总裁还在开会,请稍等5分钟。你可以到接待处坐一下。

朱小姐:好的。

旁白:(朱小姐说完就向旁边走了过去,但没去接待处,反而在大厅里溜达了起

来，东弄弄西弄弄。过了5分钟，徐秘书打电话下来请朱小姐上去，朱小姐进到总裁门口没有敲门直接开门进去)

朱小姐：金总，您好，我是地造保险公司的业务员，我叫朱契妃，这是我的名片。

(朱小姐从口袋里掏出一张皱皱的名片单手向金总递了过去，随后就自顾坐下)

朱小姐：这是我根据贵公司的情况设计的险种方案。你看看，如果你对这份方案有什么问题和要求我会尽量解答。

金总：好的。

(这时徐秘书上来送水)

徐秘书：两位请用。

朱小姐：谢谢(拿起水杯，一饮而尽)

(朱小姐和金总谈了半个小时不到，金总看了一下表)

金总：朱小姐，时间也不早了，这些大致我已看过，有什么问题，我秘书会与你联系。

朱小姐：好。

旁白：(朱小姐起身道了再见就急匆匆往门口走去，出门时把门关的很响，金总对着门皱了下眉头。)

第三幕

时间：次日下午1点

地点：振辉集团

旁白：(天明保险公司阮小姐来到振辉集团拜访)

姚小姐：你好，欢迎光临。小姐有什么事吗?

阮小姐：你好，我是天明保险公司的阮小姐，和金总约好的。

姚小姐：请稍等……

(接待员将电话打给了秘书)

阮小姐：好的。

姚小姐；您好徐秘书，保险公司的人已经到了。

徐秘书：好的，请她上来。

(挂断电话)

姚小姐：请您上去。

阮小姐：好的，谢谢。

(阮小姐到了办公室门口)

徐秘书：你好，阮小姐。(握手)我们金总正在办公室等你。

(敲门声)

金总:请进。

阮小姐:你好,金总(握手)。这是我的名片,请多多指教。(双手递上名片)

金总:你好,到这边坐。(打手势)

(两人坐下,阮小姐分发资料)

阮小姐:这是我根据贵公司的情况设计的险种方案。请您过目,您对这份方案有什么问题和要求我会一一解答。

(这时徐秘书上来送水)

徐秘书:两位请用。

金总、阮小姐:谢谢。

旁白:(阮小姐和金总谈了一个多小时后,准备离开)

金总:我对你的方案还算满意,接下来有什么问题,我秘书会与你联系。(相互握手)

阮小姐:好的,金总,占用了你这么多时间,打扰了。

金总:不客气,再见。

阮小姐:再见。

旁白:(此时,两人起身,金总在前为阮小姐开门,不小心把笔掉在地上)

阮小姐:金总……(蹲下捡笔)

旁白:(金总回头,看见阮小姐微笑着把笔送到他面前)

阮小姐:您的笔掉了。(递笔)

金总:哦,谢谢,你看我实在大意啊……哈哈……

阮小姐:金总客气了,举手之劳嘛。

旁白:(金总看着阮小姐的背影满意地笑了一下)

第四幕

地点:振辉集团总裁办公室

时间:星期四下午 2 点

旁白:(过了几天,在振辉集团总裁的办公室,金总与徐秘书在谈论)

徐秘书:金总,保单的事您决定了没有?

金总:决定了,就选天明。你帮我约阮小姐签保单。

徐秘书:好的,就照您的吩咐办。

旁白:(通过两个业务员的对比,不难看出哪家保险公司的整体形象更优秀,服务更周到。因此,早在见过天明公司的业务员之后,金总心里就已选定了欲投保的公司。)

第五幕

时间:3 天后

地点:振辉集团总裁办公室

旁白:(3 天后,阮小姐按照约定的时间来到振辉集团签保单)

阮小姐:金总,谢谢您对我公司的信任,以后有什么需要请联系我,我会随传随到。

金总:那好,希望我们合作愉快。(起身,相互握手)留下来吃个饭吧,我对你们的服务很满意,特别是你们的礼仪礼节做得相当不错啊,这也是我为什么会选你们公司投保的一个重要原因。

阮小姐:金总客气了,为您服务是我们的职责,希望我们能与您有更多的合作机会。

金总:好,一定一定。

剧终

模块四

商务宴请礼仪

知识目标	能力目标
了解宴请的类型； 掌握宴会的组织程序； 掌握宴请者和赴宴者礼仪规范； 知晓中外饮食习俗。	初步学会宴会的组织安排； 初步学会中西餐宴会摆台、服务工作； 做到在宴请宾客和赴宴中能遵循宴请礼仪。

案例导入

某饭店中餐宴会厅，饭店总经理宴请一位高僧。中午11点，一群人簇拥着高僧步入厅堂，两名服务员上前迎接，引领客人入席，并麻利地做好了餐前服务工作。菜点是预订好的，按照程序依次上菜，一切服务在紧张有序地进行；食之过半，宾客要求上主食，三鲜水饺很快端上了桌面。在大家的建议下，高僧用筷子夹起一个水饺放入口中品尝，很快就吐了出来，面色仍旧温和地问："这是什么馅的？"服务员一听马上意识到问题的严重性，心里说坏了！事先忘了确认是否是素食。此三鲜水饺虽是清真食品，但仍有虾仁等原料，高僧是不能食用的。忙向高僧道歉："实在对不起，这是我们工作的失误，马上给您换一盘素食水饺。"服务员马上通知厨房上了一盘素食的三鲜水饺。由于是重要客人，部门经理也赶来道歉。高僧说："没关系，不知者不为怪。"这次失误虽然很严重，但由于高僧的宽容大度，最终得以顺利解决。

思考：

1. 这件事对服务人员有什么深刻的教训？
2. 情况发生后该如何妥善处理？

项目一　了解宴请的类型

宴请可以创造亲切、融洽的交际气氛，是商务活动中常见的聚会形式。尤其在饮食文化历史悠久的中国，它是沟通人的情感，密切人与人之间商业合作关系的重要手段。就目前看，国际上通用的宴请形式主要分为宴会、招待会、茶会和工作餐四种。宴会是最正式、最隆重的宴请。

一、宴会

宴会种类繁多，按礼宾规格划分，可分为国宴、正式宴会、便宴和家宴；按餐别划分，可分为中餐宴会、西餐宴会和中西合餐宴会；按举办时间划分，可分为早宴、午宴、晚宴，其中以晚宴档次最高；按性质划分，可分为工作宴会、欢迎宴会、节庆宴会。

（一）国宴

这是国家元首或政府首脑为国家庆典或欢迎外国元首、政府首脑而举行的规格最高的正式宴会，它对礼仪的要求也最为严格。

宴会厅内要悬挂国旗，并由乐队演奏国歌和席间乐。国宴由国家元首或政府首脑主持，席间宾主双方相互致辞、祝酒。参加国宴者必须着正装，座次按礼宾次序排列。国宴的请柬、席卡、菜单上都印有国徽。菜肴、酒水、使用的餐具要精美有特色，服务则要求周到、细致、规范、有礼。

（二）正式宴会

正式宴会是指政府、社会团体、企业组织等为了迎送宾朋、答谢主人等而隆重举行的宴请。其规格仅次于国宴，除了不挂国旗、不奏国歌以及出席人员的规格不同外，其余的安排大体与国宴相同。正式宴会的礼仪要求也比较严格，宾主按身份排席次和座次，许多国家还会在请柬上注明对客人的服饰要求。席间一般也有致辞和祝酒，有时也设乐队演奏席间乐。正式宴会对菜肴、酒水、餐具均有一定的要求。服务要求规范，讲究服务质量和特色。

（三）便宴

便宴是一种非正式的宴请，气氛热烈、随和而又亲切，常用于招待亲朋好友，是商务活动中使用较普遍的宴请形式。便宴一般规模不大，形式简便，可以不排座次，不作正式讲话致辞，对菜肴的数量、质量、上菜程序、餐具的使用及服务等，没有严格的礼仪要求。

（四）家宴

家宴就是在自己家里设便宴招待客人的一种宴请方式。家宴常由家庭主妇亲自下厨烹调，家人共同招待客人，显得亲切、自然，让客人有“宾至如归”的感觉。席间宾主随意交谈，气氛轻松愉快，不讲究严格的礼仪。它不仅适用于民间交际，商务人员也常以此作为联络感情、促进交往的一种沟通形式。西方国家的商务人士也喜欢采用这种方式招待客人，以示友好。

（五）中餐宴会

中餐宴会是中国传统的具有浓厚民族色彩的宴会。它要遵循中国的饮食习惯，饮中国酒，食中国菜，用中国餐具，行中国的传统礼节。

（六）西餐宴会

西餐宴会是采用西方国家的布置形式、用餐方式、风味菜点而举办的宴请活动。其主要特点是：摆西餐台面、吃西式菜点，多用刀、叉、匙进食，采用分食制，常在席间播放音乐。

（七）晚宴

晚宴是国宴的另一种表现形式，时间在晚上举行，其规格和标准与国宴相同，隆重、热烈。有时普通的外交往来也在晚上举行宴请活动，人们习惯上也称之为晚宴，但这是较低一级的晚宴。

图4－1为宴会厅效果图。

图4－1　宴会厅

二、招待会

招待会指不备正餐，较为灵活的宴请方式。它备有食品、酒水、饮料，由客人根据自己的口味选择自己喜欢的食物和饮料，可与他人一起或独自一个人用餐，或站或坐。招待会一般不排座次，可以自由活动。常见的招待会有冷餐会、酒会等。

（一）冷餐会

冷餐会，又称自助餐，是一种非常流行、灵活、方便，由客人自行挑选、自取自食的宴请形式。它可在室内或院子、花园里举行，参加者可坐可立，并可自由活动，根据主客双方的身份，冷餐会的规格、隆重程度可高可低。冷餐会菜肴品种较多，其中以冷菜为主，辅以热菜、甜点和水果。客人进餐时，可手持餐碟根据自己的口味和饮食习惯到食品桌前按食品类别顺序挑选菜点，拿到餐桌上食用。食品、饮料应按量取食，不可浪费。酒水主要是以啤酒、葡萄酒及软饮料为主，一般不用烈性酒；饮用时，客人可以自己取用，也可以由服务人员端送。席间不排座位，自由选择座位就座，也可边走、边吃、边交谈，活动自由，不拘于传统的就餐形式，所以已被越来越多的人所接受。冷餐会一般在中午12时至下午2时、下午5时至7时左右举办。

（二）酒会

酒会是指以酒水为主招待客人的一种宴请形式，酒会上一般提供多种用酒和软饮料调制而成的鸡尾酒,所以酒会也称为鸡尾酒会。

知识链接

鸡尾酒源于美国,但至今没有一个人能够准确地说出它的起源。因此,它的起源就有了一层神秘的色彩,在民间流传着许多关于它的美丽故事。

其中一个故事说:19 世纪在美国的哈德逊河畔,住着一个叫克里福德的人,他开着一家小酒店。此人有三件事引以为豪,人称“克氏三绝”:一是他有一只威武有力、器宇轩昂的大公鸡,是斗鸡场上的“常胜将军”;二是他的酒窖里藏有世界上最好的美酒;三是他的女儿艾思米莉是全镇最漂亮的女孩。镇上有一个叫哈普顿的男青年,他是哈德逊河来往货船上的船员,每天晚上都来这个酒店喝上一杯,日久天长,他和艾思米莉坠入了爱河。这个小伙子长得高大英俊,心地善良,工作踏实,老头子打心眼儿里喜欢,但总是捉弄他说:“小伙子,要想娶我的女儿,先赶紧努力当上船长。”小伙子很有毅力,在经过几年的努力之后,终于当上了船长。老头子非常高兴,在举行婚礼那天,他把自己酒窖里的陈年佳酿全部拿出来兑在了一起,又用自己心爱的雄鸡羽毛将它调混成了一种前所未有的绝代美酒,并且在每个酒杯的边上都饰以一支雄鸡的鸡尾羽毛,然后为这对金童玉女干杯,大家高呼“鸡尾万岁!”从此,人们就称呼这种混合饮料为鸡尾酒,并由船员们带到了世界各地。

第二个故事说:鸡尾酒源自美国独立战争末期,一位移居美国的爱尔兰少女贝西,她在约克镇附近开了一家小客栈,许多海军军官和政府官员经常光顾这家客栈。贝西有一个邻居是“亲英派”,家里养着许多鸡。在一次美法两国军官的聚会上,贝西用从邻居那里偷来的鸡为军官们准备了一顿丰盛的鸡宴。餐后大家都去酒吧饮酒助兴,骤然间军官们发现在每个酒杯上都插着一根“亲英派”邻居所养公鸡的羽毛,而且贝西正手持羽毛在调制一种混合饮料,大家喝得十分高兴。在举杯祝酒的时候,一位军官举杯高呼“鸡尾万岁!”从此,凡是由贝西调制的或按贝西的调酒方法调制的这种酒,都被称做鸡尾酒。

美国的《韦氏辞典》对鸡尾酒的定义是:鸡尾酒是一种量少而冰镇的饮料。它以朗姆酒、威士忌或其他烈酒为基酒,或以葡萄酒为基酒,再配以其他材料,如果汁、鸡蛋、比特酒、糖等,以搅拌法或摇荡法调制而成,最后再以柠檬片或薄荷叶装饰(见图 4 –2)。

酒会以酒水为主,佐以各种小吃、果汁。食品多为三明治、面包、小香肠、炸薯片、炸春卷等,不设刀叉,以牙签取食。

酒会规格可高可低,适用于各种节日、庆典、仪式及招待性演出前后。酒会的形式活泼,席间人们可以随意走动、自由交流、互相敬酒,气氛轻松愉快,利于广泛交友。客人多为站着进餐,酒和小吃由服务人员用托盘端上让客人自己选取,适合现

图 4－2 鸡尾酒

代人的生活节奏。酒会举办的时间较为灵活，上午、下午、晚上均可。客人到达和退席时间不受限制。近年来，国际上举办的大型活动中，采用酒会的形式渐趋普遍，庆祝各种节日，欢迎代表团访问，以及各种开幕、闭幕典礼，文艺、体育招待演出前后，往往举行酒会。

三、茶会

茶会是以茶会友的一种简便的招待形式，通常安排在上午 10 时左右或下午 4 时左右。茶会不排座次，如果是为贵宾举行的活动，入座时应有意识地将主宾和主人安排坐在一起，其他人员可随意就座。茶会还应备有水果、各类瓜子，或点心、小吃等供与会者边品尝，边交谈。茶会对茶叶的品种、沏茶的用水和水温以及茶具等有较高要求。茶叶的选择要照顾到客人的嗜好和习惯。欧洲人一般用红茶，美国人用袋茶，日本人喜欢乌龙茶。外国人参加的茶会还可以准备咖啡和冷饮。茶具要美观、卫生，要选用陶瓷器皿，不要用玻璃杯，也不要用热水瓶代替茶壶。

四、工作餐

工作餐是现代商务交往中常用的一种非正式宴请形式，主要是利用进餐时间，围绕工作中的问题，边吃边谈。就餐时气氛融洽，彼此都无拘束，可拉近宾主之间的距离，往往能收到正式宴会所难以达到的效果。此类活动一般不请配偶和与工作无关的人员参加。

工作餐一般不排座次，无须致辞。如果是双边正式工作进餐，往往要排座次；为便于谈话，多用长桌。工作进餐可以由做东者付费；在国外，工作进餐还经常实行“AA 制”，由参加者各自付费。菜肴以方便、快捷、简单、营养、卫生为宜，一般不喝烈性酒。工作餐多在小餐厅或招待所食堂举行，若采用分餐形式，还可送到工作现场。工作餐按用餐时间可分为工作早餐、工作午餐和工作晚餐，忙时还可安排工作夜餐。

宴请以何种形式举行，主要取决于惯例。通常，正式的、高级别的、小范围的宴请以宴会为宜；人数众多时采用冷餐会或酒会为宜；女士聚会则多采用茶会形式。

项目二　做好宴会组织工作

为使宴请活动取得成功，达到宴请目的，作为宴会的组织者，应当熟悉和遵循这方面的礼仪要求。宴请要合乎礼仪，需做大量细致的工作，并做好周密安排。

一、明确宴请的目的和名义

（一）举办宴请的目的要明确

宴请的目的多种多样，既可以为某个人举行，也可以为某件事举行，如开张庆典、节日庆祝、迎送外宾、欢迎宾朋、庆祝双方合作成功等。

（二）宴请的名义要明确

宴请可以个人的名义邀请客人，也可以单位的名义发出邀请，具体可根据主宾双方的身份而定。在外国人眼中，以谁的名义举办宴会关系着宴会的档次，身份过低会使对方感到受怠慢，身份过高亦无必要。对外举办宴会，如邀请主宾偕夫人出席，主人应以夫妇的名义发出邀请。国内的宴会，邀约客人时，可以主办宴会单位的最高负责人的名义或主办单位的名义发出邀请。

二、确定宴请的范围和对象

（一）宴请的范围

宴请的范围是指要宴请哪些方面的人士出席，什么级别，多少人赴宴，以及主方需要多少人出席作陪等。宴请的范围主要取决于宴请的性质、主宾的身份、国际惯例、双方的关系以及主方的习惯做法等。同时，还应考虑被邀请单位之间的关系，防止互有“敌意”的双方出席同一宴会，以免相互尴尬，影响宴会气氛。邀请的范围要适当：范围过大，造成浪费；范围过小，则会影响今后的交往。

（二）宴请的对象

宴请的范围一经确定，即应草拟具体邀请名单，被邀请人的姓名、职务、称呼等一定要准确，并适时向客人发出邀请。各种宴请活动，一般均应向客人发请柬。这既是出于礼貌，也是提醒客人备忘。请柬一般提前一周或两周发出，以便被邀请人早作安排。

三、选择宴会的形式、时间、地点

（一）宴会的形式

宴会形式的选择必须切合宴会的目的和名义。接待嘉宾，如果是官方性质或商务性质的，则采用正式宴会、招待会、茶会等形式；如果是私人关系的，选择便宴、家宴比较合适。以何种形式举办宴会，要视具体情况和本单位的习惯做法而定。一般正式的、规格高的、人数少的，以宴会的形式为宜；人数较多则以冷餐会或酒会更为合适。我国的宴会基本上采用中餐宴会。

（二）宴会的时间

宴会的时间应对主、宾双方都合适，尤其要照顾来宾方面。按照国际惯例，晚宴被认为规格最高。安排宴会的时间要注意避开重要的节假日、重要的活动日以及双方的禁忌日。如西方客人禁忌13日和星期五；伊斯兰教徒在斋戒日太阳没有落山时禁止进食，宴请宜在日落后进行；港澳同胞禁忌“四”，认为它是一个不吉利的数字，因此宴会不宜安排在含“四”的日子里。宴请活动时间要与主宾商议，征求其意见，主宾同意后，再确定时间，约请其他宾客。

（三）宴会的地点

宴请的地点要根据活动的性质、规模，宴请的形式，主人的意愿以及经费能力而定。越是隆重的活动，越要讲究环境和条件，因为它体现了对对方的礼遇。官方正式的宴会，应安排在政府、议会大厦或高级宾馆内。一般的商务宴请可以安排在酒店、宾馆，也可以安排在有独特风味的餐馆。宴请的地点通常应选择环境幽雅、卫生方便、服务优良、管理规范的饭店、宾馆。具体落实时应注意：

1. 按客人多少来定。客人多，在大宾馆；客人少，可在小酒楼。

2. 按宴请类型而定。宴会可在饭店、宾馆，冷餐会、酒会则可在大厅或花园。

3. 依据宾主熟悉程度、关系深浅来定。比如，在星级宾馆进行的正式宴会可表现主人对来宾的敬重，家宴则能显示宾主之间亲密无间的关系。

4. 根据来宾的宗教习俗和饮食习惯来定。比如，宴请伊斯兰教徒适合在清真餐厅进行。

5. 选择当地负有盛名的名酒家或老字号酒楼，可以为宴会增色和助兴。

6. 尽可能选择举办人熟悉的在当地有声誉的饭店、宾馆，这有助于店家与主人的默契配合，使气氛更加融洽。

四、拟定宴请菜单

组织好宴会，菜单的确定至关重要。在菜单的安排上，关键是要了解客人，尤其是主宾不吃什么，注意个人禁忌、民族禁忌与宗教禁忌。具体安排菜单时，既要照顾客人口味，又要体现特色与文化。具体注意事项如下：

（一）拟定菜单应考虑的事项

1. 考虑宴请的种类、规格及宾客的身份。

2. 考虑客人的饮食习惯、禁忌。

3. 考虑宴请的时间和季节。

4. 考虑主宾的口味、年龄、健康状况等。

5. 考虑开支的标准，做到丰俭得当。

（二）宜选的菜肴

选择的菜肴宜精致可口、赏心悦目，冷热、甜咸、荤素、营养、酒水搭配要合理，另外还要色香味俱全，特色突出。具体可选择：

1. 中餐特色菜肴和地方特色菜肴。中国地大物博，饮食文化各具特色，名扬天下的八大菜系便是中餐的主要代表。在宴请外籍人士和外地客人时，应尽量安排一些具有中餐特色和地方特色的菜肴。

2. 餐馆的看家菜。大凡名酒家、老字号酒楼，高星级宾馆、餐厅都有自己的看家菜。在知名餐馆点菜时，应尽量安排一些它的看家菜，以使宾主就餐更为尽兴。

3. 主人的拿手菜。在举行家宴时，主人一定要当众露上一手，多做几个自己的拿手菜。这种拿手菜不必追求十全十美，只要是主人亲自下厨为客人烧菜，就会得到客人的赞赏。

（三）忌选的菜肴

在安排菜单时，还必须兼顾来宾的饮食禁忌，尤其是要对主宾的饮食禁忌予以高度重视。这些饮食方面的禁忌主要包括：一是宗教禁忌；二是职业禁忌；三是个人禁忌。

五、发出邀请

各种宴请活动，一般均应向嘉宾发请柬。请柬一般提前一周或两周发出，以便被邀请人早作安排。这不仅是出于礼貌，也是提醒客人备忘。请柬上要将宴会活动的目的、名义、邀请范围、时间、地点等写清楚，重大的活动还要注明着装的要求及其他附加条件。

需要排座位的宴会，为了便于事先确切掌握和安排座位，可要求被邀请者收到请柬后给予答复。为此，可在请柬下角注明“请答复”。如仅要求不能出席者给予答复，则可注上“不能出席者请答复”并注明电话号码，以备联系。另外，请柬发出后，必须及时地落实嘉宾出席的情况，准确记录，以便安排并调整席位。

项目三　知晓宴会礼仪规范

一、中餐宴会礼仪规范

（一）中餐宴会的桌次排列

1. 中餐宴请活动中的桌次安排有严格的礼仪要求。安排桌次，视参加人数多少可设一桌或多桌。中餐宴会应采用圆桌,多桌分为主桌和辅桌。桌次的安排可根据宴会厅的形状和桌数的多少来确定。图 4 – 3 为中餐宴会示意图。

图 4 – 3　中餐宴会示意图

2. 两桌组成的小型宴会。餐桌的排列,有时需要竖排,有时需要横排。两桌竖排时,桌次以距离正门远的位置为上,以距离正门近的位置为下。两桌横排时,桌次以右为尊,以左为卑。左与右方位的确定是以面对正门的位置为准(见图 4 – 4、图 4 – 5)。

3. 三桌或三桌以上的宴会,也叫多桌宴会。其排列方法,除了要注意遵守两桌排列的规则外,还应考虑距离主桌的距离,即距离主桌越近,桌次越高;距主桌越远,桌次越低。在安排桌次时,除主桌可以略大之外,其他餐桌大小、形状应大体相仿,不宜差别过大。排列形状有一字形、品字形、独立型、十字形、轴心型、讲台型、环绕型、多排型等(图 4 – 6 至图 4 – 13)。

4. 为了保证全体赴宴者临场不乱,都能迅速找到自己的席位,可在请柬上注明桌次,还可以在宴会现场悬挂桌次图,在每张餐桌上放置桌次牌、座次牌或姓名牌。宾客入场时,安排领台员引导客人入座。

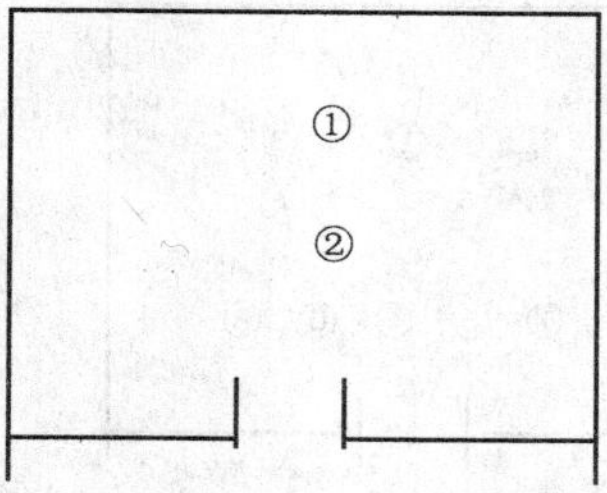

图 4 – 4　上下型

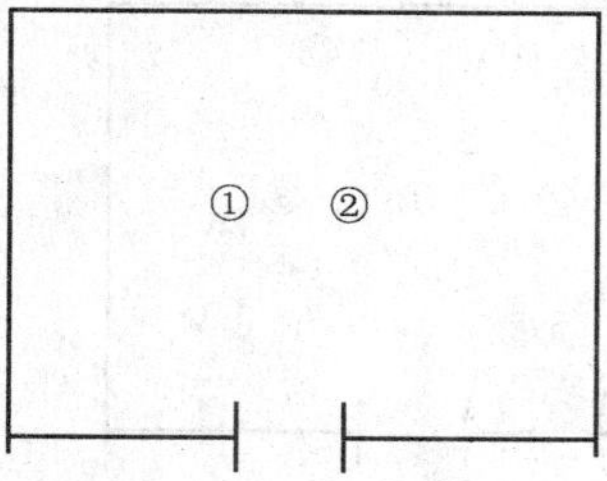

图 4 – 5　左右型

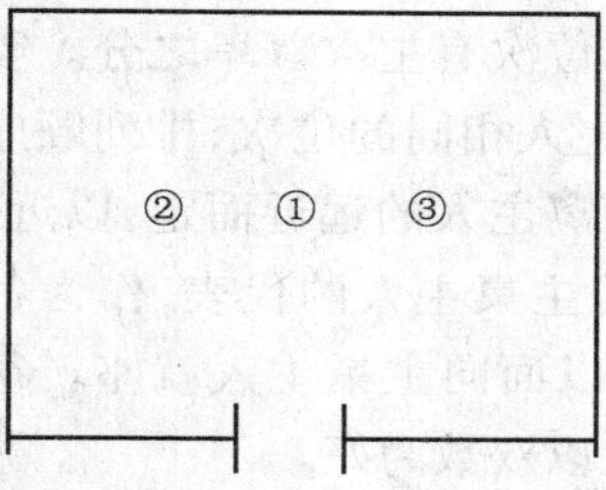

图 4 – 6　一字形

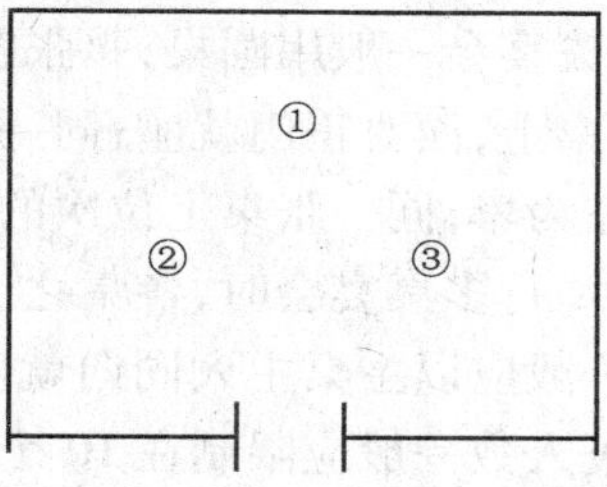

图 4 – 7　品字形

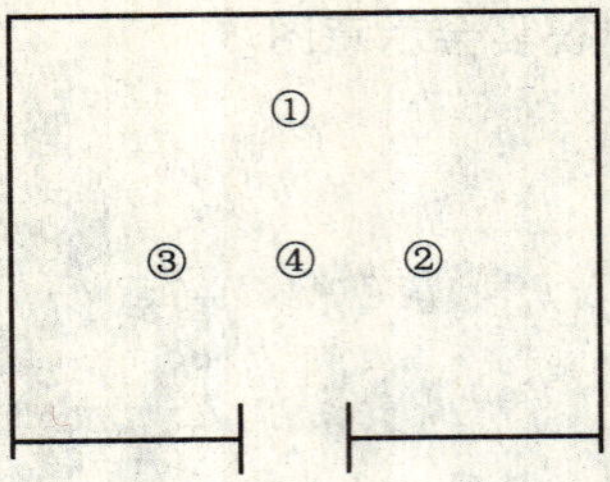

图 4－8　独立型

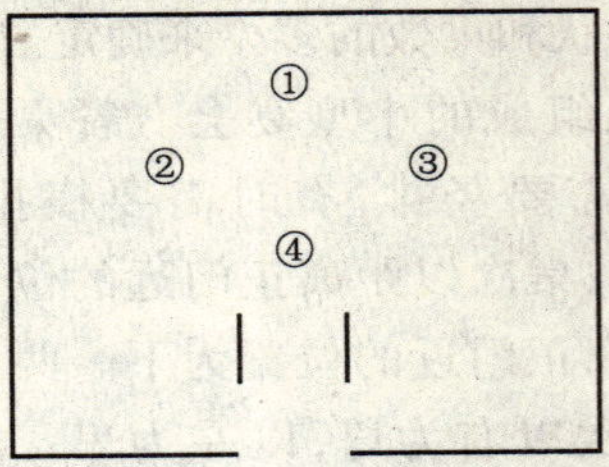

图 4－9　十字形

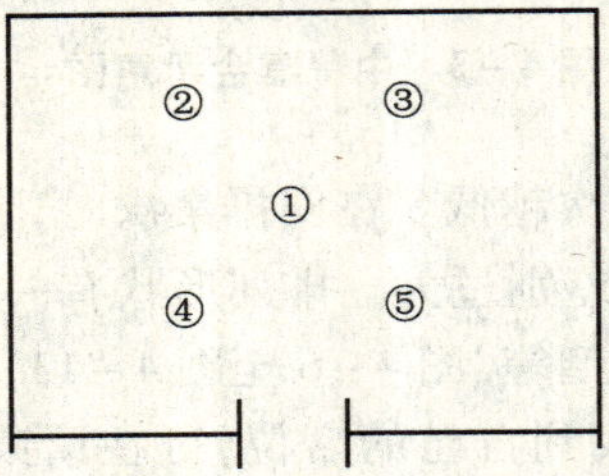

图 4－10　轴心型

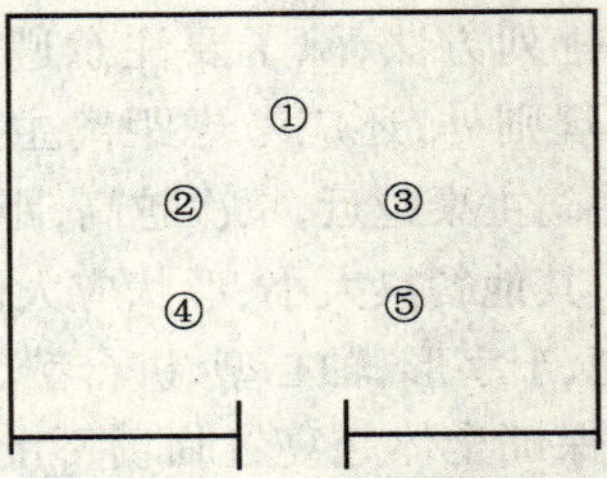

图 4－11　讲台型

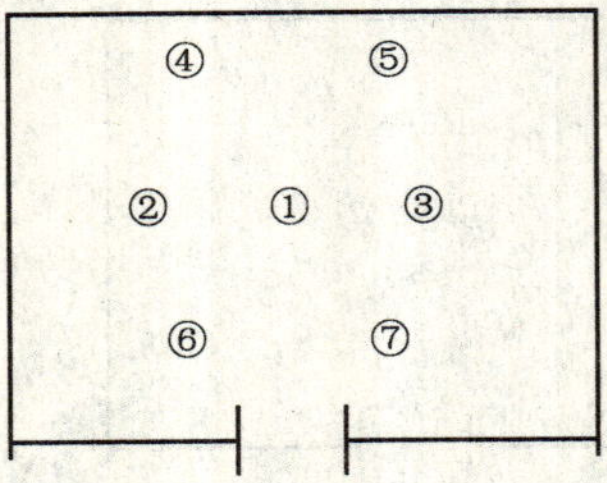

图 4－12　环绕型

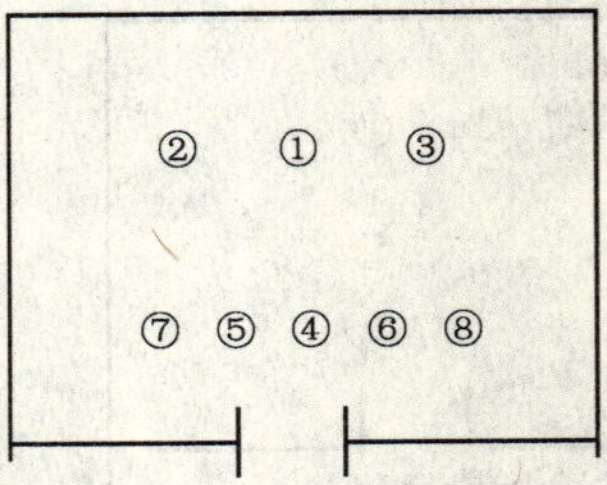

图 4－13　多排型

（二）中餐宴会的位次排列

举办中餐宴会一般用圆桌，每张餐桌上的具体位次有主次尊卑之分。宴会的主人应坐在主桌上，面对正门就座；同一张桌上距离主人相同的位次，排列顺序讲究以右为尊，以左为卑；同一张桌上位次的尊卑，根据距离主人的远近而定，以近为上，以远为下。在举行多桌宴会时，各桌之上均应有一位主桌主人的代表，作为各桌的主人，其位置一般应以主桌主人同向就座，有时也可以面向主桌主人就座。每张餐桌上，安排就餐人数一般应限制在 10 个人之内，并且以双数为好。

在每张餐桌位次的具体安排上，还可以分为两种情况。

1. 每张桌上一个主位的排列方法。每张餐桌上只有一个主人，主宾在其右手就座，形成一个谈话中心，如图4－14。

2. 每张桌上有两个主位的排列方法。如主人夫妇就座于同一桌，以男主人为第一主人，女主人为第二主人，主宾和主宾夫人分别坐在男女主人右侧，桌上形成两个谈话中心，如图4－15。

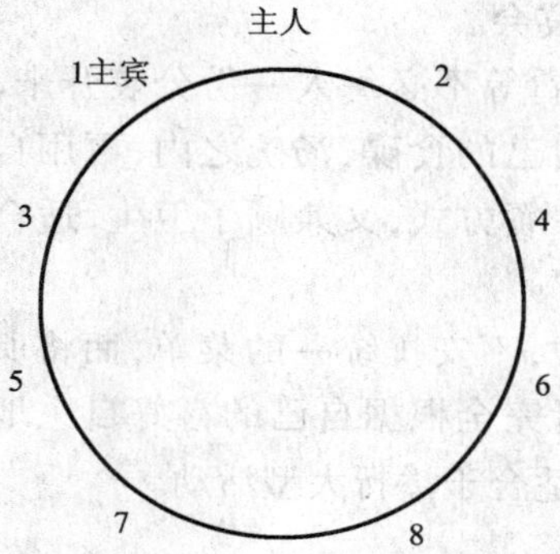

图4－14　一个主位的排列方法

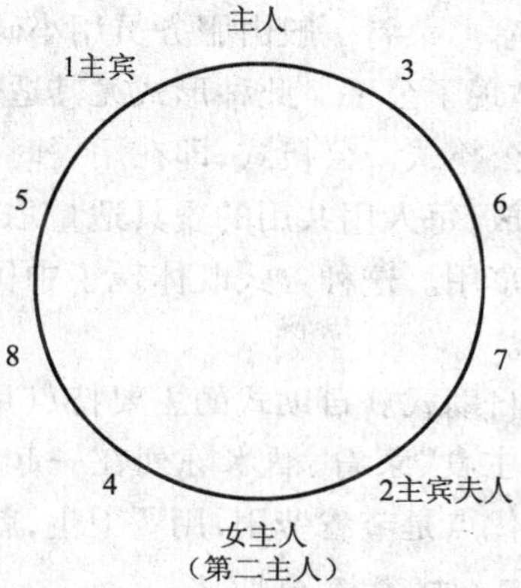

图4－15　两个主位的排列方法

特殊情况，如遇主宾的身份高于主人时，为表示对他的尊重，可安排主宾在主人位次上就座，而主人则坐在主宾的位置上，第二主人坐在主宾的左侧。如果本单位出席人员中有身份高于主人者，可请其在主位就座，主人坐在身份高者的左侧。

（三）宴会现场的布置

宴会成功与否，不仅仅取决于菜肴的质量，环境和气氛也是至关重要的。如果环境不好，往往会直接降低宴会的档次，败坏宾客的食欲，影响宾主之间的交流，宴会的效果也会大打折扣。

现场的布置取决于活动的性质和形式。官方的正式宴会布置应该严肃、庄重、大方，可以少量点缀鲜花等，不要用红红绿绿的霓虹灯作装饰。如果是年轻人居多的酒会，整个会场的布置可多放置些鲜花以及一些炫目的装饰物，尽量使整个气氛轻松浪漫些。总之，宴会环境要高雅，有文化气息，同时要整洁卫生。要注意宴会厅色彩的运用和灯光的调节，如果有席间音乐，乐声宜轻，以便使人身心得以调节和放松。

（四）中餐的就餐方式

根据餐具的使用情况，中餐可划分为合餐式、分餐式、公筷式、自助式四种具体形式。

1. 合餐式。合餐式是中餐传统的用餐方式，是指多人一道用餐时，主食、菜肴被置于公用的碗、盘之内，而由用餐者根据自己的口味嗜好，使用自己的餐具，直接从中取用。这种方式体现出和睦、团结的气氛，但不够卫生。因此，它仅仅适用于便餐或是家人一道聚餐。在正式的宴会上不宜使用，尤其是宴请外国友人，是非常不合适的。

2. 分餐式。分餐式，指的是在用餐的整个过程之中，为每一位用餐者所上的主食、菜肴、酒水，以及所提供的其他餐具，一律每人一样一份，分别使用，不容混杂、共用或共享。菜肴一般由服务员用小碟盛放，每人一份送上。分餐式的优点是用餐卫生，又体现了公平。此种形式尤其适合于正式宴会。

3. 公筷式。公筷式，即在用餐时，主食、菜肴等不必每人一份分装开来，而是用大盘盛放，每人用共用的餐具适量取食，放入自己的食碟、汤碗之内，再用自己专用的餐具享用。这种方式既体现了中国传统的聚餐方式，又兼顾了卫生，适合于一般的宴会。

4. 自助式。自助式的主要特点是不排席位，不安排统一的菜单，而将所能提供的全部主食、菜肴、酒水陈列在一起，由用餐者完全根据自己的喜好自主地选择享用。其优点是节省费用，用餐卫生，就餐自由，适合于举行大型活动。

（五）中餐摆台服务

1. 铺台布，具体说明如下：

(1) 铺台布之前洗净双手，将台布放在台上，站在主人位处，距桌边约 40 厘米。双手分别拿住台布同一边的两端，双手展开，略把相对的另一边往外抛，台布则自然展开。

(2) 此时双手仍然抓住同一边的两端，一般将台布铺于整张较大的十人台上可采用撒网法或波浪法。

2. 放转盘。大台面需要配置转盘，方便客人取菜。转台位置要居中，竖拿轻放，底座要旋转灵活。

3. 摆放餐具。中餐摆台要求使用托盘操作，以保证卫生和提高工作效率。摆台程序和规格要求，各个餐厅可以根据实际情况制定，一般饭店的摆台要求如下：

摆餐具时，将餐具放在垫有巾布的托盘内，用左手将托盘托起（胸前托法），从主人座位处开始按顺时针方向依次用右手摆放餐具。可参考如下顺序：

(1) 餐碟（或称餐盘）：盘边距离桌边 1.5 厘米（约一指位），盘与盘之间距离相等，盘中店徽等图文要对正。

(2) 筷子架、筷子、匙子：将筷子架摆在餐碟右上方，再将筷子（带卫生筷套）、匙子摆在筷子架上。匙子距碟边约 1.5 厘米，筷子的后端距桌边 1.5 厘米。筷子套的图案要向上。

(3) 茶杯、杯碟：杯碟摆在餐碟右边，距筷子 1.5 厘米，与餐碟中心绕桌线对正，茶杯反扣在杯碟里，杯耳与筷子架平行。

(4) 翅碗、味碟：摆在餐碟前，翅碗摆在餐碟垂直线（或台布中线）左边，味碟居右，相距1.5厘米，与餐碟相距各为1.5厘米。翅碗里放匙羹，匙柄向左，翅碗中心与味碟中心成直线。

(5)摆酒具：中餐宴会一般使用三套杯，即水杯、红酒杯、白酒杯，或分别称饮料杯、色酒杯、辣酒杯。先将红酒杯摆在距翅碗与味碟边约1.5厘米的餐碟垂直线上。然后水杯于其左，白酒杯于其右，三杯直径横向成一条直线，杯距1.5厘米，以不互相碰撞为宜。

(6)将菜放在转盘上，翅碗可以不摆或等距离摆放在桌面转盘边。

(7)重要的宴席或高级宴席要设吧台和服务台，即分菜服务台，以便将菜、汤等分好给客人。

图4－16是十人台宴会摆台规格图。

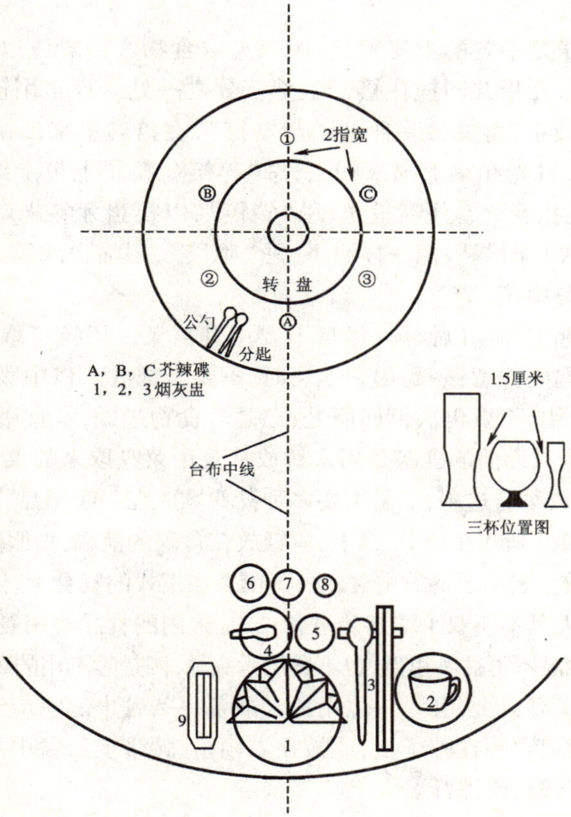

图4－16 宴会摆台规格图

1.餐碟、餐巾花 2.茶杯、茶杯碟 3.筷子、匙子 4.翅碗、羹匙

5.味碟 6.饮料杯 7.红酒杯 8.白酒杯 9.香巾、香巾托(篮或碟)

(六)中餐的上菜顺序

中餐一般讲究先凉菜后热菜,先炒后烧,咸鲜清淡的先上,甜的、味浓味厚的后上,最后是饭菜。有规格的宴席,热菜中的主菜,比如有燕窝、海参鱼翅,应改为先上,即所谓最贵的热菜先上,再辅以熘炒烧扒。

通常顺序是:冷盘→头菜(主题菜)→热炒→大菜→汤→点心→水果。当冷盘吃到剩1/3时,开始上第一道热菜。上菜时,如果由服务员给每个人上菜,要按照先主宾后主人,先女士后男士或按顺时针方向依次进行。如果由个人取菜,每道热菜应先转到主宾面前,由主宾开始按顺时针方向依次取食,切不可迫不及待地越位取菜。

(七)餐具的使用

中餐各种餐具在使用上有许多讲究,正确地使用餐具是餐饮礼仪的重要组成部分,是必须要掌握的。

1. 筷子。筷子是中餐的主要餐具,用以夹取食物。一般应以右手持筷,用右手拇指、食指和中指,三指共同捏住筷子上部三分之一处。日本用筷有八忌:忌“半途筷”,夹住菜肴又放下,再夹另一种;忌“游动筷”,在盘碗里来回挑拣;忌“窥筷”,手拿筷子犹豫不决,目光在桌上描来扫去;忌“碎筷”,筷子上带上细碎的菜肴;忌“剥筷”,以筷当叉,挑扎着菜肴往嘴里送;忌“签筷”,以筷当牙签来剃牙;忌“泪筷”,使筷子上的卤汁在夹筷时像眼泪一样滴下;忌“吮筷”,用嘴去舔筷子上的卤汁。这八忌也适合我们中餐用筷。

2. 汤匙。汤匙主要用以饮汤,尽量不要用其舀菜。用筷子取菜时,可用汤匙加以辅助。使用汤匙要注意:一是用它饮汤时,不要全部放入口中吸吮;二是用汤匙取食物后,应立刻食用,不要再次倒回原处;三是若食物过烫,不宜用汤匙折来折去。

3. 餐盘。每个人面前的食碟是用来暂放从公用菜盘取来的菜肴的。使用食碟要注意:一是不要取放菜肴过多;二是不要多种菜肴堆放在一起相互“串味”;三是不要将不宜入口的残渣、骨、刺吐在地上、桌上,应轻放在食碟的前端,由服务人员撤换。

4. 餐碗。餐碗主要用于盛放主食,羹、汤用。在正式的宴会上,使用碗要注意:一是不要端起碗进食,尤其不要双手端起碗进食;二是碗内的食品要用餐具取,不能用嘴吸;三是碗内的多余食品不可往嘴里倒,也不可用舌头舔;四是暂不用的碗不可放杂物。

5. 餐巾。正式宴会上,会为每位用餐者准备一条餐巾。它应当铺放在并拢之后的大腿上,而不能把它围在脖子上,或掖在衣领里、腰带上。餐巾可用于轻揩嘴部和手,但不能用于擦餐具或擦汗。

6. 湿毛巾。正式宴会前,会为每位用餐者上一条湿毛巾,它是用来擦手的,不能用来擦脸、擦嘴、擦汗。宴会结束时,再上一块湿毛巾,它是用来擦嘴的,不能用来擦脸、擦汗。

7. 水盂。有时,品尝某些食物需要直接动手,往往会在餐桌上摆上一个水盂,水上漂有玫瑰花瓣或柠檬片。它里面的水不能喝,只能用来洗手,用两手轮流沾湿指

头，轻轻擦洗，然后用餐巾擦干。

8. 牙签。牙签主要用来剔牙，就餐时尽量不要当众剔牙。非剔不可时，应以一只手掩住口部。剔牙之后，不要长时间用嘴叼着牙签。

（八）餐中服务

按国际惯例，服务顺序应从男主人右侧的女宾或男主宾开始，接着男主人，由此自右向左按顺时针方向进行。如果宴会规格较高，需由两位服务员同时服务，则其中一个按上述顺序开始，至女主人（第二主人）右侧的宾客为止；另一个从女主人（第二主人）开始，依次向左按顺时针方向进行。圆桌、长桌均按此顺序作侍应和服务。上菜、派菜、分汤、斟酒，均按上述顺序进行。上菜在左，食品应从每个客人左侧端上，空盘等则通常从右侧撤下。新上的菜，要放在主宾面前，余菜则作相应的移动。如果上“孔雀”、“凤凰”等花色冷盘或全鱼、全鸡等大菜时，一般需将头部对准主宾和主人，以示尊重。但也有些地方风俗认为此举有“斗嘴”之意，对此应灵活处理。

与上菜不同，斟酒在右，主要是为宾客方便起见。向客人斟酒时，应走到客人右侧，除啤酒外，酒瓶瓶口不应接触杯沿，酒杯也不应提起。斟入的酒之多少应根据酒的种类酌定，一般斟入 2/3 即可。中式宴会，从开始上冷盘即开始斟酒。而西式宴会，是一开始就用酒，还是在上主菜时用，应按照主人（征求主宾意见后）的安排而定。在逐一斟酒时，服务人员应将托盘内的酒水饮料，征求客人意见后再按需斟之。

二、西餐宴会礼仪规范

西餐是西式饭菜的一种约定俗成的统称，大致可以分为欧美式和俄式两种。欧美式菜系主要包括英、法、美、意等国菜肴，以及少量的西班牙、葡萄牙、荷兰等地方菜肴。欧美菜系虽因国度不同而在用料、口味等方面有所区别，但差别不大，而俄式菜肴在风格上却自成一体。法式菜肴和俄式菜肴是西餐中最著名的两大菜肴。

西餐菜肴主料突出，营养丰富，讲究色彩，味道鲜香，其烹饪和食用方法同中餐有很大的不同。随着改革开放的深入和中西方交流的扩大，西餐已逐步进入中国人的生活，学习、了解西餐的基本常识和用餐礼仪十分必要，更是商务人员必须了解的礼仪知识。

（一）西餐宴会的席位排列

西餐同中餐相比，席位排列既有许多相同之处，也有不少不同之处。绝大多数情况下，西餐宴会席位排列主要是位次问题。除了极其盛大的宴会，一般不涉及桌次。

1. 西餐位次排列的规则

(1) 女士优先。排定用餐席位时，一般女主人为第一主人，在主位就位。而男主人为第二主人，坐在第二主人的位置上。

(2) 距离定位。西餐桌上是根据其距离主位的远近决定席位的尊卑，距主位近的位置要高于距主位远的位置。

(3) 以右为尊。就某一具体位置而言，按礼仪规范其右侧要高于左侧之位。在西餐排席时，男主宾要排在女主人的右侧，女主宾排在男主人右侧，按此原则，依次排列。

（4）面门为上。在餐厅内，以餐厅门作为参照物时，按礼仪的要求，面对餐厅正门的位子要高于背对餐厅正门的位子。

（5）交叉排列。西餐排列席位时，讲究交叉排列的原则，即男女应当交叉排列，熟人和生人也应当交叉排列。一个就餐者的对面和两侧往往是异性或不熟悉的人，这样可以广交朋友。

2. 席位的排列

（1）西餐中长桌的席位排列方法有两种：

第一种是男女主人在长桌的中央相对而坐，餐桌的两端可以坐人，也可以不坐人，如图 4－17。

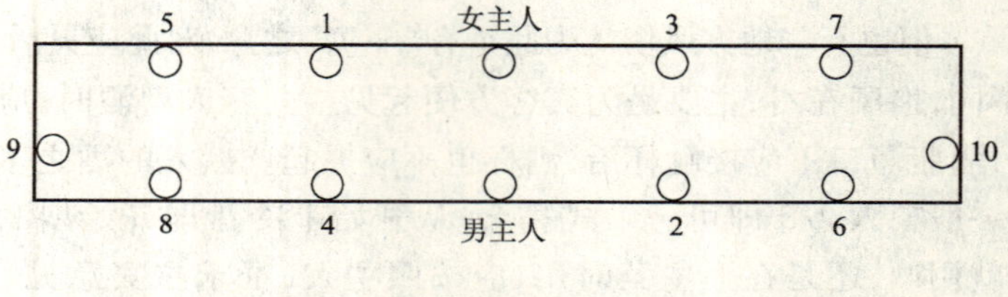

图 4－17

第二种是男女主人分别坐在长桌的两端，如图 4－18 所示。

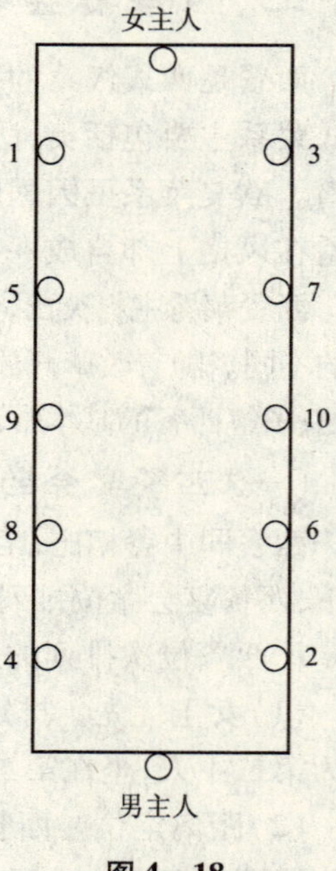

图 4－18

（2）西餐中方桌的席位排列方法。以方桌排列位次时，坐于餐桌四面的人数应相等。在一般情况下，一桌共坐八人，每侧各坐两人的情况比较多见。在进行排列时，应使男、女主人与男、女主宾对面而坐，所有人均各自与自己的恋人或配偶坐成斜对角，见图 4－19。

（二）西餐摆台

西餐的餐具主要有刀、叉、匙、盘、碟、杯等，讲究吃不同的菜要用不同的刀叉，喝不同的酒要用不同的酒杯。

1. 西餐宴会摆台，说明如下：

（1）铺台布。宴会台布要熨平，台布一般用白色，一定要洁净。台布边垂下 30～40 厘米即可。

（2）摆餐具。西餐宴会使用的餐具一般为：刀（肉刀、鱼刀、白脱刀、水果刀）、叉（肉叉、鱼叉、点心叉）、匙（汤匙、咖啡匙、茶匙、点心匙）、酒杯（水杯、立口杯、红酒杯、香槟杯等）；其他还有白脱盅、忌司盆、调味架等。铺台时一定要根据菜单决定所用的餐具。

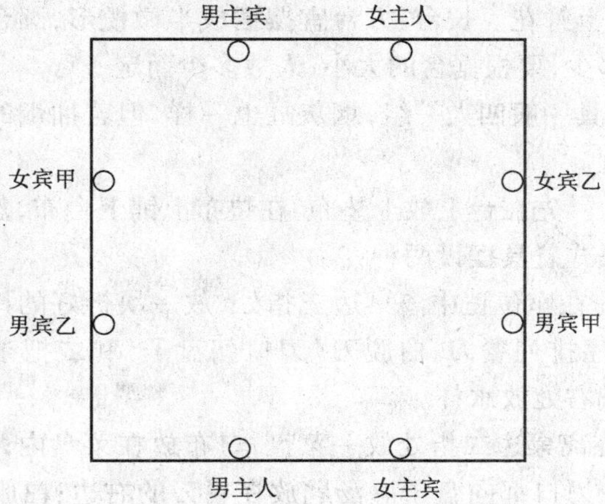

图 4－19

在具体摆放时，其基本要领是展示盘居中，盘前横甜品叉匙，叉左刀右，先外后里，刀口朝盘，饮具在右。具体见图 4－20。

图 4－20　西餐宴会铺台

1. 面包和黄油盘　2. 黄油刀　3. 鱼叉　4. 肉叉　5. 垫盘　6. 肉刀　7. 鱼刀　8. 清汤匙　9. 龙虾叉　10. 口布　11. 盐和胡椒瓶　12. 烟灰缸　13. 水杯　14. 红酒杯　15. 白酒杯　16. 甜点匙　17. 甜点叉

(3)台的中央摆上鲜花。长台、方台宜摆插成半橄榄形,圆台宜摆插成半球形。蜡烛或玻璃罩灯摆多少,要根据台的大小、人数多少而定。

(4)台上公共用具一般四人一组,烟灰缸也一样,但若抽烟的人多,一般临近的两人共用一个烟灰缸。

2. 西餐便餐摆台。先在台上放上垫布,在垫布上铺上台布,然后铺设餐具,其又分美式餐具摆设与法式餐具摆设两种:

(1)美式摆法:先在座位正中离桌边三指处,放一块折好的口布;口布左边放餐叉,口布的右边按次序排列餐刀、白脱刀(刀口朝盘子)和二把茶匙;叉齿前方放面包、白脱盘;餐刀头偏右处放水杯。

(2)法式摆法:在离桌边二指处放一菜盘,口布放在菜盘内;盘的左边放一把餐叉,右边放一把餐刀,刀口都向盘子。汤匙放在餐刀的右边;白脱盘和白脱刀(放在盘上与餐叉平行)放在餐叉左边;甜点的叉和匙平放在冷盘上方;水杯或酒杯放在餐刀刀尖上方。

(三)西餐中饮品的确定

西餐宴请用酒一般有三类:一是餐前开胃酒。常用的有葡萄酒、雪利、马丁尼、金酒加汽水和冰块、威士忌加冰水等,一般只在进餐前喝一小杯。二是席间佐餐用酒。常用的是红、白葡萄酒以及各种软饮料。席间佐餐用酒一般不上烈性酒。一般习惯,吃鱼虾时用白葡萄酒;吃肉菜时用红葡萄酒。也有的只用一个酒杯,红、白葡萄酒由客人任选。白葡萄酒用时可先冰镇,红葡萄酒则不必要。第三种是餐后用酒。在家庭式的小型晚宴以后,送上各种烈性酒,供客人自愿选用。这种时候,手持酒杯,边喝边谈,慢慢品尝,可谓"酒逢知己"了。至于冷餐招待会和酒会,则不分餐前、餐后,供应各种酒类饮料,任凭客人选用。西方人喝威士忌、啤酒及各种饮料大都喜欢冰镇过的,或加冰块,因此在宴会、招待会和酒会上,都要准备一些冰块。倒酒时,要把瓶口封条去尽,把瓶身擦干净。最好用白餐巾把酒瓶裹好再倒。

(四)西餐上菜的顺序

一般情况下,完整的西餐正餐要由下列八道菜肴组成:

1. 开胃菜。开胃菜,也叫头盘、前菜,一般是由蔬菜、水果、海鲜、肉食所组成的拼盘。它多以各种调味汁凉拌而成。在西餐里,它往往不被列入正式的菜序,而仅仅充当着其"前奏曲"。

2. 面包。西餐正餐面包一般是切片面包,吃面包时,可根据个人口味,涂上黄油、果酱或奶酪。

3. 汤。西餐中的汤有两大类,即浓汤和清汤,有很好的开胃作用。正式喝汤时,才算正式开始吃西餐。

4. 主菜。主菜的内容十分广泛,包括了水产类菜肴、畜肉类菜肴、禽肉类菜肴和

蔬菜类菜肴。正式的西餐宴会上，大体上要上一个冷菜，两个热菜。两个热菜中，讲究先上一个鱼菜，由鱼或虾以及蔬菜组成。另一个是肉菜，为西餐中的大菜，是必不可少的。它多用烤肉，配以蔬菜，往往代表着此次用餐的最高档次和水平。有时，还会再上一个海味菜。

5. 点心。吃过主菜后，一般要上些诸如蛋糕、饼干、吐司、三明治等西式点心。

6. 甜品。点心之后，接着上甜品，最常见的有冰淇淋、布丁等。

7. 水果。吃完甜品，一般还要摆上干鲜果品。常用的干果有核桃、榛子、腰果、杏仁、开心果等。草莓、菠萝、苹果、香蕉、橙子、葡萄等，则是最常见的西餐桌上的鲜果。

8. 热饮。在宴会结束前，还要为用餐者提供热饮，以此作为“压轴戏”。一般为红茶或咖啡，以帮助消化。西餐的热饮，可以在餐桌上饮用，也可以换个地方，到休息室或客厅去喝。

从实际情况看，西餐也在简化，比较简便的西餐上菜顺序是：开胃菜→汤→主菜→甜品→咖啡。

（五）餐具的使用

用刀叉进餐是西餐的最重要特征之一。除此之外，西餐的主要餐具还有餐匙和餐巾，用法也有特殊之处。至于西餐桌上的盘、碟、杯、水盂、牙签等餐具，其基本用法同中餐相似，可参照之。对于初赴西餐宴会的人来说，最感不习惯的是对刀、叉等餐具的使用。各种菜式的吃法和刀叉的使用方法如下：

1. 喝汤时，只用一支汤匙。喝法是：右手执匙，向外舀喝，吃完汤菜时，将汤匙留在汤盘（碗）中，匙把指向自己。吃菜时，则要从靠近自己的这边吃起。吃完了菜，应把刀叉并排放在汤盘上，自有服务员将它们拿去。否则，服务员不知你是否吃完，是不会将盘子端走的。

2. 吃肉类时有两种方式：一是边割边吃；另一是先把肉块切好，然后把刀子放在食盘右侧，单用叉子取食。前者是欧洲的古老习惯，后者则是美式吃法，一般以前者比较正式。

3. 吃肉饼、煎蛋、沙拉都不用刀，只用叉。吃面包不能用刀叉，只用手指撕来吃。炸薯片、炸肉片、芹菜等食物，也不用刀叉，跟面包一样，可以用手取食。取食时，仅限于用拇指和食指拈取，食后可用摆在面前的小手巾拭手。吃甜点可用叉或匙。

4. 吃餐后水果时，比如橙子，用刀切成块吃；橘子、荔枝、龙眼等则可剥了皮吃；苹果、梨，不要整个拿着咬，应先用水果刀切成小块，再用刀去皮、核，然后用手或叉取食。其余如西瓜、菠萝等，通常都去皮切块，吃时可以用小刀切成小块，用叉取食。切忌吃后再吐果皮和果核。

5. 喝咖啡时如愿意添加牛奶或糖，添加后要用小勺搅拌均匀，将小勺放在咖啡的垫碟上。喝时应右手拿杯把，左手端垫碟，直接用嘴喝，不要用小勺一勺一勺地舀着喝。

6. 如果暂停用餐，刀叉（或叉匙）应互成夹角置于盘上。如果已经用餐完毕，则刀叉（或叉匙）应并排置于盘上。注意叉齿应该向上。

项目四　宴请者礼仪

宴会的组织者要安排好工作人员，尽可能周到地做好宴会的各项准备工作，为来宾提供完善的服务。

一、中餐宴请宾客礼仪

（一）迎宾和迎宾入座

宴会开始前，主人一般在门口迎接客人。如果宴会规格较高，还要由少数主要官员陪同主人排列成迎宾线。客人抵达后，宾主相互握手问好，随即由工作人员将客人引入休息室或直接引领入宴会厅。在休息厅内应有相应身份的人员照应客人，并以饮料待客。主宾达到后，由主人陪同进入休息室与其他客人见面，如此时其他客人尚未到齐，由迎宾员或其他人员代表主人在门口迎接。客人到齐后，主人陪同主宾进入宴会厅，全体客人就座，宴会开始。如休息厅较小，或宴会规模大，也可以请主桌以外的客人先入座，贵宾席最后入座。

（二）致辞、祝酒

客人入座之后，主人应该首先起立，举杯向客人敬酒。碰杯先后以座次顺序为序，从主到次进行，只轻轻一碰即可。碰杯、干杯之后，主人应持筷子示意，请客人正式用餐。正式宴会上一般均有致辞，但安排的时间不尽一致。有的一入席双方即讲话致辞；也可在上热菜之后甜食之前，由主人致辞，接着由客人致辞。致辞时，服务人员要停止一切活动，参加宴会的人员均暂停饮食，专心聆听，以示尊重。冷餐会和祝酒会讲话时间则更为灵活，致辞完毕即进行祝酒。故在致辞行将结束时，服务人员要迅速把酒斟足，供主人和主宾等祝酒用。

（三）上菜、介绍菜肴

上菜应按顺序进行，中餐一般是先上冷盘，后上热菜，再上汤菜，最后上甜食、水果。

当第一道热菜（主菜）上桌时，一般由服务员报出菜名，并介绍这道菜色、香、味方面的特色。此时主人应举筷请众宾客品尝。当客人互相谦让时，主人（也可由服务员）可站起来用公筷、公勺为客人分菜。分菜时注意先分主宾，并注意分得均匀，避免厚此薄彼。如果是家宴，可精心制作几道拿手菜，当这些菜上桌时，主人不仅要报菜名，还要简单介绍制作要领。请大家品尝后，主人要认真征求宾客的意见。

（四）热情交谈

宴请并不是目的，借此相互认识、了解、交流，增进友情、加强协作才是目的。因此，席间一味地埋头吃是不礼貌的。主宾双方应就彼此都感兴趣的话题，亲切交谈。交谈的范围可以广一些，应选择一些大众性、趣味性的话题，宴会中不宜深入谈具体的、实质性的问题，要“多叙友情，少谈工作”，切不可把餐桌变成谈判桌，以免陷入僵局，使双方不快。同时应注意不要光谈自己，忽略其他人。还要避免谈及忌讳的、敏感的、容易引起争执的话题。总之，一切从增进友谊、活跃宴会气氛的角度出发。

（五）敬酒献乐

在宴请过程中，主人一般要依次向所有宾客敬酒，或按桌敬酒。敬酒时，上身要挺直，双腿站稳，以双手举起酒杯，并向对方微微点头示礼，等对方饮酒时再跟着饮。敬酒的态度要稳重、热情、大方。需要敬酒时，主人应按礼宾顺序先向主宾敬酒，再依次向其他宾客敬酒。在宾客较多的场合，主人可依次到各桌敬酒，并提议大家一起干杯，这时主人只要举杯示意即可，不必一一碰杯。在让酒、劝酒当中，主人要尊重宾客的意愿，切忌把让酒、劝酒的礼节变成一种强迫行为，以免破坏宴会的友好气氛。

当前，不少餐厅有“卡拉 OK”设备。如果是大型、隆重的宴会，还备有乐队。主人可安排乐队演奏席间音乐，安排专人献歌，或主人先唱，并热情邀请客人一起唱，宾主同乐。歌曲的内容应与宴会的主题相吻合，以渲染宴会的热烈气氛。

（六）适时结束、送客

一般宴会应掌握在 90 分钟左右，最多以不超过 2 小时为宜。过早结束，会使客人感到不尽兴，甚至对主人的诚意表示怀疑；时间过长，则宾主双方都感到疲劳，反而冲淡了宴会的气氛。因此，当宴请程序基本完成时，主人要掌握时机，适时结束宴会。一般于服务人员端上水果吃完后，宴会即可结束。此时，一般先由主人向主宾示意，请其做好离席的准备。然后主人与主宾起立，主人宣布宴会到此结束，并对各位宾客莅临宴会表示衷心感谢。主人若为参加宴会者备有小纪念品，宴会结束时，主人要招呼宾客带上纪念品。主人和副主人及相关陪客应先将主宾送至门口，热情握手告别。

二、接待外宾吃中餐的注意事项

接待外宾吃中餐要注意以下事项：

其一，外宾上桌后，首先要尊重客人的饮食习惯，应询问客人是否会用或者喜欢用筷子，是否需要另配刀叉进餐。

其二，席上使用的餐具，千万不要再用餐巾纸或餐巾去擦拭，这会使外宾认为餐具不洁，没有经过消毒处理而影响进餐情绪。

其三，上一道菜，应主动向客人介绍食品制作原料及食用方法，因为中餐菜肴经过加工以后，有的已看不见食品本身的原料，而有些外宾对个别菜肴，如动物内脏、海鲜中的海参等是拒绝食用的。

其四，介绍菜点时，应尽量介绍其特色，而不要笼统地说这是中国的"名菜、名点"，外国人对于"著名"的认识与中国人有一定差别。

其五，招待外宾千万不要说"没有什么好菜"、"招待不周"之类的客套话，这种中国式的谦虚会被他们误认为你对他重视不够，而应当说"今天的菜肴是我们精心为你们准备的，希望你们吃得开心"。

三、西餐宴请宾客礼仪

从西餐礼仪上讲，主人的职责是使每一位来宾都感受到主人的欢迎之意。当客人到来时，主人应争取同所有来宾见面握手致意。主人还要努力使客人之间有机会相互认识和交谈。主人要努力使席间的谈话活泼有趣、气氛融洽。

用餐时，主人应适当掌握用餐速度，待客人吃完一道菜时再换下一道菜。如有少数人没有吃完，主人可适当放慢速度，以免使客人感到不安。如客人将刀叉掉在地上，应立即让招待员另换一把，如有客人不慎打翻酒杯或打碎盘碗，应镇静地让招待员收拾干净，安慰客人，不可露出不悦之色。由于宴会前需做大量准备工作，主人有时比较疲劳，但要避免显示出疲惫厌倦之态。主人不可频频看表，以免被误认为希望客人早走。

吃完水果，主人与主宾起立，宴会即告结束。

国外日常宴请在以女主人为第一主人时，要以她的行动为准。入席时，女主人先坐下，并由女主人招呼客人开始进餐。餐毕，女主人起立，邀请女宾与之共同退出宴厅，男宾随后进入休息室。

宴会结束后，主宾告辞，主人应送至门口，热情话别，主宾离去后，原迎宾的人员仍应列队于门口，与其他客人一一握手话别，表示欢送之意。

项目五　赴宴礼仪

一、中餐赴宴礼仪

赴宴过程中，尤其是席间的一言一行、一举一动都需掌握必要的礼仪分寸。这对宴席上从容地表现自我，塑造良好形象是非常必要的。

（一）接受邀请，按时赴宴

接到宴会邀请后，是否出席应尽早给对方以明确答复，以便主人妥善安排。万一临时因故无法应邀出席，应尽早通知对方，深表歉意并作必要的解释。

按时出席宴请是礼貌的体现。一般可按规定时间提前或延后不超过5分钟到达。过早、过迟出席都会被视为失礼。

（二）抵达致意，礼貌问候

参加宴会的人员到达宴请地点后，如主人在门口恭迎，应趋前向主人问候、握手，随主人或迎宾人员引导，到休息厅或宴会厅。如是庆祝性或节庆宴会，还可以向宴请单位送花篮或花束。参加家宴，可酌情给女主人赠少量鲜花。如果来宾直接进入宴会厅，则应在宴会厅门前找到服务人员，请他们带到席位处。

（三）礼貌入席，注意坐姿

应邀出席宴请活动，应听从主人安排，大方就座。如宴会座次较多，入座时应看清自己的桌次与座位卡，不要随意乱坐。如邻座是年长者或妇女，则应主动为其拉坐椅，协助他们坐下。

入席就座以后，首先要注意自己的姿态，既要坐得端正，又不要显得过于拘谨；椅子不要坐满，只坐2/3的位置，身体轻轻靠在椅背上；双手放于膝部，不要将臂肘放在桌子上，不要玩弄桌上的餐具和酒具，或做理头发等不雅的习惯性动作；两脚自然垂直放在本人座位下，不要将脚伸到别人座位处，不要抖脚；女士就座时不要将裙子撩起再坐下。

（四）文雅进餐，亲切交谈

用餐坐姿端正、自然，入座后不可随意拨动桌上的餐具，待主人招呼后方可进餐。取菜时不要盛得过多。盘中食物吃完后，如不够，可再取。如有服务员分菜，需增添时，待服务员送上再取。如遇本人不能吃或不爱吃的菜肴，当服务员上菜或主人夹菜时，不要拒绝，可取少量放在盘内，并说声："谢谢，够了。"对不合口味的菜，切勿显露出厌恶的表情，也不能说三道四。

进餐时要注意自己的吃相，要闭嘴咀嚼，不要舔嘴唇或发出声响。口嚼食物时切忌说话，既不要狼吞虎咽，也不要过细过慢，更不要吃得摇头晃脑，汗流满面。喝汤应借助于汤勺，喝汤时不要嘬，如汤太热，待稍凉后再喝，切勿用嘴吹。嘴内的骨头、鱼刺不要直接往外吐，可用餐巾捂嘴，用手（筷子）取出，或轻轻地吐在叉上，放在骨盘内。

进餐时要讲究卫生，不要吸烟。在餐桌进餐时，不要咳嗽、清嗓子、吸鼻涕、打喷嚏，如有此需要，应起身去卫生间处理。万一不能控制时，也要用餐巾捂住鼻子、嘴巴，事后向周围的人道"对不起"。剔牙时以用手或口布遮挡为宜，剔过的牙签应折断后放置在骨盘内。未吃完的菜，用过的餐具、牙签等都应放在盘内，切忌放在桌上。

宴会上无论是主人、客人或陪客，都应主动与同桌人交谈，特别是左右邻座。如果不认识，可以作自我介绍，交换一下名片，这样可以联络一下老朋友，结识一些新朋友。席间交谈应多选同桌人共同关心的话题，不要一个人夸夸其谈，也不要一言不发。宴会上沉默寡言会使宴会气氛显得沉闷，男女主人应主动引出交谈的话题，促使客人们相互谈论大家都感兴趣的内容，使宴会始终保持愉快的气氛。谈话时应避免高声失态，也不可窃窃私语，不要只同几个熟人或一两个人谈话，不要边吃食物边讲话，说话时要等吃完了嘴里的食物再说。

（五）祝酒碰杯，礼貌回应

主人祝酒致辞时，应停止一切活动，认真聆听，不可做无关的小动作。主人前来碰杯或相互间碰杯时，应目视对方，面带微笑，点头致意。人多时也可同时举杯共祝，不必一一对碰。当主桌未祝酒时，其他桌不可先起立或串桌祝酒。客人不宜先提议为主人干杯，以免喧宾夺主。当有人为你斟酒或提议碰杯时，不要随意拒绝，即使不能喝，也应有所表示，以示敬意。碰杯时，主人和主宾先碰，人多时可同时举杯示意，不需逐一碰杯，祝酒时要注意不可交叉碰杯。

一般正式宴会，要主动将饮酒量控制在本人酒量的1/3以内，切不可饮酒过量，以避免失言失态，或醉酒误事。不会喝酒或不能饮酒时，要注意礼貌拒酒，可以提前声明或以饮料代酒，也可以倒入杯中少许酒不喝，不要在别人给自己斟酒时，乱推乱躲，将酒杯倒扣。

（六）宴会结束，致谢辞行

待绝大部分客人已停止进餐之时，主人把餐巾放在桌上，或者从餐桌旁站起来，表明宴会到此为止。只要看到这种信号，宾客即可把自己的餐巾放下，起身离席了。离开餐桌时，不要将坐椅拉开就走，而应将椅子再挪回原处。男士应帮助身边的女士移开坐椅，而后再把坐椅放回餐桌旁。

一般情况下，主宾是第一位告辞的人，客人在分手时要对主人的盛情款待表示感谢，离席时应让身份高者、年长者或女士先走。

宴会结束后，男主人务必将客人送至大门口，客人则应对主人的盛情款待表示感谢。除了宴会结束时应向主人致谢之外，如果在宴请活动之后，向主人致便函或名片表示感谢，主人很可能把这看做是一种特别礼貌的表示而铭记在心。

一旦入席就餐，最好不要中途离去。若有急事非要中途离席时，也应向主人说明情况，表示歉意，然后向本席的其他客人点头示意，方可离去。退席一旦提出，就应立即从座位上站起离开。退席时男宾应先与男主人告别，女宾则先与女主人告别，然后交叉，再与其他客人告别。如退席人数比较多时，只需与主人微笑或握手告别即可。

有的主人会为每位宴会出席者备有一份小纪念品。宴会结束，主人招呼客人带走纪念品。遇此情况，客人应略表谢意或说一两句赞扬小礼品的话。有时，外国客人会把宴会菜单作为纪念品带走，有时还请同席者在菜单上签名留念。除主人特别示意作为纪念品的东西外，各种招待用品，包括糖果、烟、水果等都不要拿走。

二、西餐赴宴礼仪

（一）对于邀请，及时答复

对于别人的邀请，应及时给予答复。答复的方式可以是口头（电话）的，也可以是书面的。如应邀，可以在表示感谢之后说："将很高兴地接受邀请"，"期待着×月×日前去参加宴会"，"我很高兴前去"，等等。如不能应邀，可说"由于事先已另有约会，很抱歉不能参加，对失去这一机会表示十分惋惜"之类的话。如已答复应邀，以后又因为有其他更重要的事确实无法参加，则应认真向主人致歉并很好地加以解释，以求得主人的谅解。

（二）携带礼品，表示友好

应邀参加友好的家宴，赴宴时，客人如带一束表示友谊的鲜花，或者带点小礼品送给女主人，则主人会感到高兴，但不带也没有关系。大型庆祝招待会，也有在当天送花的，应视双方关系及历来做法而定。

（三）就餐姿态，文雅大方

1. 入座。入座的时间应听从主人的招呼。要从椅子左侧入座，男客人应帮助其右边的女宾挪动一下椅子，待女宾入席坐下后，再帮助她将椅子往前稍推，一般应距餐桌 20 厘米。随身带的小提包等物品可放在身背后与椅子靠背之间。男子在女子坐下后才坐，坐好后应先与主人或邻座客人轻声交谈几句。

2. 铺餐巾。当女主人拿起餐巾时，你也可以拿起餐巾，铺在双腿上。餐巾很大时，要叠成两折，不要系在脖子上或胸部，也不要在手中乱揉。可以用餐巾的一角擦去嘴上或手上的油渍或污物，但不能用它来擦刀叉或碗碟。

3. 开始用餐。应等全体客人面前都上了菜，女主人示意后才可以用餐。在女主人拿起勺子或叉子以前，客人不要自行用餐。

4. 进餐时，身体要坐正，不要前俯后仰，也不要把两臂横放在桌上，以免碰撞旁边的客人。进食时，身子可以略向前靠，但不要把头低向盘子，更不要低头用嘴去凑到碗边吃东西，也不要把碗碟端起来吃，而应用叉子或勺子取食物放到嘴里，细嚼慢咽。

（四）西式餐具，正确使用

1. 喝汤。汤匙是座前最大的一把匙，放在盘子右边，不要错用放在桌子中间那把较小的匙，那可能是甜食匙。盛汤一般用汤盘，可用汤匙朝外侧将汤从盘子徐徐舀起，也可将盘子用左手稍侧向外，以便舀汤。喝汤时不要呼噜出声。

2. 使用刀叉。右手用刀，左手持叉，如只用叉子，也可用右手拿叉。使用刀时，不要将刀刃向外，更不要用刀送食物入口。切肉应避免刀切在瓷盘上发出响声。吃面条，可以用叉卷起来吃，不要挑。谈话时，可不必把手中刀叉放下，但做手势时则应将刀叉放下，不要手持刀叉在空中比划。中途放下刀叉，应将刀叉呈八字形分开放在盘子上。用餐完毕，则将刀叉并拢一起，放在盘子里。

3. 吃沙拉。吃沙拉时只用叉子，可用右手拿叉，叉尖朝上。如上沙拉时，也同时上了面包、饼干的话，可用左手拿一小块面包或饼干，把沙拉推上叉子。

4. 取面包、黄油。取面包应用手去拿，然后放在旁边小碟中或大盘的边沿上，不要用叉子去叉面包。取黄油应用奶油刀，不要用个人的刀子。黄油取出后放在旁边的小碟子里，不要直接往面包上抹。不要用刀切面包，也不要把整片面包涂上黄油，应该每次掰一小块面包，吃一块涂一块。

5. 吃鱼。西餐吃鱼，通常是在烹调制作时把鱼刺和骨头剔干净才上桌。但如遇到仍带刺的鱼，可用刀将刺轻轻拨出。如鱼刺或骨头已经入口，不要直接吐入盘中，而要用叉接住后轻轻放在盘沿上，或尽可能不引人注意地用手取出放在盘中，不要扔在桌上或地下（吃其他菜或水果时，骨头、水果核等均应争取不要入口，如已入口则先吐在手上，放入盘内）。西餐吃鱼常配柠檬，可用手将柠檬汁挤在鱼上。

（五）进餐细节，不可失礼

1. 吃芹菜、小萝卜、青果、干点心、干果、炸土豆片、整根的老玉米、田鸡腿、龙虾片以及各式各样的面包或面包卷时，都可以用手拿来吃，但其他东西一般不要用手拿着吃。

2. 当女主人要为你添菜时，可将盘子传递给她或交给招待员。如果不问你，不要主动要求添菜。当招待员依次为客人上菜时，走到你的左边时，才轮到你取菜。如在你的右边，不要去取。取菜时，最好每样都取一点。如果有实在不喜欢的菜，也不要勉强，可以说："谢谢，不要了。"不要流露出对食品的不满。

3. 吃饭、喝汤不要发出响声，咀嚼应当闭嘴。咀嚼食物不要说话，即使有人同你讲话，也要等咽下食物后再回答。在饭桌上不要剔牙。如果有东西塞了牙非取出不可，应用餐巾将嘴遮住，最好等别人不注意时再取出。

4. 喝茶或咖啡。如愿加牛奶或白糖时，可自取。喝时用右手拿杯把，左手端小碟。如在餐桌上，也可不端小碟。不要把小匙放在杯中，用它搅拌完后可放在小碟上。

5. 吃水果。吃苹果、梨等，不要整个咬着吃。应先切成小瓣，然后削去皮、核，用手拿着吃。削皮时，刀口朝内，从外往里削。吃香蕉，剥皮后用刀切成小块，用叉取食。橙子可用刀切成四瓣后剥皮吃。西瓜、菠萝等可去皮切块，用叉取食。

6. 喝酒。为表示友好，活跃气氛，可相互敬酒、祝酒；可以碰杯，也可举杯示意。用餐时，也可根据自己的需要，喝一些佐餐酒，但不应酗酒，更不要勉强别人喝酒。

7. 招待会上自取食品，要轮流去取，文明谦让，不要争先恐后。不要一次取食过多，盘子放得太满，这样既不雅观，食用也不方便，可分次取食。别人尚未取到第一份时，不要去取第二次。取完后不要围在餐台边进食。不要将汤水、渣沫溅到旁人身上或洒在地上。

(六)离席告别,感谢主人

1. 纪念物品。有的主人会为每位出席者准备一朵鲜花或一件小纪念品,请客人带上。也有的客人愿将菜单留作纪念,有的还会请主人在菜单上签名。但除此以外的招待用品,如香烟、糖果等均不应带走。

2. 离席。客人应等女主人从座位上站起后,一起随着离席。在此之前不应提前离席,离席时,男宾应帮助女宾把椅子放归原处。餐巾可置放桌上,不必按原样折好。宴会结束后可视情况与主人和其他来宾再聚谈一会儿,然后相互告辞。

3. 告退。告退不宜过早或过迟。如果你是主宾,就应先于其他客人向主人告辞。一般来说,主宾应在用完点心之后,移到客厅,再过 20 ~ 40 分钟后告辞。一般客人则不要先于主宾告辞,否则对主人和主宾均不礼貌。如有事情,则应向他们说清楚,求得谅解。

4. 感谢。在出席私人宴请活动后,有时可致函或送名片表示感谢,也可打电话感谢。如过不了多久又要再次见面,也可面谢。

以上所述,看来属于细节,但都很重要,不可忽视。对于宴会上的礼节,如果另外又遇到一些有所不知的情况,则可视主人的所为参照着做,或者向邻座客人问清楚,不要自行其是,随意而为。

项目六　中外饮食习俗

一、中国饮食习俗

中国疆域辽阔、民族众多,各个民族的饮食习俗存在较大的差异,现仅就其中一部分作简单的介绍。

(一)汉族

汉族以大米和各种面食为主食,鸡、鸭、牛、羊、猪的肉和各种海鲜以及各种蔬菜均可食用,无明显的禁忌。一般来说,南方人口味较清淡,北方人口味较重,偏咸偏辣。南方人以米饭为主食,北方人则以馒头、包子、饺子等面食为主食。餐具主要用碗、筷、匙。人们大多喜欢喝茶,讲究品茶文化。

(二)回族

回族以蒸馍、包子、饺子、馄饨、汤面、拌面、牛羊肉和油炸食品等为主食。蔬菜类一般不忌讳什么。肉类以牛羊肉、鸡鸭和有鳞的鱼类为主,忌食猪肉、狗肉、驴肉、骡肉,也不吃动物的血、自死的或非经穆斯林祈祷后所宰杀的动物肉,另外还忌烟酒。

(三)维吾尔族

维吾尔族很讲究主食,主食种类很多,最普遍的是馕,是一种面粉制成的圆形烤

饼,有的还加上肉、蛋和奶油。节日待客常用“帕罗”,它是用羊油、清油、胡萝卜、葡萄干、葱和大米做成的,吃时用手抓,故又名“抓饭”。此外,维吾尔人的日常主食中还有包子、馄饨、面条等。副食中,肉食以牛羊肉、鸡肉为主,炒菜时一般都加肉。饮料一般是奶类,如奶茶,也常饮砖茶等。

(四)蒙古族

牧区的蒙古族人以肉食为主,农业区的蒙古族人以粮食为主。肉食中主要是牛羊肉,也吃猪肉、鹿肉等。饮料是各种奶茶,还有奶子酒等。自食和招待客人常用手扒肉。招待贵客用整羊席,席上有一套特定的仪式。农业区的面食类主要有馍、面条,也有饺子、炒面等,炒米是其喜爱的食品,吃时拌上酸奶和白糖。蔬菜类品种不多,主要有马铃薯、白菜等。

(五)藏族

藏族的饮食习惯比较特殊,主食是“糌粑”,是一种用炒热的青稞或豌豆磨成的炒面。最喜爱的饮料是酥油茶。牧民以牛羊肉和奶类为主食,一般不爱吃稀饭、肥肉、蔬菜等;农业区居民也吃大米和蔬菜,喜欢的奶制品有酥油、酸奶油渣、奶酪等;城镇居民吃一种叫“哲色”的食品,其用大米饭加酥油、葡萄干做成,也吃油烹的肉丸、包子、烤饼、烙饼、肉面条、手抓羊肉等。一日三至四餐。餐具很简单,一把小刀和一只木碗,不用筷子,也不喜欢用别人的餐具。

(六)傣族

傣族的主食是大米饭,亦有吃糯米的,嗜酸、辣味。肉类以猪肉为主,亦吃牛肉、鸡鸭、鱼虾,不吃羊肉。习惯用油炸,不爱炒食。蔬菜类爱吃白菜、萝卜、竹笋和豆类,习惯做成干酸菜。男人爱喝酒,常吃“竹筒饭”。

(七)哈萨克族

哈萨克族的主食是馕和油炸果子、面条、抓饭等。副食中以牛肉为主,吃一种名叫“金特”的甜食,亦习惯吃手抓羊肉、清炖羊肉,喜欢喝奶茶和马奶酒,爱喝茶,也吃多种蔬菜。

(八)侗族

侗族讲究吃酸味食品,招待贵客的酸宴食品中有酸味鱼、酸猪肉、酸鸭肉、酸辣椒等十几种,每种都是酸的。爱喝打油茶,是一种先用油把干茶叶炒熟,再加上姜末、盐,冲上水泡成的。此外还习惯吃炒黄豆、爆米花、腊肉等。

(九)朝鲜族

朝鲜族以大米、小米为主食,习俗食品是干饭和打糕、片糕、汤饺子、冷面等,口味喜酸辣,爱吃大酱。朝鲜族人爱吃狗肉汤,也吃生拌牛肉、泡菜、咸菜等;习惯喝凉开水、豆浆,爱喝白酒、花茶;不爱吃羊肉、肥猪肉和河鱼,不爱吃带甜味的菜和放花椒的菜。

二、外国饮食习俗

（一）美国和美洲诸国

美国、加拿大、墨西哥、阿根廷、智利等国家的人，大多信仰天主教或基督教，饮食习惯以西餐为主。通常早餐是面包、牛油、牛奶、麦片、鸡蛋之类，午餐多吃三明治、牛奶、咖啡和罐头食品，晚餐最常吃的是牛排、猪排和新鲜蔬菜。一般讲究食品的营养卫生，讲究食品的质量。人们普遍习惯于吃鸡、猪、牛、羊肉和鸡蛋、蔬菜、水果，喜欢清淡，爱好烤、煎、炸、鲜脆食品，不喜欢蒜味、辣味、酸味食品和调味品，也不特别喜欢鱼类及山珍海味类。

各国间饮食习惯也有所不同。美国人不爱吃肥肉，红烧和蒸的食物；不喜欢粘骨菜、鸡鸭皮、胶糊状菜，头尾全形菜或奇形怪状的东西，如鸡爪、猪蹄、海参等；不爱吃动物内脏，吃鱼和家禽时去头、尾，剔骨刺，虾要剥壳，蟹要拆肉。在素菜方面，美国人喜欢吃菜心、豆苗、刀豆和蘑菇之类，比较喜欢中国的广式菜。加拿大人爱吃沙丁鱼和野味，委内瑞拉人喜欢吃鱼、羊、火腿、香蕉、核桃等，古巴、阿根廷人对饮食要求则随便些。

（二）英国

英国菜世界驰名，其特点是清淡少油，量少而精，讲究花样。英国人喜欢喝茶，早起后先喝一杯浓红茶，倒茶前，先往杯中倒入冷牛奶，而且还有喝午茶的习惯，下午4时半的午后茶尤为重要。早餐吃各种麦片、三明治、奶油点心、水波蛋、煮蛋和果汁。午餐、晚餐习惯吃煮鸡、煮鱼、煮牛肉等，肉类以牛肉、羊肉、鸡鸭为主，猪肉、鱼虾等也较常食用。每餐都要吃水果。英国人口味清淡，不爱辣味食品，爱喝汤。进餐时先喝酒，一般以苏打水加威士忌和红白葡萄酒为主，香槟酒、啤酒也喝。晚餐常喝咖啡，吃烤面包，冬天时爱吃瘦肉，喝浓汤，还爱吃水蒸布丁和奶油蛋糕。

（三）法国

法国的烹调技术和菜肴居欧洲之首，法国菜是西式菜中最考究的，以美味可口、品种繁多著称。法国菜选料广泛，用料新鲜，烹调讲究，口味喜肥嫩、鲜美、浓郁，喜食猪肉、牛肉、羊肉、家禽、香肠、蛋类、鱼虾、蜗牛、牡蛎和新鲜的蔬菜、水果等。法国的干鲜奶酪闻名世界，它们是法国人午餐和晚餐常吃的食品。人们爱喝葡萄酒、啤酒、苹果酒、咖啡、牛奶、红茶和清汤，爱吃酥面点心、蒸点心和布丁，比较重视晚餐。

（四）德国

德国人是一个以肉食为主的民族，午餐以炖、煮肉为主，爱吃猪肉、牛肉、鸡、鸭、野味。除北部沿海地区外，一般不爱吃鱼虾、海味。人们口味偏酸甜、清淡，不爱吃油腻、过辣的菜肴，喜欢吃蛋糕、甜点心和水果。德国西部以午餐为主餐，早餐一般比较简单，只吃面包，喝咖啡，晚餐习惯吃冷餐。德国东部对早餐较为重视，早餐也吃菜，吃蛋糕和巧克力点心，喝咖啡。德国人还有一个著名特点，爱喝啤酒。

（五）意大利

意大利人喜欢吃面食和米饭，面食既可以当主食，又可以当菜肴。该国菜肴具有味浓、原汁原味的特点。烹调技艺上以炒、煎、炸、红烩、红焖等方法著名。他们喜欢吃海鲜，对我国的粤菜、川菜比较喜欢，但川菜要无辣或微辣。餐后喜欢吃水果或喝酸牛奶。酒是意大利人离不开的饮料，几乎每餐都喝。

（六）俄罗斯

俄罗斯人日常以面包为主食，鱼、肉、禽、蛋和蔬菜为副食。他们喜食牛肉、羊肉，但不太爱吃猪肉；偏爱酸、甜、咸和微辣口味的食品；早餐较简单，吃上几片面包，一杯酸牛奶就可以了。但午餐和晚餐很讲究，他们要吃肉饼、牛排、红烧牛肉、烤羊肉串、烤山鸡、鱼肉丸子、炸马铃薯、红烩的鸡鱼等。俄罗斯人爱吃中国许多肉类菜肴，对北京的烤鸭很欣赏，但不吃木耳、海蜇、海参之类的食品。俄罗斯人在午餐和晚餐时一定要喝汤，而且要求汤汁浓，如鱼片汤、肉丸汤、鸡汁汤等。凉菜小吃中，俄罗斯人喜欢吃生西红柿、生洋葱、酸黄瓜、酸白菜、酸奶渣以及酸奶油拌沙拉等。他们进餐时吃冷菜时间较长，故招待时不要急于撤盘。

俄罗斯人喜欢喝酒佐餐，酒量也很大。他们最喜欢喝高度烈性的“伏特加”，对我国产的“二锅头”等白酒也是爱不释手。俄罗斯人在喝红茶时有加糖和柠檬的习惯，通常他们不喝绿茶。酸牛奶、果汁等则是妇女和儿童们喜爱的饮料。

（七）日本

日本人的早餐喜欢吃稀饭，由于受欧美国家影响较大，也喝牛奶，吃面包。午餐、晚餐一般吃米饭，副食以鱼类和蔬菜为主。日本是岛国，海产品多，所以日本人爱吃鱼，并且吃法也很多，如蒸、烤、煎、炸等，鱼圆汤也是他们喜爱的。吃生鱼片时要配辣味以解腥杀菌。日本人还爱吃面酱、酱菜、紫菜、酸梅等。吃凉菜时，他们喜欢在凉菜上撒上少许芝麻、紫菜末、生姜丝等，起调味点缀作用。日本人喜清淡，忌油腻，爱吃鲜、甜的菜，还爱吃牛肉、鸡蛋、清水大蟹、海带、精猪肉和豆腐等，喜爱我国的广东菜、北京菜、淮扬菜以及不带辣味的四川菜，但不喜爱吃羊肉和猪内脏。日本人喜欢喝酒，日本清酒、英国的威士忌、法国的白兰地和中国的茅台酒等都深受其欢迎。日本人吃水果偏爱瓜类，如西瓜、哈密瓜等。

（八）韩国

韩国人以米饭为主食，早餐也习惯吃米饭，不吃稀饭。韩国人爱吃辣椒、泡菜，烧烤中要加辣椒、胡椒、大蒜等辛辣的调味品。韩国人平时喜食香干绿豆芽、肉丝炒蛋、肉末线粉、干烧鳜鱼、辣子鸡丁、四季火锅等菜肴。对他们来说，汤也是每餐必不可少的，有时汤中要放猪肉、牛肉、狗肉、鸡肉烧煮，有时也简单地倒些酱油，加点豆芽即成。韩国人最爱吃的是“炖汤”，这是用辣椒酱配以豆腐、鱼片、泡菜或其他肉类和蔬菜加水煮制的。此外，他们也爱吃醋调成的生拌凉菜，但不喜爱吃带甜酸味的热炒菜肴。现在，韩国人的许多年轻人也偏爱西餐。韩国人在用餐时很讲究礼节，

用餐时不能随便出声，不可边吃边谈，如不注意这些细节，往往会被别人看不起，引起反感。

（九）泰国

泰国人的主食为大米，副食主要是鱼和蔬菜。泰国人最喜欢的民族风味食物是“咖喱饭”，也爱吃中国的粤菜和川菜。他们爱吃辛辣的菜肴，辣椒酱每餐必备；早晨喜欢吃西餐，午餐、晚餐大多爱吃中餐，但不习惯用筷子，有的爱用叉、勺，有的喜欢用手抓饭；饭后有吃水果的习惯，吃西瓜、菠萝时习惯蘸些盐或辣椒粉，喝橘汁也喜欢加点盐。泰国人不爱喝开水、热茶，宾馆、酒店往往只供应矿泉水、纯净水等凉水；他们还喜欢喝啤酒，拿啤酒当水喝，也爱喝白兰地兑苏打水。

（十）印度

印度人以米饭为主食，还喜欢吃印度饼。副食有鸡、鸭、鱼、虾、蛋及蔬菜，特别爱吃土豆，认为是菜中佳品，一般不吃蘑菇、木耳、面筋及笋类等。印度菜的烹调离不开香料，主要调料有十几种。印度人嗜好辛辣味菜肴，调味善用咖喱、鲜辣椒、黄油等。印度人口味清淡，不喜吃油腻的肉、荤食品。印度教徒忌吃牛肉，猪肉也很少吃，还有人不吃带壳的或四条腿的东西；常饮红茶、咖啡、酸奶、冷开水等。他们喜欢中餐，习惯分餐制，不习惯用刀、叉和筷子，吃饭用盘子，用右手抓食。

（十一）中东、北非地区

中东、北非地区的人多信仰伊斯兰教。他们爱吃牛肉、羊肉，鸡、蛋等食品，蔬菜类爱吃西红柿、黄瓜、洋葱、土豆等；习惯吃煎、烤、炸的菜，不喜欢红烩带汁的菜，菜要热透，略有生味就不吃；爱吃中国的粤菜、京菜和川菜等，水果则爱吃香蕉、桃、西瓜；爱喝咖啡、茶、酸奶、果汁、冷开水，酒类则只喝少量的啤酒，不喝其他酒。信奉伊斯兰教者忌食猪肉，不吃动物内脏，不吃外形丑恶不洁的动物，如甲鱼、螃蟹等，也不吃已死的动物。

项目七 实训

任务一 中餐铺台实训

（一）实训目的与要求

通过本项目训练，要求学生掌握中餐铺台服务的技能。

（二）实训器材

十人餐台、台布、转盘等。

（三）实训内容与步骤

1. 撒网法

（1）拉台布：正身站于主人位，双手将台布向餐位两侧拉开；

(2)拢台布:双手拇指和食指捏住台布,另三指收拢台布在身前,右臂微抬,呈左低右高式;

(3)撒台布:腰向左转或右转,手臂随腰部转动并向侧方挥动,双手除捏握台布边角的拇指和食指,其他手指松开;

(4)台布定位:台布下落时,拇指和食指捏住台布边角,调整台布落定的位置;

(5)放转盘:把转盘放在转轴上,转轴处在桌正中心,用于测试一下转盘是否旋转正常。

2. 波浪法

(1)拉台布:正身站于主人位,双手将台布向餐位两侧拉开;

(2)拢台布:双手拇指和食指捏住台布,双手收拢于身前,身体朝前微弯;

(3)推台布:双手把台布沿桌面迅速用力推出,捏住台布边角不要松开;

(4)台布定位:台布下落时,缓慢把台布拉至桌子边沿靠近身体处,调整台布落定的位置;

(5)放转盘:把转盘放在转轴上,转轴处于桌子正中心,用手测试一下转轴转动是否正常。

任务二　西餐铺台实训

(一)实训目的与要求

通过本项目训练,要求学生掌握西餐铺台服务的技能。

(二)实训器材

六人餐台数张、西式台布数块。

(三)实训内容与步骤

1. 铺"一"字形台面

(1)服务员站立于餐台长侧边;

(2)把台布横向打开;

(3)双手捏住台布一侧边,将台布送至餐桌另一侧;

(4)把台布从餐台另一侧向身体一侧慢慢拉开;

(5)台布中股缝要向上,四周下垂部分均等;

(6)铺好的台布平整,无皱褶和突起。

2. 铺较大的一字形或 U 形、T 形台面

(1)将几块台布拼铺在一起;

(2)拼铺时,两块或多块台布的股缝方向一致;

(3)台布连接边缘要重叠;

(4)台布下垂部分要平行相等;

(5)铺好的台布平整,无皱褶和突起。

任务三　中餐摆台实训

(一)实训目的与要求

通过本项目训练,要求学生掌握中餐摆台服务的技能。

(二)实训器材

餐碟、席巾花、茶杯、茶杯碟、筷子、公匙、翅碗、匙、味碟、饮料杯、红酒杯、白酒杯、香巾、香巾托(篮或碟)。

(三)实训内容与步骤

1. 实训准备

(1)准备实训器具。

(2)将餐具放在垫有巾布的托盘内,用左手将托盘托起(胸前托法)。

2. 摆台顺序

(1)摆餐盘:

①从主人座位处开始按顺时针方向依次用右手摆放餐具;

②盘边距离桌边 1.5 厘米(约一指位),盘与盘之间距离相等,盘中店徽等图文要对正。

(2)摆筷子架、筷子、银匙(公匙):

①将筷子架摆在餐碟右上方,再将筷子(带卫生筷套)放在筷子架上,筷子套的图案要向上;

②匙摆在筷子架上,匙距碟边约 1.5 厘米,筷子的后端距桌边 1.5 厘米。

(3)摆茶杯、杯碟:

①杯碟摆在餐碟右边,距筷子 1.5 厘米,与餐碟中心绕桌线对正;

②茶杯反扣在杯碟里,杯耳与羹筷架平行。

(4)摆翅碗、味碟:

①翅碗摆在餐碟前,餐碟垂直线(或台布中线)左边,味碟居右,相距 1.5 厘米,与餐碟相距各为 1.5 厘米;

②翅碗里放匙羹,匙柄向左,翅碗中心与味碟中心成直线。

(5)摆酒具:

①先将红酒杯摆在距翅碗与味碟边约 1.5 厘米的餐碟垂直线上;

②饮料杯放于红酒杯之左,白酒杯放于红酒杯之右,三杯直径横向成一条直线,杯距 1.5 厘米,以不互相碰撞为宜。

任务四　西餐宴会摆台实训

(一)实训目的与要求

通过本项目训练,要求学生掌握西餐摆台服务的技能。

（二）实训器材

展示盘，主餐刀，主餐叉，鱼刀，鱼叉，汤叉，甜品匙，甜品叉，甜品刀，沙拉刀，沙拉叉，面包盘，黄油刀，黄油碟，红葡萄酒杯，白葡萄酒杯，水杯，餐巾折花若干，烛台、盐瓶、胡椒瓶、牙签盅各两个，烟缸、火柴盒各两个，每张台插花一盘。

（三）实训内容与步骤

1. 实训准备

（1）准备实训器具。

（2）将餐具放在垫有巾布的托盘内，用左手将托盘托起（胸前托法）。

2. 摆台顺序

（1）摆放展示盘、面包盘、口布：

①展示盘置放于每个餐位的正中，盘边距桌边 2 厘米；

②面包盘位于展示盘左侧，与展示盘间距 5 厘米；

③口布摆放于展示盘内，右侧向远离客人方向斜放 45°；

④展示盘和面包盘必须洁净，无水迹、无指印。

（2）依次摆放肉刀叉、鱼刀叉、面包刀：

①肉刀位于展示盘右侧，刀柄下端距桌边 2 厘米，刀刃朝向左侧；

②肉叉位于展示盘左侧，叉柄下端距桌边 2 厘米；

③肉刀叉边上依次摆放鱼刀叉；

④鱼刀边摆放汤勺；

⑤面包刀摆放于面包盘上靠左端，刀刃朝向左侧；

⑥展示盘上方摆甜点叉匙；

⑦餐具保持清洁，不允许用手直接接触刀面、叉顶端，餐具与桌边垂直。

（3）摆放红、白葡萄酒酒杯：

①红酒杯摆放于肉刀上方 2 厘米处；

②白酒杯摆放于红酒杯右下方 45°处，距红酒杯 1 厘米；

③酒杯要洁净，无破损、无水迹、无指印。

（4）按照距离主位的远近分别摆放烟缸、火柴、盐椒瓶、花瓶、烛台：

①烛台仅限晚餐摆台时使用；

②花瓶位于台面正中；

③盐瓶在左，胡椒瓶在右，与主位相对；

④火柴摆在烟缸上，酒店标记正对客人。

（四）实训注意事项

1. 所有餐具的选择必须与菜肴相匹配；

2. 餐具确保洁净完好；

3. 摆台操作动作要轻盈灵巧；

4. 餐具摆放合理、有序；

5. 餐台整体效果美观、大方。

任务五　餐饮服务模拟实训

小品一　欢乐的聚餐——信用卡风波

角色分配：

餐厅经理——沈

朋友甲——谷

朋友乙——武

客人——汪

前台服务员——李

服务员——金

迎宾甲——张

迎宾乙——周

秘书——薛

背景：

一个人出国多年，因为回国洽谈业务，见到了旧友，她们在所住酒店用餐，因信用卡发生了一场风波。

道具：

杯子、盘子、一个手提箱、菜单、账单、信用卡、名片、酒瓶、水果篮。

场景一

朋友甲：我们到了。

迎宾甲：欢迎光临！（拉门、鞠躬）

朋友甲：我们先到总台问一下。

朋友乙：嗯，好的。

前台服务员：欢迎光临米兰酒店，请问有什么需要帮忙的吗？

朋友乙：是的，我想问一下汪妍小姐有没有入住你们酒店。

前台服务员：请问她是什么时候入住的？

朋友乙：应该是昨天下午入住的吧。

前台服务员：好的，请你们稍等一下，帮你们查一下。（一分钟后）是的，是有一位汪妍小姐，请问你们有什么事吗？

朋友甲：我们是她的朋友，约好晚上一起吃饭。

前台服务员：好的，请问您贵姓？

朋友甲：谷丰。

朋友乙：武霞。

前台服务员:好的,请你们稍等,我打电话上去问一下。(铃声)

客人:你好。

前台服务员:您好,汪小姐吗？下面有两位小姐说是您的朋友,一位姓谷、一位姓武的小姐,请问您是否要请她们上来。

客人:噢,我忘了,请她们到大堂等我一下,我马上下来。

前台服务员:哦,好的,再见!(挂机)汪小姐请你们两位在大堂稍等片刻,你们可以到那边的沙发上坐一下。

朋友甲:谢谢。

前台服务员:不客气。

朋友甲:好久没见她了,不知道有没有变化。

朋友乙:是啊,估计是变漂亮了。

(电梯停,客人出来了)

客人:嗨,好久不见(两人握手)时间差不多了,要不去餐厅聊吧!

朋友甲、乙:嗯,好的!

朋友乙:我们去吃什么菜呢?

朋友甲:我们去吃杭州菜,好不好?

场景二

迎宾乙:晚上好!(鞠躬)请问有预订吗?

朋友甲:没有。

迎宾乙:就你们三位吗?

朋友乙:是的。

迎宾乙:你们想坐什么位置,比方说靠窗或靠门的。

朋友甲:窗边的好了,可以一边吃一边欣赏风景。

迎宾乙:这边请,(手势)这位置怎么样,请坐。(拉椅)请稍等,服务员马上过来为你们点菜。

客人:最近过得好吗?

朋友甲:我辞职不干了。

朋友乙:呵呵,我也是,不过我和谷丰合开了一间酒吧!

服务员:三位需要点什么,这是菜单请看一下。

客人:记得你们读书的时候就有这个心愿了。

(服务员倒茶水)

服务员:三位商量好了吗？需要点什么?

朋友甲:我们对杭州菜不是很了解,叫服务员介绍一下吧!

客人:西湖醋鱼,很有名,能不能介绍一下。

服务员:西湖醋鱼是选用西湖自养的鲜活草鱼为原料,酸中带甜,鱼肉异常嫩美。

客人:OK,那就试一下吧!

朋友乙:干炸响铃,名字好像很好听的,到底是怎么回事呢?

服务员:是用豆腐皮卷后油炸,特点是皮薄黄亮,形似响铃。

朋友甲:有没有新鲜的蟹类?

服务员:有的,我们有今天早上刚送来的,上海大闸蟹。

朋友甲:那好,就要三只半斤重的大闸蟹。

朋友乙:那龙井虾仁呢?

服务员:它是选用薄壳大明虾,配以清明节前后的龙井新茶烹制。虾仁晶莹剔透,滋味独特。

朋友乙:好的。

朋友甲:我最近在减肥,有没有什么清淡一点的菜呢?

服务员:那我建议您点蓑衣黄瓜,清凉可口,热量又低,最适合在夏季食用。

朋友乙:我们点了几个菜了?

服务员:五个了。

朋友甲:那差不多了,够了。

服务员:请问你们用什么酒水?

朋友乙:来一瓶红酒吧!

服务员:要什么牌的,我们这里有威龙、张裕、皇朝、香格里拉、长城等。

朋友乙:那就来一瓶皇朝吧,然后给我一碟话梅。

客人:请再拿一桶冰块。

服务员:好的,请稍等。

朋友甲:这次回国准备待多久?

客人:大概一个星期吧!我是回来签合同的。

(服务员上酒)

朋友乙:有没有想过回来发展啊!

客人:有啊,这次回来感觉杭州变化真大。

(服务员上菜)

朋友甲:我觉得这个西湖醋鱼太甜了。

朋友乙:我也觉得,如果没那么甜味道会更好。

(结账)

客人:小姐麻烦您结账。(把房卡掉在了地上,服务员帮忙拾起)

服务员:(账单拿上,发现现金不足)不好意思小姐,您卡里现金不足。

客人:不会的,我秘书昨天刚把钱打进去。你再拿去试一下吧!谢谢。

服务员:好的(试卡回来)不好意思,还是不行,您卡里没钱。

客人:怎么会,一定是你们的机器出了问题。

服务员:真的,您卡里真的没钱,我已经试了好几遍了,没有就是没有。

客人:小姐,你这是什么意思,难道我连请朋友吃饭的钱都没有吗?

朋友甲:算了算了,我来付。(递出信用卡)

(客人愤怒地起身离开餐厅回到客房)

(服务员向餐厅经理报告情况)

服务员:刚才在餐厅有三位小姐吃饭,可是一位小姐在付账时信用卡里面没有钱,结果她的朋友替她付了钱,她们气冲冲地离开餐厅了。

餐厅经理:好的,我知道了,是我们酒店的住店客人吗?

服务员:是的,住在1204房,姓汪。

餐厅经理:嗯,你和我一起过去。

场景三

(客人收拾行李准备离店)

朋友甲:别生气了,为了这么点小事不划算,这次我请,下次你请我们,这次就当为你接风好了。

朋友乙:是啊!(门铃响起)

餐厅经理:请问有人吗?(敲门)

客人:谁啊?(开门)

餐厅经理:您好,我是餐厅经理,首先向您表示歉意,听说刚才在酒店餐厅发生了一点小误会,可以向您了解一下情况吗?

客人:没有什么好说的,我不想再解释了。(手机响起)喂,你好。

秘书:经理,您好,不好意思,因为昨天太忙,所以没空汇钱,今天傍晚已经把钱汇过来了,请问收到了吗?

客人:怎么会这样,算了算了,下次注意吧!

餐厅经理:刚才的事……

客人:刚才的事是一场误会,是我秘书没把钱打过来。

餐厅经理:不过还是要表示歉意,在我们服务时也有不周到的地方,否则不会引起这样的误会,我真心地向您表示歉意。

客人:其实我也有不对的地方,我没有弄清情况。

餐厅经理:那需不需要我帮您再核查一下。

客人:好的,麻烦您了。(信用卡叫服务员拿去核查一下)

餐厅经理:非常感谢您的谅解,您能不能再给我们提一点宝贵意见呢?

客人:总体还好吧!

朋友乙:我觉得那个西湖醋鱼太甜了。

朋友甲:我觉得也是,而且服务员不够热情。

餐厅经理:我们会虚心接受您的意见的,加紧这方面的培训工作,如果你们下次再来我们酒店,保证会为你们提供满意的服务。

(服务员把信用卡拿给经理,并确认汇款已到)

餐厅经理:小姐,这是您的信用卡,汇款已经到了,这是我们酒店送您的花篮,希望您在我们酒店住得愉快!这是我的名片,如果有什么需要帮助的地方可以给我打电话。

客人:好的,谢谢。

剧终

小品二　餐饮服务

演员表:

1. 接线员
2. 迎宾员甲
3. 迎宾员乙
4. 服务员甲
5. 服务员乙兼接线员
6. 客人甲——王婧
7. 客人乙——穆文峰(回族)
8. 客人丙——沙丽(回族)
9. 客人丁——倪培光
10. 客人戊——胡建丽
11. 经理——谢贤萍

场景一

(5月30号上午2:30分,住店客人王小姐致电到总台。)

(嘟……嘟……)

接线员:(微笑)下午好!这里是总台,请问王小姐有什么需要帮忙的吗?

王婧:我想明晚6时在××餐厅预订餐位。

接线员:(微笑)请问小姐到时共有几位?

王婧:三位,我宴请的是回族朋友,希望你们到时注意一下。

接线员:好的,王小姐,明晚6时在××餐厅,三位,是吗?

王婧:是的,有劳了!

接线员:(微笑)请问王小姐还有其他需要吗?

王婧:暂时没了,谢谢!

接线员:(笑)好的,我会跟餐厅联系一下,祝您在酒店中住得愉快!

(等客人挂断电话,接线员才规范地挂上电话)

场景二

(5月31日晚上5:50。××餐厅)

迎宾员甲、乙:欢迎光临(一鞠躬)

迎宾员甲:您好,小姐,请问您是否有订位?

王婧:嗯,有的。

迎宾员甲:请问小姐贵姓?

王婧:免贵姓王。

迎宾员甲(查看记事本):王小姐请这边走。(迎宾把客人带到8号餐桌,拉椅让坐,同时,客人点头示意,坐下)

(服务员乙上前为客人斟茶)

服务员乙:小姐,请喝茶。

(服务员甲上前询问客人是否可以点菜)

服务员甲:小姐,您好。请问现在需要点菜了吗?(面带微笑)

王婧:(看点菜员,微笑)请稍等片刻,我还有两位朋友没来。

服务员甲:好的,请小姐稍等。

(这时,另外两位客人进入餐厅)

迎宾员甲、乙:欢迎光临。

迎宾员乙:哦,倪先生、胡小姐,你们来了,还是7号餐桌,对吗?

倪先生:嗯,是的。

迎宾员甲:倪先生,请往这边走(至7号餐桌前,并拉椅让坐)

服务员乙(倒茶):小姐,请用茶。

服务员乙:先生,请用茶。

倪先生:好的,你想吃点什么?怎么样,你点一个吧?

胡小姐:来个糖醋排骨好了,再来个银芽炒三丝,菜就差不多了吧,要不你再点个汤。

倪先生:那就来个西湖莼菜汤。

服务员甲:(用笔记下菜名)好的,请问还需要点别的酒水或是饮料吗?

(客人将菜单翻到后面)

倪先生:我要一杯草莓汁。

胡小姐:我要一杯橙汁。

(服务员甲下去,服务员乙送上客人所点的饮料)

服务员乙:先生,这是您的草莓汁,请慢用。小姐,这是您的橙汁,请慢用!

(此时已有两位客人进入餐厅)

迎宾员甲、乙:欢迎光临!(鞠躬并微笑)请问两位是否有订位了?

客人(穆高峰、沙丽):谢谢!我们有订位。

（此时王婧举手招呼两位新来客人）

迎宾员甲：两位这边请！（领客人入位，拉椅让坐）

（服务员上前，再次询问客人）

服务员甲：（微笑有礼）王小姐，请问现在需要点菜了吗？

王婧：可以。

（服务员甲将三份菜单递给客人）（王婧与其他两位客人讨论了一下）

王婧：给我们来一个脆皮鸭、奶汁烤鱼、银芽炒三丝、宋嫂鱼羹，还有……（想）

服务员甲：（见客人拿不定主意）本店最近推出了一道特色菜“龙井虾仁”，客人反映都不错，各位要不要品尝一下？

客人（穆高峰、沙丽）：（对看了一眼，笑）听名字不错，要不就点这个菜好了！

王婧：还有什么清淡一点的汤吗？（转向服务员甲）

服务员甲：（微笑）当然，“白玉翡翠汤”怎么样啊？它是由菠菜、豆腐加上高汤制成的，味道鲜美、清淡、可口。

王婧：好的，就要这个汤了，顺便再来两瓶百威啤酒。

服务员甲：两瓶啤酒，好的，请问是否还需要还点什么吗？比如饮料？

王婧：（转向穆、沙两位客人）你们喜欢什么样的饮料？（友好的语气）

客人（穆、沙两位客人）：我们不要了。（微笑）

王婧：（看穆、沙两位客人真的不想要，就转向服务员）那就不用了，先这样子吧，麻烦请快上点菜，可以吗？

服务员甲：好的，小姐点的是一个脆皮鸭、奶汁烤鱼、银芽炒三丝、宋嫂鱼羹、龙井虾仁和一碗白玉翡翠汤及两瓶百威啤酒，是吗？

王婧：是的。

服务员甲：嗯，三位请稍等，我们尽快上菜。（服务员离开）

（经理巡视餐厅，遇见常客倪先生，上前打招呼）

（7号桌：先上西湖莼菜汤、糖醋排骨）

（服务员从传菜员手中接过菜，两盘一模一样的菜）

服务员甲：（至7号餐桌）先生，您点的菜来了，银芽炒三丝，请慢用！

（服务员甲退下）

经理：倪先生，您好！您好！好久不见！请坐，请坐！

倪先生：哦，经理好！好久不见！谢谢！

经理：今天的菜怎么样啊？合不合胃口啊？感觉怎么样？

倪和胡：不错，不错！

（此时8号餐桌发生了问题，经理看了一眼）

经理：对不起，失陪一下，两位请慢用！

倪先生：你忙你的吧，不用招呼我们了！

（8号餐桌）

王婧:(指着刚上的菜)这是怎么回事啊?

服务员甲:(微笑着看了一眼客人,又看了一眼菜,再看一下菜单)银芽炒三丝,这是您点的菜啊?

王婧:(白了服务员甲一眼)叫你们经理过来!

(正在餐厅巡视的经理看到客人有意见,便走了过来)

经理:你好,我是这里的经理,请问有什么需要帮忙的吗?(微笑)

王婧:你是经理,好,我倒要问你,这是怎么回事?在前天晚上我向你们餐厅订了位置,说明我宴请的是两位回民朋友,我想你们应该十分清楚回民的禁忌是什么吧,可是,这盘菜用的竟然还是猪油!

经理:对不起,小姐,由于我们一时的疏忽和不周到,引起你们不必要的麻烦,请你们原谅!要不这样好了,我马上去厨房让厨师重新给你们炒一盘,你们看这样行吗?

穆、沙对王婧说:难得大家聚在一起吃顿饭,不要为这么点小事闹得不愉快了,既然答应给我们换一盘,那就这样算了吧。

王婧:既然我的朋友都说算了,那这次就算了。

经理:谢谢!很抱歉,因为我们工作上的失误给你们带来了麻烦,我们一定改进,不让类似的事情发生。你们的菜马上送上来,请再稍等片刻,希望你们用餐愉快!

(与此同时,另一桌客人叫服务员结账。)

倪先生:服务员,结账!

服务员甲:好的,马上来。

(服务员甲去收银台拿账单,走向7号餐桌,将账单递给客人)

服务员:这是你们的账单,请看一下。

倪先生:(看了一下账单,拿出两百块钱递给服务员甲)不用找了!

(客人们走向门口)

(服务员乙端上最后一道菜:白玉翡翠汤)

(这时经理端着重新制作的菜“银芽炒三丝”和一盘水果向8号餐桌走来)

经理:三位好,这是你们的菜,为了表示我们的歉意,请你们接受我们的这点心意。

(经理边说边上菜、上水果)

(同时倪先生和胡小姐离开餐桌,走向门口)

迎宾员甲、乙:倪先生,胡小姐,请慢走!欢迎下次光临!

剧终

模块五

商务谈判礼仪

知识目标	能力目标
了解商务谈判准备工作； 了解商务谈判程序； 掌握商务谈判基本礼仪； 掌握商务谈判中的技巧与礼仪。	能做好商务谈判的准备工作； 能运用商务礼仪组织商务谈判； 能在商务谈判中遵循礼仪规范。

案例导入

北京某公司和上海某公司是多年来的合作伙伴。日前，两公司在双方合作的一桩生意上面产生了一些分歧，合作陷入僵局。为了消除分歧、共谋发展，北京公司提议在上海举行一场谈判。

上海公司得知此消息真是喜出望外。既然谈判是在上海进行，那么上海公司就理所当然地成为这次谈判的东道主。为了把此次谈判搞好以达到预期的谈判目的，上海公司做了大量的准备工作，并专门指派张丰负责这次谈判事宜。

张丰深知这次谈判事关重大，所以他一点儿也不敢马虎。他先是准备好了谈判时所需要的各种资料，然后又去布置会场。随后，他了解到北京公司是一家日资企业，公司职员都效仿日本的交际礼仪行鞠躬礼而不是握手礼。他及时地把这一情况反映给了公司的高层领导，使公司掌握了对方的礼仪特点及风俗。除此之外，张丰还抽时间阅读了有关谈判礼仪方面的书籍。

谈判那天，北京公司的总经理等一行人步入上海公司精心布置的会场，双方开始就合作中所遇到的问题进行友好协商。上海公司以礼为先，一言一行都不失礼仪；北京公司礼敬对手，一举一动都不失风度。在此愉快和谐的氛围之中，双方不仅顺利地解决了合作中所存在的问题，而且还商定了下一年度的合作方案。这次谈判可谓非常成功，达到了双赢。

谈判结束后，上海公司的老总特意表扬了张丰，说："这次谈判能成功还要归功于张丰所做的礼仪方面的工作。"也正因为此次谈判的成功，引起了公司员工对商务礼仪的重视，有一位员工还由衷地感慨道："我第一次发现原来以礼待人比咄咄逼人能带来更大的效益！"

思考：

请总结一下这次商务谈判成功的经验。

商务谈判又称商务洽谈，是指交易双方为了达成交易，或为了解决双方的矛盾争端，取得或维护各自的经济利益所进行的一种双边信息传播的活动。商务谈判是最广泛、最常见的一种谈判类型，具有共同互制性、自愿一致性和非均等性等特征。

商务活动中，经常要进行谈判。要取得谈判的成功，除双方悉心准备、认真对待、求同有异、共促合作之外，良好的谈判礼仪也能为谈判创造和谐友好的谈判氛围，从而利于谈判取得成功。

项目一 商务谈判准备工作

一、谈判的原则

在商务活动实践中，商务谈判的具体形式可谓多种多样，但不管商界人士面对的是何种形式的谈判，都有必要为之而做好充分准备，以求有备无患。在准备商务谈判时，我们应当谨记以下五项原则：

（一）客观原则

1. 在准备商务谈判时，手中所掌握的资料要客观，要尽可能地取得真实而准确的资料，不要以道听途说，或是以对方有意散布的虚假情报来作为自己决策时的依据。

2. 决策时的态度要客观，在进行决策时，态度要清醒而冷静，不要为感情所左右或是意气用事。

（二）预审原则

商界人士在准备谈判时，应当对自己的谈判方案预先反复审核，做到精益求精。应当将自己提出的谈判方案，预先报请上级或主管进行审查、批准，这样既可减少差错，又可以群策群力、集思广益，使方案更完善。即使谈判人员在谈判中拥有一定的授权，在某些特殊的情况下可以"先斩后奏"，也并不等于说谈判人员就可以忘乎所以、一意孤行了。

（三）平等原则

在谈判期间，谈判各方应在坚持原则的基础上做到平等商讨。谈判人员切记要把人与事分别对待：对事要严肃，对人则要友好；对事不可以不争，对人则不可以不敬；对谈判中的问题要针锋相对，对对方的态度则要礼貌友好。

（四）自主原则

所谓自主原则，是指在准备谈判时以及在谈判进行中，要发挥自己的主观能动性，要相信自己、依靠自己、鼓励自己、鞭策自己，在合规范与惯例的前提下，力争“以自我为中心”。坚持自主的原则，不仅可以调动自己的积极性，使自己更好地表现，还可以争取主动权，或是变被动为主动，在谈判中为自己争取到更为有利的位置。

（五）互利原则

所谓互利原则，是指在准备谈判时以及在谈判过程中，在不损害自身根本利益的前提下，应当尽可能地替谈判对手着想，主动为对方保留一定的利益。应该明白这一点，即理想的谈判结局不应当是“你死我活，鱼死网破”的零合博弈，而是要有关各方的利益和要求都得到了一定程度的满足，达到“双赢”。

二、谈判的准备

（一）组成一个精干的谈判小组

谈判小组一般应由三部分人员组成：一是能拍板作决定的人，一是专业技术人员，一是有谈判经验的人。与此同时，凡参加谈判的人员都应注意以下几点礼仪要求：

1. 服饰整洁大方，充满自信和朝气。

2. 自我介绍得体，介绍时应姓、名并提，并简短说明自己的单位、职务等。

3. 提问要注意方式：一是要注意问题不能总使对方为难；二是发问方式要委婉，不可搞“查户口”式直问；三是不要穷根究底地追问对方。

4. 回答要实事求是，要针对对方心理，不能“顾左右而言他”、“答非所问”，如果对方问题浅显，不可露轻视之色，如果对方所提问题不便回答，要婉言说明。

（二）尽量掌握对方的情况

兵法云：“知彼知己，百战不殆。”了解了对手，才可以事先做好应付的策略，打有准备之仗，从而取得谈判的主动权。

一般来说，谈判对手政治地位稳固、经济实力雄厚，谈判的期望目标就较高，谈判态度也较强硬；反之，则目标较低，态度较温和。

对方谈判人员规格越高，表明对谈判越重视，谈判达成协议的可能性就越高。要认清对手的立场、态度，要求的可能性、合理性，从而确定己方的谈判目标、立场和态度。

需要了解在谈判对手中，谁是真正的决策者或负责人，谈判对手的个人情况、谈判经历和谈判风格是怎样的。了解对方的任职时间和工作经历，同时对其拥有的威望程度和灵活性进行评估，任职时间长的人通常会比任职时间短的人具有更高的威望。

充分了解谈判对手在政治、经济及人际关系方面的情况，了解谈判对手的主要商务伙伴、对手及他们彼此之间相互关系的演化等。

尽可能地了解谈判对手的谈判方案。

（三）搜集相关信息，了解市场情况

在商务谈判中，谈判口才固然重要，但是最本质、最核心的是将谈判建立在对市场信息、双方需求等情况的深入了解上。这就要求谈判企业平时就要注意搜集与本行业相关的各种市场信息，谈判前更要有针对性地做好谈判信息的搜集整理工作，确切了解对方与己方的优势、劣势分别是什么，目前的市场供需状况如何，其他竞争对手的情况怎样，双方达成交易的愿望如何等情况，从而做到有备而来，争取主动。

案　例

在某次交易会上，我方外贸部门与一客商洽谈出口业务。在第一轮谈判中，客商采取各种招数来摸我们的底，罗列过时行情，故意压低购货的数量。我方立即中止谈判，搜集相关的情报，了解到日本一家同类厂商因发生重大事故而停产，又了解到该产品可能有新用途。在仔细分析了这些情报以后，谈判继续。我方根据掌握的情报后发制人，告诉对方三点：一是我方的货源不多；二是产品的需求很大；三是日本厂商不能供货。对方立刻意识到我方对这场交易的背景十分了解，在经过一些小的交涉之后，接受了我方的价格，购买了大量该产品。

（四）做好一定的物质准备

商务谈判对谈判场所的要求是较为严肃、安静。一般来说，大型谈判的场所可以轮流在双方所在地进行或设在中立的第三方处，而小型谈判的场所可稍微随意。如果轮到己方做东，则要安排好对方的食宿，了解对方的风俗、口味，努力为对方创设一个舒适的生活环境，从而保障对方的良好心境，以利于谈判的顺利进行。如果要请客，宜选档次较高的地方，切忌在对方下榻的饭店请客人。同时，为了联络感情，消除隔膜，往往还要准备礼品。在谈判气氛较好、取得一定进展时向对方送上一份精致的礼物，往往能收到意想不到的效果。但要注意，礼品不要过于高档，最好能具有地方特色或纪念意义，否则会有行贿之嫌。

（五）积极营造融洽的谈判氛围

谈判中要热情主动、不卑不亢。无论你多么疲惫、多么心烦、多么沮丧，只要一进入谈判大厅，就要显出朝气蓬勃和自信的样子。双方初次见面，又是本着一个共同的目标，尽管在目标的细节上存在矛盾，但也没必要剑拔弩张，而应以大方、热情的姿态向对方招呼、问候并适当寒暄，充分展示自身的良好人格魅力，周到而不失礼貌，热情又格调高雅，既不阿谀奉承，也不过分清高，就如同结识一位新朋友一般，表现出一种发自内心的开诚布公、善意友好的姿态。

项目二　商务谈判程序

一、开局阶段

（一）开局寒暄

开局寒暄是通过与对方见面相识，力求建立密切、友好的人际关系，共同为谈判创造一个和谐、友善的氛围。进行人员介绍时要落落大方，介绍完毕要相互握手，在称呼、介绍等礼节方面要尊重对方的习俗，不可勉为其难。为了消除双方的陌生感，要注意以下几点：

1. 可以中性话题开头，如选择气候、季节、时事等双方较熟悉且没有立场之争的话题，也可以就目前社会上共同关心的问题展开适当评述，包括开一些无伤大雅、不低级趣味的玩笑，以活跃谈话气氛，缩短双方的感情距离。

2. 选择对方最感兴趣的话题。每个人都有一些自己最熟悉、最关心的或最引以为豪的事件与经历，如能及时发现对方的“热点”并适当引入，就能让对方打开话匣子，把你视为他倾诉的对象。

案例

记得有这么一个故事，一个英国青年很喜欢旅游，但苦于囊中羞涩，无法成行。有一次，他听说有一个伦敦的银行家珍藏着一张他自己开具的最大数额的支票存根，并视为至宝，于是年轻人就找到了那位银行家。他说：“听说您藏有一张最大数额的支票存根，这事好多人都在传说，我听了后非常惊奇，慕名而来，请让我看上一眼并请告诉我您是怎么签署那张支票的。”话题引到了银行家最感自豪的事情上，于是一场滔滔不绝的倾诉者与有效倾听者之间的对话开始了，约定的见面时间早已过去，银行家仍意犹未尽，小青年也仍是那样非常聚精会神地倾听，表情中带着几分惊奇，几分羡慕。银行家尽情之后，忽然想到问小青年有什么事需要帮助（此时他已将对方视为莫逆之交了），小青年于是将自己的心愿告诉了银行家。猜得出最后的结果了吗？银行家不仅资助小青年一笔旅游费用，还竟然主动陪小青年到法国旅游，当起了义务导游。

3. 切忌在无关话题上与对方争论。不同的人对同一事物可能会有其各自不同的看法，在中性话题的议论中，也可能会体现出各自不同的立场，但请记住，这不是利益之争，仅仅是一次聊天，一次营造良好人际沟通环境的普通谈话而已，没什么值得去争论的。不要让一场无谓的争执使你失去许多原来你一直想得到的东西。

（二）开局陈述

开局陈述，是指在开始阶段双方就本次谈判的内容陈述各自的观点、立场及其建议，让双方把本次谈判要涉及的内容全部提出来，同时，使双方彼此了解对手对本次谈判内容所持有的立场与观点，并在此基础上，就一些分歧分别发表意见或建议。开局陈述往往决定着整个谈判的基调。

1. 开局陈述是原则性的，不涉及具体问题。正因如此，在陈述己方的观点时，要采用“横向铺开”的方法，而不是深究某一个问题。也就是说，通过陈述，使谈判横向展开，而不是向纵深发展。这是一个真正认识谈判对手及其意图的时机，应以简明扼要的方式，让谈判对手了解自己的谈判意图和目标。开局阶段，说明观点时应简短明了，语气轻松，不要拐弯抹角，也不要和盘托出。同时，在对方概述时要认真倾听，并注重记录和分析。总的说来，双方发言时间要平均，否则是失礼的。

2. 陈述要把握分寸。谈判双方在各自陈述己方在本次谈判中的目标、要求、意图时，千万要注意该说的要说清楚、说准确，不该说的一点也不能说，不要轻易表露自己的内心世界和商业秘密。否则，一旦对方了解了你的最终动机、权限及最后底线，将对你的谈判十分不利。

3. 在陈述阶段要学会“听”的艺术。陈述阶段要注意观察对方在陈述过程中的潜台词和心理变化、体态语言，多把握对方的动机、权限及底线，以争取主动权。

4. 陈述阶段要注意说话技巧和提问礼仪。因为要各自提问题、摆意见，很容易发生分歧，如果操作不当，友好、轻松的谈判气氛有可能一下子紧张起来，充满火药味，甚至即刻爆发，所以要注意说话技巧和提问礼仪。

（1）提问时要注意语气的平和亲切，不能把提问变成审问或责问，引起对方反感；

（2）提问时最好能先列一个提纲，做到条理清楚、逻辑性强，在气势上给对方形成一种无形的“压力”；

（3）提问时要注意现场气氛和对方反应，避免出现导致对方愤然离开谈判桌的提问；

（4）对方回答时，应认真倾听，不能随便打断对方的话；

（5）提问得到回答后应向对方表示感谢，使整个现场始终保持温和有礼。

（三）报价

报价是谈判开局阶段的核心环节，也是谈判开始进入交锋阶段之前的最后一个环节，简单地讲，它是指谈判参与各方交易条件的抛出。

1. 商务谈判中“报价”的含义。商务谈判中的“报价”，不仅是指产品在价格方面的要求，而且也泛指谈判一方向对方提出的所有要求，包括商品的质量、数量、包装、装运、支付、保险、商检、索赔、仲裁等，以及工程项目的承包条件、工期、材料、质量等。其他像委托代理谈判、企业兼并谈判、合作合资谈判、咨询顾问谈判等，尽管其谈判内容各不相同，但谈判双方都会向对方提出各种要求，这些要求也称为报价。

当然，既然是商务谈判，价格这个极其重要的要素必然是谈判的中心议题。

2. 报价的形式。报价的形式有以下两种：

(1) 书面报价。书面报价通常是谈判一方事先就提供了较详尽的文字材料、数据和图表等，将本企业愿意承担的义务，以书面形式表达清楚，使对方有时间针对报价作充分的准备，使谈判进程更为紧凑。但书面报价白纸黑字，客观上限制了企业在谈判中的灵活处置。因此，对实力强大的谈判者而言，书面报价是有利的；谈判双方实力相当时，也可使用书面报价；谈判实力较弱者就不宜采用书面报价法，而应尽量安排一些更为灵活的报价方式。

(2) 口头报价。口头报价具有很大的灵活性，谈判者可根据谈判的进程来调整、变更自己的谈判战术，如可先磋商，充分利用个人沟通技巧，利用情感因素，促成交易达成。察言观色，见机行事，通过建立某种个人关系，来寻求谈判突破，是这种方式的最大长处。当然，如果谈判人员没有娴熟的沟通技巧和经验，口头报价很容易会使双方纠缠于枝节问题而丧失全局观念，或因没有完全地理解对方而产生误会。另外，一些复杂的东西，如统计数字、计划图表等，难以用口头阐述清楚。

此外，如果对方事先对情况一无所知，他就有可能一开始很有礼貌地聆听交易条件，然后退出谈判，直到他准备好了如何回答才回来谈判，这样会影响谈判进度。为了克服口头报价的不足，在谈判前可以准备一份印有本企业交易重点、某些特殊需求、各种具体数字的简明表等，以供临时取用。

二、交锋阶段

(一) 力图说服对方

任何一笔交易中，谈判双方的报价，以及随之而来的还价交锋都是整个谈判过程的核心和最重要的环节。双方为了各自达到目标、获得利益，都力图说服对方，使对方了解并接受自己的意见，而改变或放弃他们原本的目标或要求。

(二) 展开辩论应注意的问题

1. “九备一说”，打有准备之仗。也就是说，谈判中要做好充分的准备，谨慎发言。

2. 语言要文明，切忌煽动情绪、无理纠缠、强词夺理、讽刺挖苦、人身攻击，同时体态要稳重，不要手舞足蹈、面红耳赤。

3. 要做到事理交融、论证有力，条理清晰、表达严密，言词简洁、突出重点、紧扣主题。

4. 切记“穷寇莫追”。当对方经过一轮交锋后因失败而作出一定让步后，不能乘人之危“直捣黄龙”，提出让对方难以接受的要求。因为这不能导致谈判的破裂，使自己前功尽弃，事与愿违。

5. 在谈判交锋过程中一旦出现冷场，会议主持人应迅速找出冷场的原因，如果是问题很棘手，无法达成共识，可暂时转换话题；同时应尽量缩短冷场时间，不宜超过 3 ~ 5 分钟，会议主持人要主动插话，即兴发挥，调节谈判气氛，但插话要求是开放性的，而非结论性的。

6. 如果双方短时间无法统一意见，互不相让，出现僵局，可采取先易后难、迂回进行、求同存异、暂时中止等措施，以求逐步克服谈判障碍。

三、让步妥协阶段

（一）双方都应抱着真诚合作的态度

谈判本身具有互利性，参加谈判的双方都是要通过谈判获取利益，一方全面取胜、另一方一败涂地的谈判是不合适的。所以，双方都应抱着真诚合作的态度展开谈判。

（二）让步是常用的谈判技巧

在坚持自己必须达到的目标前提下，可以通过向对方作出某些妥协、让步而获得谈判的成功。可以说，让步是常用的谈判技巧，也是达成谈判的最好方法。由此，妥协阶段也是整个商务谈判中必不可少的重要环节。

（三）让步中的注意事项

谈判需要让步，但并不是说为了能与对方签订协议，可以不惜牺牲自己的利益。究竟在哪些方面可以让步，退让到何种程度，以什么样的让步形式表现出来，让步以后有什么回报等，都应考虑成熟，切忌作盲目和草率的让步。

1. 作出让步的10条指南，具体如下：

（1）在重要问题上不要首先让步；

（2）不要接受对方的第一次报价；

（3）使对方降低最初的过高要求，不要以还价来答应对方的过高要求；

（4）作小的让步，不要对对方期待过高；

（5）作让步时要缓慢地进行；

（6）要让我方的让步使对方觉得对我们没有什么好处，对对方却很有好处；

（7）在重要的问题上推迟作出让步；

（8）作有条件的让步（譬如，要有回报，或者只是在能够解决所有问题的条件下作让步）；

（9）对自己获得的让步感到庆幸，不要感到心虚；

（10）不要觉得应该对获得的每一个让步都给予对方回报。

2. 商务谈判中卖方可以给买方的让步，具体包括：

（1）降低商品的价格或某些项目的价格；

（2）对购买量大的给予必要的优惠；

（3）接受托收方式，简化支付程序；

（4）如对方付现给予某种折让；

（5）接受买方提出的包装条件或运输要求；

（6）在对方要求期限内完成交货；

(7)保证商品质量有新的发展和提高；

(8)在特定期限内，采取价格稳定政策；

(9)提供良好的售后服务。

3. 商务谈判中买方可以给卖方的让步，具体包括：

(1)及时支付货款(甚至付现)；

(2)给予卖方某些有偿的技术援助；

(3)迅速反馈关于卖方商品的市场信息，帮助卖方不断提高产品适销性；

(4)批量采购，并与卖方订立长期合同；

(5)协助卖方进行广告宣传及渠道拓展；

(6)形成良好合作关系，让渡部分区内市场；

(7)增加采购数量，帮助卖方减少库存，把市场铺开；

(8)自己提货并负责运输；

(9)改为简易运输包装或不要运输包装。

4. 最具策略性的让步内容，具体可包括：

(1)注意倾听对方所说的话；

(2)好好地招待对方；

(3)尽量给对方最圆满的解释，使对方满意；

(4)如果你说了某些话，就证明给对方看，提供给对方详尽的资料；

(5)即使是相同的理由，也要一再地说给对方听；

(6)对待对方温和有礼貌；

(7)多说"我会考虑您的意见"；

(8)向对方保证其他顾客的待遇都没有他好；

(9)尽量重复地向对方指出这次交易将会提供给他最完善的售后服务；

(10)向对方说明其他有能力及受尊敬的人也作了相同的选择；

(11)让对方亲自去调查某些事情，甚至陪同他；

(12)如果可能，向对方保证未来交易的优待措施；

(13)让公司的高级主管亲自出马，使买主更满意且更有信心；

(14)让对方了解商品的优点及市场的情况。

莎士比亚曾说："获致高度满足的人，即是支付高度报偿的人。"只要你能善用这些让步，你就很有可能因令对手获致高度满足而赢取谈判的成功。

四、签约阶段

签约阶段是指谈判双方经过多个回合的交锋和让步，终于达成共识，并用协议的形式给予共识认可，使之合法化，并使之受到法律保护的阶段。到形成协议并双方签字生效，才标志着谈判的真正成功。

签订协议中要注意：协议的文字要简洁，表达要准确，以免以后出现不必要的争端；不能贪求“速战速决”，轻易就在对方拟定的协议上签字，应进行认真细致的检查，对不同意见要及时商讨；签订协议时要注意签字人员的礼仪和签字仪式的礼仪，签字后要通过公证部门予以公证。

项目三　商务谈判基本礼仪

一、树立良好的个人形象

在准备谈判时，礼仪性准备与技术性准备同等重要。正式出席谈判的人员，在仪表上，务必要有严格的要求和统一的规定。男士一般应当理发、剃须，不可蓬头垢面，不应蓄胡子或留大鬓角（因宗教信仰或民族习惯蓄须者除外）。女士则应选择端庄、素雅的发型，并且化淡妆，但是不宜做过于超前的发型，不可化艳妆或使用香气过于浓烈的化妆品。下面对比较重要的几个方面加以说明：

（一）着装

在仪表方面，最值得出席谈判活动的商界人士重视的是服装。由于谈判关系大局，所以商界人士在这种场合，应穿着传统、简约、高雅、规范的最正式的礼仪服装。一般来说，男士应穿深色三件套西装和白衬衫，打素色或条纹式领带，配深色袜子和黑色系带皮鞋。女士则应穿深色西装套裙和白衬衫，配肉色长筒或连裤式丝袜和黑色高跟或半高跟皮鞋。

谈判时，男士忌穿夹克衫、牛仔裤、短袖衬衫、T 恤衫，忌穿旅游鞋或凉鞋；女士忌穿紧身装、透视装、低胸装、露背装、超短装、牛仔装、运动装或休闲装，光脚穿着拖鞋式的露趾、露跟凉鞋等。

（二）行为举止

要放松心态、放松身体、自然面对，对手尽管陌生，但并非敌人，也许还会成为朋友，没什么值得紧张的。动作要自然得当，不要僵硬，更不要机械，但也不要过于自由，而忽视了面谈时的基本礼貌。谈判时身体不能半躺式斜坐，不能跷二郎腿。这是典型的挑衅性动作，其潜台词是：“你算什么啊！”这是在激怒对手。

目光应专注，适度直视对手，表示一种自信的心态，学会以眼神配合语言，让眼睛说话，告诉对手你在乎什么，看重什么，不愿重提什么。目光不能散乱，更不要东张西望，因为这表示你太紧张了，或是真的心不在焉。

（三）语言

语言上要表达清晰、条理清楚、言简意赅、不讲废话，表示出个人的良好素质与修养；避免重复、啰唆、词不达意。语言应配合表情和行为举止，张弛有度；在尊重对方的基础上，要坚持捍卫己方的观点和利益。

二、注意谈判时的座次

根据不同的分类方法，可以有不同形式的谈判。但总的说来，商务谈判的形式可以分为两种：双边谈判和多边谈判。其座次礼仪要求分别是：

（一）双边谈判

举行双边谈判时，通常应使用长桌或椭圆形桌子，宾主应分坐于桌子两侧。若桌子横放，则面对正门的一方为上，属于客方；背对正门的一方为下，属于主方。在进行谈判时，各方的主谈人员应在自己一方居中而坐。其余人员则应遵循“右高左低”的原则，依照职位的高低自近而远地分别在主谈人员的两侧就座。另外，如果需要翻译，翻译人员应安排就座于主谈人员之右，如图 5－1 所示。

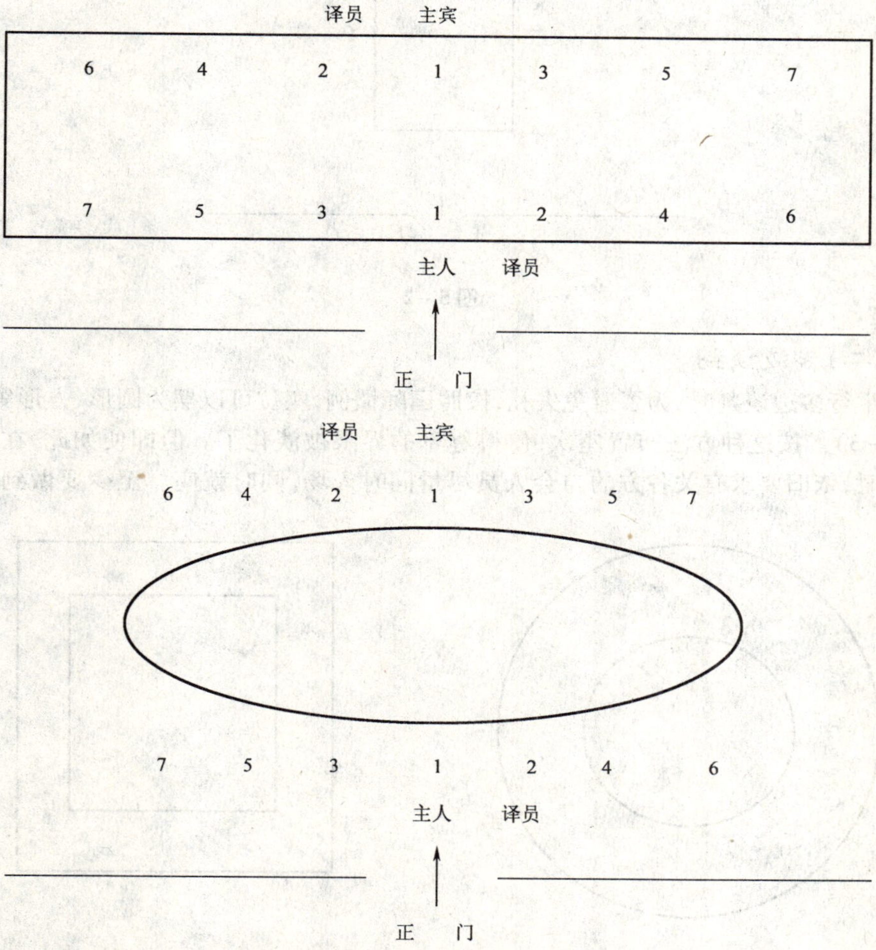

图 5－1

若桌子竖放，则应以进门的方向为准，右侧为上，属于客方；左侧为下，属于主方，如图 5－2 所示。

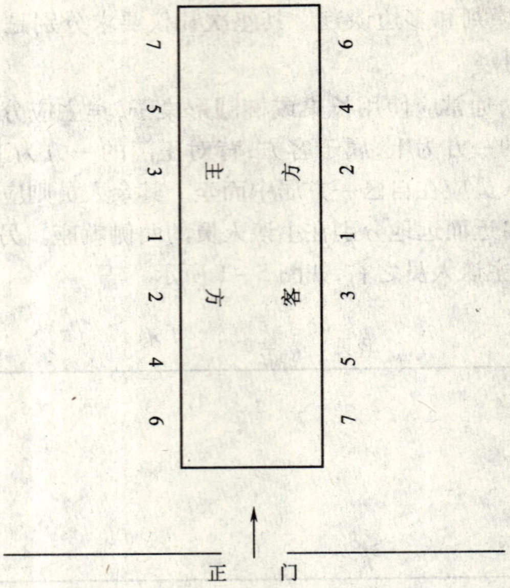

图 5－2

（二）多边谈判

举行多边谈判时，为了避免失礼，按照国际惯例，座位可以摆为圆形、方形等（见图 5－3）。按这种方法布置座次，使得尊卑的界限被淡化了。但即便如此，在具体就座时，依旧要求有关各方的与会人员尽量同时入场，同时就座。至少要做到主方

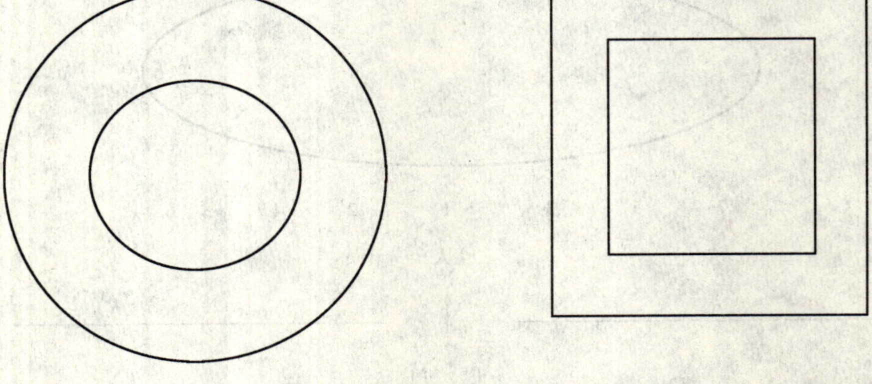

图 5－3

人员不在客方人员之前就座。

小范围会谈时，有时不用长桌，只设沙发，双方座位与会见座位安排相同。

三、谈判过程的礼仪

具体说来，对于商务谈判过程的礼仪有以下五点要求：

（一）礼敬对手

礼敬对手，就是要求商务谈判人员在谈判的整个过程中，要对自己的谈判对手讲究礼貌，时时、处处、事事表现出对对方真诚的敬意。在谈判过程中，坚持礼敬对手，不仅可以给对方留下良好的印象，而且在今后进一步的商务交往中，还可能发挥出潜移默化的功效。

相关调查结果表明，在商务谈判中，态度友好、言语文明、举止有礼，有助于消除对手的抗拒和抵触心理，有助于赢得对方的尊重与友好。而那些表情冷漠、举止粗鲁、态度刁蛮、言语失礼，不知道尊重和体谅对方的人，则容易引发对方的防卫性和攻击性，这显然不利于谈判的成功。

（二）依法办事

所谓在商务谈判中依法办事，就是要求商务人员自觉地树立法制观念，在谈判的过程中，始终遵守法律法规和相关行业规定。谈判者所进行的一切活动，都必须依照法律，唯有如此，才能确保通过谈判所获成果的安全性。侥幸心理、铤而走险，都只会害人又害己，最终得不偿失。

在商务谈判中，利益是各方关注的核心。对任何一方来说，大家讲究的都是“趋利避害”，在不得已的情况下，则会“两利相权取其重，两害相权取其轻”。即使如此，商务人士在谈判中为利益而争的同时，也要谨记依法办事。

（三）平等协商

在商务谈判中，要做到平等协商，就要以理服人，要进行谈判，就要讲道理。商务人员应该明确一点，即谈判是有关各方在合理、合法的情况下进行的讨价还价，是观点相异的各方经过种种努力，从而达成某种程度上的共识一致。同时，谈判各方在谈判中要通过协商，即相互商量，求得谅解，达成一致，而不可以势压人，以力服人。

（四）互利互惠

商务谈判的最终目的是达成一致，实现双方的“共赢”。如果有人把商务谈判视为“一锤子买卖”，主张赢得越多越好，甚至要与对手拼个“鱼死网破”，争取以自己的大获全胜和对手的彻底失败来作为谈判的最终结果，必将危及双方的合作，导致谈判破裂。

因此，商务人员在参加谈判时，争取的结局应当是既利己，又利人。在现代商界社会，竞争对手之间既要讲竞争，又要讲合作，要力争做到互惠互利，共谋发展。

（五）求同存异

商务谈判中，谈判双方出现利益分歧是很正常的，正因有分歧，才需要双方坐下来相互协商。谈判人员要秉着求同存异的思想与对方洽谈，这样才利于双方排除干扰，达成共识。同时，承认双方的不同，尊重对方的不同意见，也是遵循基本谈判礼仪的体现。这不仅能反映出自身的良好修养，也有利于赢得对方的好感，促成谈判的成功。

项目四　商务谈判中的技巧与礼仪

商务谈判是谈判双方智慧的较量，掌握和运用适当的谈判技巧是必需的，但在运用具体技巧的同时也要坚持礼仪原则，做到技巧娴熟，礼仪有度。

一、商务谈判中的语言表达技巧与礼仪

（一）谈判中的"答话"技巧与礼仪

1. 拖延时间法。在对方提出的问题不好回答时，不要一味避而不答，可以故意在对方陈述问题后装作没有听清，礼貌地要求对方复述一遍，从而为自己思考对策赢得时间。

2. 幽默应答。当对方提出一些涉及自己商业秘密的问题而不能回答时，不能生硬地用"无可奉告"来一推了之，当然也不能吐露实情，这时可以寻找借口将问题岔开，用幽默的方式为自己解围。如周恩来总理在回答美国记者"中国人民银行有多少货币"的问题时，用"18 元 8 角 8 分"来机智应答。

3. 反问对方。遇上对方提出自己不便回答或对自己带攻击性的问题时，可以反"答"为"问"。"在回答你方问题之前，我想先请对方回答我方一个问题……"，使对方在回答中领会答案或领悟己方的难处，以取得谅解。

4. 模糊应答。有时，对方提出的某个问题我方可能很难直接地从正面回答，但又不能以拒绝回答的方式来逃避问题。这时，谈判高手往往用避正答偏的方法来回答。"对于你方这个问题，我记忆中大致的印象好像是……具体我记不清了。"这样做既礼貌，又化解了己方的麻烦。

5. 答非所问。谈判中，在双方利益冲突严重时，或是正面回答对方的问题可能引发双方冲突升级时，可以采取答非所问的方式应对，顾左右而言他，可以化解暂时的紧张状况，也保全了己方和对方的面子。

6. 不懂的问题不要勉强回答。参与谈判的人员不可能是全能全知的。谈判中尽管我们准备得很充分，但也经常会遇到陌生、难答的问题，这时，谈判者切不可为了维护自己的面子勉强答复。坦诚地承认这个问题我方还需进一步研究，不仅是对

谈判负责的表现，也是合乎谈判礼仪要求的。

（二）谈判中的“听话”艺术与礼仪

商务谈判中，双方不仅需要“说”，更需要“听”。在某种程度上可以说，“听”的质量直接影响到谈判的效果。

1.“听”在谈判中的功能：

（1）可以满足对方的需要。认真聆听对方说话，是对对方的尊重，一个善于做听众的人往往较容易赢得对方的好感。

（2）可以更好地了解对方的意图，获得有用的信息。大脑思考的速度要比说话快四倍，因此，认真聆听对方说话就有足够的时间对对方发出的信息进行搜集、整理、分析、加工，从中寻找薄弱点，攻其不备。

（3）可以了解对方是否已真正理解己方的说话含义。谈判不可能总是一方说、一方听，而必须是一个双向交流的过程，所以可以通过听对方的发言来了解自己刚才的发言是否完整、准确，有没有引起对方误解，对方对己方的想法、要求或试探有何反应，从而可以及时调整自己的谈判程序。

2.“听”的艺术与礼仪：

（1）“心到”。聆听对方说话时，应至少有3/5以上时间注视对方，目光亲切认真，面部表情自然，坐姿端正严肃，不要出现一些容易引起对方误解的体态语，从而使对方感觉到你是在十分认真地倾听他说话。这会使对方感到很舒服，对你会产生好感。

（2）思考。真正的听，光有表示认真听的目光、表情、体态是远远不够的，应努力听懂对方表达的真实意图。有些谈判高手喜欢用“刚才我想到”、“顺便说一句”之类的礼貌用语来引出他经过深思熟虑的重要观点，这更需要听者积极思考，及时把握对方说话的真正内涵。

（3）参与。在对方讲话时，随意打断对方的话是不礼貌的，但适当的插话参与是必要的。例如，在对方讲话时点头应答“是的”“对，我理解”等，可使对方受到鼓励，乐于表达。这样做，不仅可使谈判顺利进行下去，也是尊重对方的表现。

二、运用肢体语言的技巧与礼仪

肢体语言有强化口语说服力的功能。懂得如何运用肢体语言，将使你的沟通技巧更上一层楼，这也是每一位优秀商务谈判人员所必须具备的。

（一）手势语言技巧与礼仪

手势是肢体语言的核心部分，有助于在谈判过程中表现自己的情绪，更好地说明某个问题，从而增强说话的说服力和感染力。

1.手势礼仪要求。手势由速度、活动范围、空间轨迹及力度几部分构成。一般来说，速度越快、活动范围越大，表达的感情越强；反之，就越弱。空间轨迹是指人的手势在空间留下的是“直线”还是“曲线”。直线给人的印象强硬、果断、有力，但缺乏温和；曲线则相反，体现柔和、恬静的情感。

运用手势语言时要注意以下方面：

（1）大小适度。在社交场合，应注意手势的大小幅度。手势的上限一般不应超过对方的视线，下限不低于自己的胸部。左右摆动的范围不要太宽，应在胸前或右方进行（指右手）。一般场合，手势动作幅度不宜过大，次数不宜过多，也不宜重复。

（2）自然亲切。在商务谈判过程中，手势应自然、流畅，浑然天成，不能造作，不能破坏自然、和谐的谈判气氛。谈判中不能一味地以直线手势为主，要适时使用柔和的曲线手势，以示和善和亲切。

（3）避免不良手势，应注意以下几点：

①与人交谈时，讲到自己不要用手指自己的鼻尖，而应用手掌按在自己的胸口上。

②谈到别人时，不可用手指着别人，避免交谈时指手画脚，手势动作过多过大。

③初见陌生人时，避免抓头发、玩饰物、掏鼻孔、剔牙齿、抬腕看表、高兴时拉衣服袖子等粗鲁的手势动作。

④握手时忌不分对象，不分主次，不讲究方式和力度。

2. 商务谈判中常见的手势：

（1）伸出并敞开双掌，给人以言行一致、诚恳的感觉。

（2）掌心向下的手势，表示控制、压抑、压制，带有强制性，这会使人产生抵触情绪。

（3）食指伸出，其余手指紧握，呈指点状，这种手势表示教训、镇压，带有很大威胁性。这种行为最令人讨厌，在谈判中应尽量避免。

（4）双手相握或不断玩弄手指，会使对方感到你缺乏信心或拘谨。

（5）把拇指指向另一个人，表示蔑视和嘲弄（拇指竖立在我国则是夸奖的意思）。

（6）十指交叉常表示控制沮丧的心情，这时，手的摆放通常有三个位置：一是十指交叉放在胸前，二是放在桌前，三是垂在腹前，但有时这种手势是表示敌对和紧张情绪。

（7）塔尖式手势，它是把十指端相触，撑起呈塔尖式，这种手势表示自信，若再伴之以身体后仰，则显得高傲，男性常塔尖向上，女性则常塔尖向下。

（8）背手常显示一种权威，但在一个人极度紧张、不安时常常背手，以缓和紧张情绪。另外，如果背手伴以俯视踱步，则表示沉思。

（9）搓手，常表示人们对某事情结局的急切期待心情。在商务谈判中，这种手势则告诉对手你在期待什么。

（10）双臂紧紧交叉于胸前，这种姿势暗示一种防御和敌意态度。

以上这 10 种手势，有些传达出的是积极的信息，有些则是消极的信息，在谈

判中，我们要多运用积极的手势语言，克服消极的手势语言，杜绝不礼貌的手势语言。

（二）眼神运用技巧与礼仪

眼睛加上眉毛是人体面部传递信息潜力最主要的器官，视觉方向、方位的不向，可以产生出不同的眼神，传递和表达不同的信息。

1. 眼睛动作“语言”。人们常说，眼睛是心灵的窗户，就是说人的一切情绪、情感和态度的变化都可以从眼睛中显示出来。眼睛具有反映人们深层心理的能力，其动作、神情、状态是最明确的情感表现。眼睛的动作及其所传达出的信息主要有以下五种：

（1）在谈话中，对方的视线经常停留在你的脸上或与你对视，说明对方对谈判内容感兴趣，想急于了解你的态度和诚意，成交的希望程度高。

（2）倾听对方谈话时几乎不看对方，那是企图掩饰什么的表现。

（3）眼睛闪烁可能是一种反常的举动，一个当场撒谎的人常是这种眼神。

（4）瞪大眼睛看着对方是对对方有很大兴趣的表现。

（5）当人处于喜欢或兴奋状态时，往往眼睛生辉，炯炯有神；而处于消极、戒备或愤怒情绪时，往往愁眉紧锁，目光无神。

2. 眉毛动作“语言”。眉毛是配合眼睛的动作来表达含义的，眉毛的动作也能反映出人的许多情绪。

（1）人们处于惊喜或惊恐状态时，眉毛上耸，如人们常用“喜上眉梢”来形容人的喜悦状态。

（2）处于愤怒或气恼状态时，眉角下拉或倒竖，人们常说“剑眉倒竖”，即形容这种气愤的状态。

（3）眉毛迅速地上下运动，表示亲切、同意或愉快。

（4）紧皱眉头，表示人们处于困惑、不愉快、不赞同的状态。

（5）眉毛高挑，表示询问或疑问。

3. 商务谈判中目光礼仪。在商务谈判中常见的眉眼行为有：凝视、扫视、侧视与闭眼等。

（1）凝视，即注视对手。视的部位、凝视时间的长短不同等都会给对方以不同的心理反应：

• 自然地凝视对方脸部上由双眼底线和前额构成的三角区域，是商务谈判中最常用的一种凝视行为。这种行为显得严肃认真，给对手以诚恳的感觉，在商务谈判中运用这种凝视行为往往能把握谈话的主动权。

• 凝视对方脸部上由双眼上线和唇中点构成的三角区域，是举行酒会、餐会、茶会等场合常用的凝视行为，这种行为能为对方营造轻松的社交气氛。

（2）扫视与侧视。扫视常用来表示好奇的态度，侧视有时表示轻蔑的态度。在谈判中过多使用扫视，会让对方觉得你心不在焉，对讨论的问题没兴趣；过多地使用斜视会给对方造成敌意。

（3）闭眼。闭眼不同于眨眼，在正常的情况下，人的眼睛每分钟要眨6～8次，这种行为是无意识的，也不会给人造成不良印象。但闭眼则是一种有意识的行为，闭合的时间长达数秒，给对手以孤傲自居之感。如果闭眼的同时还伴有双臂交叉、仰头等动作，就会给对手以目中无人的感觉，这种消极的行为很难使谈判进行下去。

显然，后两种眼部动作是很不合适的，是失礼的表现。

（三）嘴巴动作与礼仪

人的嘴巴的许多动作，可以反映出人的心理状态。

1. 嘴巴紧紧地抿住，往往表示意志坚决。

2. 注意倾听对方谈话时，嘴角会稍稍向后拉或向上拉。

3. 遭到失败时，咬嘴唇是一种自我惩罚的表现，有时也可解释为是自我解嘲和内疚。

4. 撅起嘴是不满意和准备攻击对方的表现。

5. 人表示不满和固执己见时往往嘴角向下。

在谈判中应尽量使用积极的嘴部动作，给人不友好感觉的嘴部动作要尽量少用，以免给人不礼貌的感觉。

知识链接

吸烟传达的信息

与嘴的动作紧密联系的是吸烟的姿势。吸烟有害健康，不值得提倡，不过，谈判中吸烟的姿势具有较强的表现力，是判断一个人态度的重要依据。这里加以简要说明。吸烟所传达的信息主要有以下七种：

（1）刚一见面就立即掏烟递给对方，且麻利地为对方点烟的，多为处于谈判劣势的一方。寒暄之后才缓慢掏烟，自己先叼一根，然后才送给对方的人，是自认为处于谈判优势但愿意合作的对手。

（2）吸一口烟后，将烟向上吐，往往表示积极、自信，因为此时伴随吐烟的动作，身体的上部姿势也是向上昂起的。将烟朝下吐，则表示情绪消极、意志消沉、有疑虑，因为此时身体上部的姿势是向下的，即所谓的“垂头丧气”。

（3）烟从嘴角缓缓吐出，给人一种消极而诡秘的感觉，一般反映出吸烟者此时的心境与思维比较曲折，正力求从纷乱的思绪中清理出一条思路。

（4）吸烟时不停地磕烟灰，往往意味着内心紧张、不安或有冲突，这时的吸烟已不是一种生理需要，完全成了吸烟者减缓和消除内心冲突与不安的一种道具，借抽烟的动作来掩饰脸部表情和可能会颤抖的手，说明十有八九他是个谈判新手或正在采取欺诈手段。

(5)点上烟后却很少抽，说明在交谈中戒备心重，边谈边紧张地思考而忘却了手中的烟。另外，心神不定时也会这样。

(6)没抽几口即把烟掐掉，表明其想尽快结束谈话或已下决心要干一桩事。掐掉烟头是为了不让吸烟来分散精力，干扰其刚刚决定的事情。其实，吸烟本身可能不会给他带来什么干扰，但这样做却暴露了其内心的活动。

(7)斜仰着头，烟从鼻孔吐出，表现出一种自信、优越感以及一种悠然自得的心态。

（四）腿部动作"语言"与礼仪

腿部往往是最先表露一个人潜意识情感的部位。人们的脚步动作有以下几种。

1. 架腿而坐，表示拒绝对方并保护自己的势力范围，而不断地交换架腿的姿势，是情绪不稳定或焦虑、不耐烦的表现。在谈判中，将小腿下半截放在另一条腿的上膝部，往往会被人理解为辩论或竞争性姿势。女性交叉上臂并架腿而坐，有时会给人以心情不愉快甚至是生气的感觉。

2. 笔直站立，上身微前倾，头微低，目视对方，表示谦恭有礼，愿意听取对方的意见。

3. 坐着的时候无意识地抖动小腿或脚后跟，或用脚尖拍打地板，表示焦躁不安和不耐烦。

4. 站立时两腿交叉，往往给人一种自我保护或封闭防御的感觉；相反，说话时两腿和双臂张开，脚尖指向谈话对方，则是友好交谈的开放姿态。

（五）腰部动作"语言"与礼仪

腰部在身体上起"承上启下"的支持作用，腰部位置的"高"或"低"与一个人的心理状态和精神状态是密切相关的。

1. 挺直腰板，使身体及腰部位置增高的动作，反映出情绪高昂、充满自信。

2. 弯腰动作。向人鞠躬是表示某种谦逊的态度或表示尊敬。

3. 手叉腰间，表示胸有成竹，对自己面临的事情已做好精神上或行动上的准备，同时也表现出某种优越感或支配欲。有人将这看做领导者或权威人士的风度。

谈判中对腿部动作、腰部动作的运用要合乎礼仪，尽量给对方以友好、礼貌的表示。

谈判中各种动作"语言"的运用很多时候不是刻意为之的，而是当时谈判人员真实情绪与心境的表露，从中我们能够发现对手的真实意图，并采取相应的应对措施。了解到这些动作"语言"的含义后，我们在谈判中也要注意，对那些可能产生消极影响的动作要尽量克制，特别是那些可能引起对方反感的动作，要坚决杜绝，这样才是符合谈判礼仪需要的。

项目五　实训

任务一　商务谈判准备与座位的安排

（一）实训目的与要求

通过本项目的实训，要求学生掌握商务谈判的组织、席位安排等礼仪。

（二）实训场地

实训室。

（三）实训内容与步骤

1. 谈判场所布置（场地环境布置、装饰、各类会议桌的摆放、双方席位安排）；
2. 双方谈判人员的组成；
3. 谈判内容设计；
4. 谈判过程、对话设计（剧本写作）；
5. 谈判模拟举行。

（四）实训方法

结合所学内容，学生每 6 人分成一组，两组结合，完成一场商务谈判模拟活动。学生自行设计谈判的情节、场景、人物、对话，注意在活动中演练谈判的程序和座次排列等相关礼仪。

任务二　商务谈判模拟实训

小品一　讨价还价的谈判

角色分配：

甲方：院长——梅
　　　总务主任——黄
　　　院长秘书——倪
乙方：经理——徐
　　　法律顾问——陈
　　　经理秘书——麻

背景材料：

甲方是一家福利院，坐落于美丽的钱塘江畔，专门面向 18 岁以下的孩子。这些孩子都是孤儿，无依无靠，非常需要帮助和指导。

乙方是上海蓝天房地产开发公司，要在甲方及其周围建度假村，所以前来和甲方谈判。

场景：

福利院梅院长一方正在会议室等候着，乙方在倪秘书的带领下来到会议室。

倪打开会议室门（示意）：“徐经理，里面请。”

（梅院长迎了上去）

倪：梅院长，这位是蓝天房地产公司的徐经理。这位是我院梅院长。

（梅、徐握手问好）

徐：（取出名片双手递上）：梅院长，这是我的名片，请多关照。

梅：（梅双手接过念道）蓝天房地产公司发展部经理徐孟璋，欢迎欢迎。（双手递上自己的名片）

徐：（徐双手接过念道）爱心福利院院长梅海，久仰久仰。

倪：这位是徐经理的法律顾问陈律师。这位是徐经理的秘书麻小姐。

（梅陈、梅麻相继握手问好）

倪：这位是我们院总务主任黄女士。

（黄、徐握手问好）

（相互介绍完毕，在梅的带领下进入谈判桌）

（乙方先入座，甲方接着入座）

倪：（泡茶端上，轻轻放下）请用茶。（对方点头道谢，倪、麻作为记录员分两边坐下）

梅：这么大的雪还让你们千里迢迢赶来，真是辛苦你们了。

徐：杭州好像不太下雪的吧？真是有幸能赶上这场雪，瑞雪兆丰年嘛。

梅：现在的孩子们都没怎么见过雪，今天，他们一大早就闹着起床，在操场上玩得可开心了。

徐：（望了望窗外）是啊！我的家乡是北京，我们那边年年下雪，我小时候也很喜欢打雪仗的。

梅：噢，徐经理原来是北京人，在我们南方住着还习惯吧？

徐：还好，像杭州这么美丽的城市，我来了还真不想走呢。

梅：是吗？我们欢迎你来杭州长住。

徐：我也正有这个意思啊，我们公司想在你们这里建一个度假村。

梅：这里建度假村确实是个好地方，我真佩服你们的眼光。

徐：我们很看好你们这块地，这次来就是跟你们商量一下能否把这块地卖给我们公司开发。

梅：卖？这要看贵公司愿意出什么样的价格了。徐经理，你也看到了，我们院可是一块宝地啊，地处钱塘江畔，风景怡人，面积也够大的。

徐：那你们想以多少价格出让呢？

倪:我院共占地 35 亩,按市价 280 万元一亩计总共是 9 800 万元,地面房屋折价 1 200万元,一共是 1.1 亿元。

麻:这 280 万元一亩也太高了吧。据我们收集的资料,这个地段不可能要这个价格的,而地面房子的价格也不符合实际。况且,这些房子在我们开发时是要拆除的。

陈:(递资料给梅)这是我们公司收集的滨江区不同地段地块的成交价格单,你们这里已经接近郊区,交通也不怎么方便。按市场行情,你们这里应该是 200 万元一亩,房屋折价 800 万元,这是我们经过仔细核算的。

梅:200 万元一亩是远远不止的,滨江区的基础设施已在建设中,交通不方便的问题马上会得到解决,地价上涨是必然的。你们房地产专家在这一点上绝对比我们看得清楚。但是,如果你们确实有诚意的话,我们也可以让一点。

陈:我们公司取得使用权以后,还需要拆除原有设施,建造新楼,这其间费用是很大的,按 280 万元的价格我们根本不可能盈利,那这样吧,我们加到 220 万元一亩,房屋折价 1 000 万元,再高我们真的承受不起了。

黄:其实我们院一点都不想搬,这里空气好,风景优美,很适合孩子们健康成长。而且我们的经费大多来自社会福利和慈善人士的捐款,按你们的报价,迁新址的花费我们根本无法解决,孩子们也无法得到很好的安置。

徐:黄女士,你对孩子的关心和爱护,我们很感动,我本人也很喜欢孩子。这样吧,就算是我们公司对社会福利事业作点贡献,我们出 230 万元,再高我就无法向公司交代了。

梅:徐经理,不是我们为难你,可我得保证孩子们有一个良好的成长环境啊,如果没有足够的钱,我们实在搬迁不起啊。这样吧,250 万元,真的不能再低了。

徐:(停顿了一下)梅院长,我很体谅你的难处,但是这么高的价格我不能作出决定。(看表)今天时间也不早了,我们回去再商议一下,明天再谈如何?

梅:那好吧,明天再谈。

(徐经理起身与梅院长握手告别,退出会议室。回到宾馆后,他拨通董事长的电话)

徐:董事长,你好,我是小徐啊。我这里按我们的底价很难拿下来,对方咬定 250 万元不放,你看我们是不是再将价格提高一点,那块地皮确实很有发展前景……好的,好的,就按董事长的意思办,再见。

(会议室里,甲方也在商谈着)

梅:按他们 230 万元一亩和房屋 1 000 万元的出价,我们是可以考虑的,但我们应再争取一下,以获得更多的资金来为孩子们创造一个更好的环境。

黄:如果我们这个价格他们还是不接受的话,能否再在别的方面争取一点优惠,院长,你觉得怎么样?

梅:黄主任说的对,那就这样吧。

（第二天，第二轮谈判如期进行了）

梅：徐经理，昨天我们讲到了这个价钱的问题，我认为我们这个报价是完全合理的，你们商量的怎么样了呢？

徐：昨天我们讨论了一下，我也请示了我们董事长，我们站在你们的立场充分考虑过了，这样吧，240 万元一亩，房屋折价 1 000 万元，共计 9 400 万元。另外，我公司以低于同行业 10% 的造价为你们建造新的福利院。梅院长，你看这个方案怎么样？

梅：（停顿了一会）既然贵公司这么有诚意，我也不好意思再坚持了。那好吧，就按这个价格吧。

黄：你们是否能保证新院的如期完成和建筑质量呢？

陈：那当然能保证，我们蓝天公司向来是信誉至上的。

徐：如果你们没有异议的话，是否现在就签合同呢？

梅：可以。

（麻秘书拿合同文本递上，双方签字，握手）

梅：（看表）现在时间也不早了，我们安排了午餐，也算是为我们的合作成功庆祝一下，徐经理你看如何？

徐：好吧，客随主便。

（甲方先离座，然后在梅的带领下依次走出会议室，去饭店用餐）

剧终

小品二　合作成功

角色分配：

王——中国双州集团有限公司浙江分公司总经理

郑——中国双州集团有限公司浙江分公司总经理助理

胡——浙江子龙旅游开发有限公司总经理

刘——浙江子龙旅游开发有限公司总经理助理

张——浙江子龙旅游开发有限公司总经理秘书

时间：2010 年冬天的某个下午

地点：杭州某写字楼会议室

道具：桌子、椅子、茶杯、文件夹、公文包等

（双州集团是一家以经营旅游服务业为主的家族企业，为了开拓在杭州的旅游市场，准备与当地的浙江子龙旅游开发有限公司建立合作关系）

（电话声响起）

张：您好！这里是子龙旅游开发公司总经理办公室。

郑：您好！我是双州集团浙江分公司总经理助理郑亚芬，想与贵公司胡总经理

讨论一下关于两方的合作关系，麻烦您帮我预约一下！

张：好的，请稍等片刻。

（三分钟后）

张：您好，郑助理，胡总说请你们星期二下午两点过来面谈。

郑：谢谢您！

张：不客气。

郑：再见。

张：再见。

（星期二下午，双州集团浙江分公司王小丰总经理和助理来到了浙江子龙旅游公司。王小丰穿西装、扎领带，手里提公文包；郑亚芬跟在王小丰身后，手里拿文件夹，穿套裙）

（张秘书站在浙江子龙旅游公司门口，看到王、郑走来，上前接待）

张：您好，王总、郑助理，一路辛苦了！

王：您好，请问你是？

张：哦，对不起，忘了自我介绍了。我是胡总的秘书张晓，您叫我小张就好了，两位先里边请。（做出邀请动作，并带头往里走）

王、郑：谢谢！

（边说边来到了小型会议室，张晓将二人带到面对着门的位置旁）

张：王总、郑助理，请坐。

王、郑：谢谢！

张：请稍等会儿，我们经理马上就到。

（张秘书端上两杯茶）

张：请用茶。

王、郑：谢谢！

（胡、刘走进会议室，手上都拿文件夹，王、郑见后站起来相迎）

张：王总，这是我们胡总，这位是胡总的助理刘小姐。胡总，这位是双州集团浙江分公司的王总，这位是王总的助理郑小姐。

（相互说："您好！"并相互握手）

王：这是我的名片。（从上衣口袋取出名片，双手递到胡的面前，依次再递给刘）

胡、刘：谢谢！（双手接过名片，默读30秒，慎重地将其装入上衣口袋，胡从另一口袋取出名片赠予王、郑）

王、郑：谢谢！

胡：不好意思，让您久等了，请坐。

王、郑：谢谢！（这时，张秘书分别给胡总、陈小姐端茶，并坐在旁边作速记）

胡：首次与贵公司合作，本公司深感荣幸。

王：希望我们这次合作愉快。

胡：我公司是省内规模最大、设施最齐全的旅游公司。我公司现拥有旅游大巴100多辆，每位导游都素质优良，全都拥有国家级导游证书，会多种外语，如英语、法语、德语、日语等，对于接待游客有着一定的经验，贵公司完全可以放心将业务交由我公司来做。

王：贵公司的规模与成就是大家有目共睹的，我方相信贵公司的实力。尤其是杭州一至三日游的推出，使贵公司的业绩直线上升。

胡：过奖过奖，贵公司经营的酒店在国内也是数一数二的。

王：哪里哪里，下月中旬总公司将派人到本公司来举行一次为期七天的业务报告会，计划安排他们到杭州的各个景点旅游，不知贵公司的游线是怎么安排的？

胡：这份计划是由我的助理全权负责的，有什么问题你可以直接问她。

刘：我公司的安排是这样的。第一天到灵隐寺、茶叶博物馆、玉泉、岳王庙、黄龙洞圆缘民俗园；第二天赏平湖秋月、西泠印社、中山公园，游湖，赏曲院风荷；第三天到宋城、六和塔、虎跑，赏花港观鱼，游净慈寺、丝绸博物馆，还有赏柳浪闻莺。您意下如何？

王：这份计划总体来说是好的，但要游客在一天的时间里去游玩这么多景点，时间是不是太紧了点啊。

刘：这点请您放心，我方的具体时间是这样安排的，早上从饭店出发，第一天早上先到灵隐寺和茶叶博物馆，等吃过中饭后再去岳王庙和黄龙洞，晚上再到民俗园，参加那里举行的各种活动，连带的晚餐也在那里解决。

刘：第二天也是早上先游览平湖秋月、西泠印社，下午再到中山公园和曲院风荷，晚上再举行游湖活动。第三天也是早上先到宋城、六和塔、虎跑，下午再到花港观鱼、净慈寺、丝绸博物馆和柳浪闻莺。

郑：据我所知，那时候宋城刚好是火把节，因此，最好是把宋城安排在下午傍晚到晚上时间，而且第三天的景点太多了，他们要搭乘第三天的班机回北京总部，不能让他们太累。

刘：要不这样好了，把宋城调至晚上，早上就去丝绸博物馆和净慈寺，下午再去虎跑和六和塔。

（郑将目光移向王）

王：好的，就这么办了。

郑：请问贵公司的收费标准是怎样的？

刘：我公司的收费标准是，一日游每人350元，二日游每人600元，三日游为每人800元，其中包括各景点门票、车费、餐饮费和住宿费等。

郑：他们的住宿，我公司会自己解决，那么这价格可否便宜点？

胡：那么就按每人700元的标准收怎么样？

王：太贵了，每人500元。（思考状）

刘：王总，500元也太低了吧，您总不至于要让我们亏本吧，最近的油价上涨，已经让我们的成本在不断地增加了，您总该让我们赚一点吧。

郑：我们已经算了一下，各个景点的门票、车费、餐饮费之和大约在450元左右，保守估计让你们每人赚50元。

刘：怎么会呢，就门票方面而言吧，其中就宋城、灵隐寺、六和塔、花港观鱼、岳王庙、中山公园等门票总和也要达到300元每人，更何况还有游湖呢？另外，还有其他的各种开支，少说每人也得650元以上。还有，总得让我们公司赚点，所以700元每人是不贵的。

王：还是太贵了点，再降低一点。

胡：我看贵公司是诚心的，那么就650元吧！

王：650元？我们有点承受不了，我方最多不能超过550元。

刘：怎么会，贵公司是酒店业的龙头老大，可谓是一个资金雄厚的跨国公司。

胡：王总，650元，不能再降了，再降的话我们就要亏本了。

王：如果贵方不降价的话，我方不得不另寻其他合作伙伴。

胡：那就600元吧。（深思熟虑后答道）

王：如果贵方提供优质的服务，并保证每位游客的安全，那600元也行。

刘：我方的服务和安全问题请贵方尽管放心，我方将会做到十全十美的，保证让各位游客满意而归。

郑：但愿贵公司能说到做到。

王：那么，接下来我们再来讨论一下其他细节问题。

胡：好的。

（时间就在他们的讨论声中匆匆而过，时针已指向了下午六点整。此时，郑、王、胡、刘作交头接耳状）

胡：小张，去楼下咖啡厅订个位子，顺便把刚才的协议打印出来。

张：好的，对不起，我先告辞一下。（起身，抱着公文夹先行离开）

（此时，四人站起，相互握手）

胡、刘：愿我们合作愉快！（并分别与王、郑相互握手）

王、郑：合作愉快。

胡：请王总到咖啡厅用餐。

王：胡总真是太客气了。

胡：哪里哪里！请！（做出邀请手势）

（这时，胡、王并肩一起走出会议室，郑、刘尾随其后）

（晚上八时，双州集团有限公司浙江分公司与浙江子龙旅游有限公司正式举行了签约仪式，使双方的合作关系有了良好的开端，并为以后的合作关系奠定了基础）

剧终

小品三　有关维修费用的谈判

角色分配：

张丽兵——ICS 公司总经理

励建江——ICS 公司销售部经理

孙小梅——ICS 公司秘书

陈　晶——UDD 公司总经理

孔庆龙——UDD 公司开发部经理兼工程师

陶　文——UDD 公司销售部经理

赵碧芬——UDD 公司秘书

背景资料：

ICS 国际电脑系统公司是世界上最大的小型、微型计算机和主机制造商之一，三年前，ICS 公司开始制造一种“美林”新型计算机，大获成功。

第一幕

时间：2011 年 1 月 15 日上午

地点：ICS 总经理办公室。

场景：总经理办公室。总经理正在等待中，销售部经理上。（敲门）

张总经理：请进！

励经理：（推门进来后坐下）张总，“美林”计算机投产四个星期以来，我们的产品部不断接到客户的电话，抱怨打印机与新型号计算机不匹配。

张总：问题究竟出在哪里？

励经理：我们的工程师每天加班加点寻找问题的根源，问题可能出现在五种只读芯片上。

张总：我记得这些芯片装在“美林”电脑的一个印刷电路板上。

励经理：是的，这五种只读芯片是由一家名叫 UDD 的制造商提供的。

张总：那问题有没有可能出现在印刷电路板上？

励经理：我们的工程师确定这些电路板已经通过了严格的质量检验，没有发现问题。经理们都认为，UDD 公司提供的芯片质量有问题，他们应该负全部责任并赔偿损失。经理们还要求选择另外的供应商。

张总：（从座位上站起来，踱步）这是不可能的，虽然市场上集成电路的价格要比我们付给 UDD 公司的便宜 4% ~5%，但是没有一家供应商能提供所有的五种芯片。如果同 UDD 公司终止合作，那我们的货源会不稳定，采购程序会复杂，成本将会大大提高。

励经理：但是，张总，如果不终止合作的话，请看这份资料（站起，递资料），我们现在已经卖出 48 000 台计算机，按 30% 的不合格率计算，共有 14 400 台计算机需要认定和修复！

张总：(点头，沉思，写字，打电话叫秘书)孙秘书，请过来一下。

孙秘书：(敲门进)张总，请问有什么吩咐？

张总：(递资料)马上给 UDD 公司发份传真，说我们要求安排一次面谈。

孙秘书：好的。(下)

第二幕

时间：2011 年 1 月 15 日下午 3 点。

地点：UDD 公司总经理室。

(UDD 公司是 ICS 公司的芯片供应商)

赵秘书上。(敲门)

陈总：请进。

赵秘书：陈总，这是 ICS 公司刚发来的传真，请过目。

陈总：(接过传真，阅读)嗯，赵秘书，马上通知销售部的陶经理和开发部的孔经理到会议室开会。

赵秘书：好的。(秘书下)

(UDD 公司会议室。总经理、销售部经理、开发部经理上。秘书发资料)

陈总：请大家先看一下手头的资料。这是 ICS 公司刚刚发来的传真，说我们公司的芯片有质量问题，我想听听各位的意见。

陈总：大家都清楚，ICS 公司是我们最大的合作伙伴，以前一直没有提出过质量方面的问题，没想到这次出现这样的情况，孔经理，你是负责产品开发的，说说你的意见吧。

孔经理：我们提供给 ICS 公司的那些芯片，是由从德国引进的一流设备制造的，使用的是目前最先进的技术，因此芯片本身不可能存在质量问题，唯一的可能是在运输和收、验货的过程中出现静电干扰。对于已经存在问题的计算机，我们如果派一队技术人员过去，应该能够解决。

张经理：陶经理，芯片运输是由你们销售部负责的，说说你的意见吧。

陶经理：我们销售部在运输过程中已经注意到这个问题了，并且也采取了预防措施，据我分析，很可能是 ICS 公司采用了不恰当的验货、安装设备。从我们接收到的市场反馈信息来看，与我们有合作的其他公司反映良好。尤其是 K 公司，最近他们提出如果我们停止与 ICS 公司合作，可以购买我们公司提供给 ICS 公司芯片的 60%，我觉得不如与他们合作。

陈总：ICS 公司是我们值得信赖的合作伙伴，如果停止与他们合作，外界可能会传言我们公司正为 ICS 公司不要的芯片寻找客户，这有损我们公司的声誉。

孔经理：我同意张总的意见，而且停止合作的话，那我们剩下的 40% 的芯片的销售是个大问题，因为目前使用这些芯片的公司并不多。

陶经理：但是我们维修的费用太高了。

孔经理：可是……

陈总：好了，终止合作的损失太大，我已经决定了，和 ICS 公司进行谈判。赵秘书，给 ICS 公司发一份传真，请他们派人明天下午 3 点来我公司谈判。散会。

第三幕

时间：2011 年 1 月 16 日下午 2:50。

地点：UDD 公司大门口。

UDD 公司陶、孔经理站在公司门口。这时 ICS 公司张总、励经理到达（握手、问候）。

陶经理：张总，您好！我们已经等候多时了，这位是我们公司新任开发部孔经理。

励经理：（递出名片）这是我的名片，请多指教。

张总：幸会！

（同时，陶经理与励经理在寒暄。然后孔经理递名片给励经理。握手、问候。）

陶经理：（向张总说）我们陈总已经在会议室，请往这边走。

（会议室，赵秘书站在门口，开门）

赵秘书：各位请进。（一行人进入会议室，赵秘书进，关门）

（陈总站起来迎接，握手、入座。赵秘书送上茶）

陈总：很高兴再次见到二位，贵公司反映的情况我们已经收到，但具体问题还不是很清楚，请解释一下。

励经理：我们的工程师在对贵公司的每种只读芯片进行的一次随机检查中，发现全部芯片中 10% 是不合格产品，这大大高于贵公司所保证的 5% 的残次品率。

孔经理：对于贵公司的损失我们深表遗憾，但我们的工程师坚信问题大部分来自运输、仓储和安装芯片过程中产生的静电，这些都与我们公司无关。

励经理：既然这些芯片由你们提供，技术由你们掌握，那么当初在合作时就应该提供相应的静电防范措施。而现在我们公司已经蒙受了巨大的损失，我们要求贵公司全权负责！

陶经理：我想提醒各位，这些电脑毕竟通过了工厂的最后检验。如果我们承担所有责任的话，那么贵公司今后可能发生的一切问题岂不是都要推到我们身上了！（发资料）还有，每个芯片价值 100 ~ 500 元，再加上检查和修复电脑的人工费用，那么全部修理费用将高达 4 600 万元！

张总：一个可能的解决方法是，将全部库存的只读芯片运回贵公司，重新发送一批符合 5% 标准的产品。

陈总：我们在短期内根本无法提供足够的只读芯片来替换你们现有的库存产品。

张总：可是贵公司确实有这种检验技术，你们至少可以自费派出一支维修队伍来解决这些有问题的芯片。

陈总:技术我们是有,但我们现在并没有足够的人力来对每种芯片作检查维修。我们只能对工人进行突击培训,而且费用方面我们最多只能承担70%,请贵公司考虑一下。

(张总与励经理打耳语)

张总:为了我们的长远合作,我们愿意接受贵公司提出的方案。

陈总:(站起来伸出手)谢谢!合作愉快!时间差不多了,我们一起吃个便饭吧。请!

张总:好,谢谢!请!

剧终

小品四　商务谈判

角色扮演:

俞——伊泰集团董事长

章——伊泰集团中方总经理

徐——伊泰集团中方总经理秘书

邱——弘华集团总经理

毕——弘华集团总经理秘书

赵——门童

钱——迎宾

道具:

托盘、高脚杯、矿泉水、照相机、花束、标牌、名片。

背景资料:

伊泰集团中方总经理来到本市,与弘华集团总经理谈判收购弘华的事宜。

第一场景　世贸饭店门口

伊泰集团中方总经理和秘书一下飞机,就来到了世贸饭店。弘华集团总经理和秘书在门口迎接他们。车到了饭店门口,门童为其拉门,护顶。

门童:欢迎光临世贸,请小心。

(弘华集团总经理秘书迎了上去,由秘书为其介绍彼此)

毕:这位是我们弘华集团总经理,邱进盈先生。

毕:这位是伊泰集团中方总经理,章隽女士。

(章总和邱总友好握手)

章:您好,很高兴见到您,久仰久仰。

邱:哪里!哪里!

(章总秘书和邱总秘书握手,点头示意)

邱:章总一路辛苦了,是否要休息一下。

章:不用了,直接谈正事吧!

邱:那,章总这边请!

(邱总带领章总走进世贸大门,迎宾小姐礼貌问候,并带领他们去会议室)

迎宾:早上好,先生,小姐,欢迎光临世贸,请这边走。

第二场景　会议室

(迎宾小姐领他们来到会议室,拉椅,请章总坐下)

迎宾:小姐,请坐。(转身退出会议室,关上门)

(邱总走过去把名片递过去)

邱:章总,这是我的名片,以后请多多关照。

(章总起身双手接过名片,并递上自己的名片)

章:邱总,这是我的名片,请多关照。

(双方落座,邱总秘书将资料发到各人手上)

毕:这是我们公司历年来的财务报表,请各位过目一下。

毕:从1~9页是3年来的有关数据,请过目。

章:邱总,我们开门见山地说吧,此次我们来的目的想必你也知道,我们将收购并接手弘华。

邱:那你们出什么价收购弘华?

章:我们出资1个亿,不知您意下如何?

毕:(对邱总说)太低了,据估算大概要1.1亿元以上。

邱:1个亿有点低,怎么说本公司也是上市公司且目前资产就1个亿左右,这您应该清楚。

章:好的,那您直接出个价吧。

邱:1.2亿。

徐:(对章总说)章总,据我们估算1.2亿可以接受,但这要请示董事长。

章:马上打个电话给董事长。

徐:好的。

(秘书拨通了董事长电话,然后将电话交给章总)

章:邱总请稍等,我出去打个电话。

(章总接过电话走出去)

章:喂!俞董,对方出价1.2亿,请问您意下如何?

俞:弘华是我们志在必得的项目,但价钱必须再压低点,1.2亿还是太高了,1.15亿是我们能出的最高价。小章,这次能不能以1.15亿成交可都看你的了。

章:好的,俞董,我明白了。

(章总挂上电话,走进了会议室)

章:对不起,邱总,让你久等了,经我们董事局讨论,1.15亿已是我们集团所能接受的最高价格了。

毕:邱总,我看这个价格可以接受。

(邱总沉思一会儿)

邱:好的,章总很有诚意,我们成交。但有个请求,我们弘华集团的员工都是些好员工,伴随着弘华集团的成长,我希望这次收购后能够让他们继续留在弘华效力。

章:(笑)本来我们就决定收购弘华后,继续让你留在弘华胜任总经理,至于你的员工一切由你决定吧!

邱:那以后要请您多多关照了!

章:邱总实在太客气了!

(邱总和章总互相握手)

第三场景　会议室

(邱总和章总来到会议室,准备签订合约)

(两位老总入座后,签约仪式正式开始。秘书站着指示两位经理签字)

毕:邱总,请签这里。

徐:章总,请签这里。

(双方交换合同再签,签字完毕后,双方起立握手,合同交给秘书,礼仪小姐上香槟酒,两位老总互相举杯)

邱:预祝我们合作愉快!

章:合作愉快!

剧终

模块六

商务会议礼仪

知识目标	能力目标
了解商务会议的种类； 掌握各种商务会议环节和具体事项； 懂得会务礼仪常规的要求； 掌握代表性商务会议的礼仪要求。	能初步策划主要的商务会议； 能组织召开商务会议、安排接待会议服务； 初步具有处理各类商务会议礼仪事务的能力。

案例导入

在离上海世博会还有100多天之时，我国驻法使馆和法国世博参展局于2010年1月20日在巴黎中国文化中心联合举办新闻发布会，宣介上海世博会和法国馆情况。

刘海星临时代办、国际展览局主席蓝峰、法国世博参展局主席何塞·费雷，法国馆形象大使、著名演员阿兰·德龙，著名服装设计师皮尔·卡丹以及150多位法国馆合作伙伴代表，法国政界、工商、艺术界人士和50多名中法记者出席。刘海星首先代表孔泉大使和驻法使馆对来宾表示欢迎，他说，上海世博会将是举世瞩目的国际盛事，在世博会150年历史上，首次由中国举办。这将是世博会历史上参展国家和国际组织最多的一届。刘海星表示，上海世博会将为中法两国交往与合作提供新的广阔平台，是法国企业与中国伙伴增进了解、探讨合作的大好机会。随后会场放映了上海世博会宣传片，赢得了宾客的热烈掌声。法国世博参展局各方代表分别介绍了法国馆的建设进展、内部陈设，媒体效应、高新技术，以及在法国馆将推出的婚礼仪式、舞台艺术、法式美食等情况。法国馆设计师雅克·费利耶宣布法国馆即将在1月底完工。最后，旅法青年歌手叶蓓蕾用中文演唱了法国馆浪漫婚典主题曲“最浪漫的婚礼”，优美的歌声，声情并茂的表演，将发布会气氛推向高潮。

新闻发布会结束后，来宾们纷纷称赞上海世博会组织工作完善，并对参观上海世博会充满期待。

思考：

1. 驻法使馆与法方为什么要举办这样一次新闻发布会？

2. 在发布会的过程中突出了哪些主题，需要注意哪些问题？

项目一　新闻发布会礼仪

一、新闻发布会的含义

新闻发布会又称记者招待会，或者简称发布会，是一个社会组织直接向新闻界发布有关组织信息，解释组织重大事件而举办的活动。它是一种主动传播的行为，是政府、企业、社会团体或者个人面向新闻界，邀请新闻记者参加，对本组织中的某一事件、某一活动等进行客观而公正的信息传播沟通的活动，见图6－1。

图6－1　新闻发布会

新闻发布会作为一种传播方式，运用了美国传播学家拉扎斯菲尔德的二级传播理论，就是先告知记者，再通过新闻媒介告知大众。

二、新闻发布会组织程序

第一步，准备。正式发布会前提前一到两个小时，检查一切准备工作是否就绪，要将会议议程精确到分钟，并制定意外情况补救措施。

第二步，迎宾签到。

第三步，分发资料。把新闻发布会相关信息、主办方想提供给外界的一系列信息提前印制好后发放给与会记者，以便记者快速组稿，也利于后期能够准确及时地报道。

第四步，会议过程。主持人宣布发布会开始和会议议程，按会议议程进行。首先，介绍应邀参加会议的领导和主要发言人，然后说明提问规则和主要事项，接着记者提出相应问题，主办方回答问题，最后宣布提问结束并且组织参观或宴请。

第五步，会后活动。会后活动形式多样。比如，可举办会后聚餐交流、有特别公关需求的人员的个别活动；也可举办小型宴会或者舞会招待记者，并征求记者们的意见和建议。

第六步，效果评估。了解新闻界的反应，整理会议资料，评测新闻发布会效果，收集反馈信息，总结经验。

三、新闻发布会的礼仪要求

（一）确定新闻发布会日期、地点、新闻点等

确定在什么地点、哪一周的哪一天、哪一天的哪一时刻召开新闻发布会，这很重要。首先要考察一下目标公众哪一时间最容易获知新闻消息、以什么方法获得最好。例如：一般星期一不好，记者往往忙于检查上周工作；周五也不宜选，因为很多人正考虑着如何过周末。周二至周四通常较合适。此外，要确认不会有其他更重要的新闻，避开突发性事件，如地震、龙卷风等一些特殊情况。

在某一天的几点钟开始新闻发布会也很重要。早报、晚报的截稿时间不同。如早报记者参加，新闻发布会应在中午、下午举行；如要想让发布会报道出现在电视晚间新闻报道中，最好安排在 9:30，10:00 ~ 10:30 或 15:00 举行，时间大概控制在 1 ~ 2 小时之间。切忌只为公司自己考虑而忽略为记者提供方便。

总之，在发布时间的选择上，要起到促进对外宣传，挖掘新闻点，制造新闻效应的作用，同时注意避免与重大新闻事件撞车。该步骤应在正式新闻发布会前 20 天或者前一个月左右完成，最迟 15 天，并在邀请函发布前预订会场，否则会影响下一步工作。如滑雪节 12 月 5 日召开，可在 10 月中旬召开新闻发布会。

发布会地点的选择很有讲究，除了考虑本单位所在地、活动事件所在地之外，还可以考虑具有一定影响力的场所，如中心性城市或者具有一定影响力的建筑物等。

新闻发布会所用的空间大小主要取决于与会的摄影记者。电视摄影记者比报刊摄影记者所占的空间要大。如果电视摄像机在房间后排，那么公司发言人应在房间前排就座；如只有报刊记者与会，发言人就可以坐在记者中，当有人提问时就走到前排。越随便，离记者的空间距离越近，就越容易营造出一种友好气氛。空间大、人员少，给人的印象是新闻发布会的新闻价值不大，与其这样，还不如在一个小点儿的空间里举行更好：满屋座无虚席，还有一些人站在过道里，给人的印象是肯定有很重要的消息；不要让新闻发言人坐在镜子、窗户或其他反射光线的背景之前，以防镜头效果受损。

（二）新闻发布会的邀请

确定参会人员是一项很重要的工作，也是一个变化较多的因素，而它的变化将影响到整个发布会的规格与规模，进而影响发布会的其他因素。比如，重要人物的出席和缺席可能影响到发布会的规格。

新闻记者是发布会的重头，一般来说，发布会前要先做一份拟邀请的名单，提前一周时间发出邀请函，然后电话落实。较突然的新闻事件可以采用电话和传真邀请记者的方式。新闻发布会上的新闻媒体记者必须有所选择、有所侧重，符合发布会的主题，以确保新闻发布会的成功。

首先应明确要不要请新闻媒体及邀请哪些新闻媒体。邀请新闻媒体要先了解其主要特点。目前的新闻媒体主要分为电视、广播、报纸、杂志、网络等。它们各有特点，我们要取之所长，了解各种新闻媒体的主要优缺点，做到新闻传播途径准确有效。

新闻发布会要做到少而精。当然，信息的传递并不是只靠发布会。除此之外，发送新闻稿、邀请现场参观，也能起到异曲同工的效果。新闻发布会的主办方应充分做好会前的资料准备工作，与会时将资料发放给参会的媒体记者。这样做不仅可以加大其对本组织的宣传力度，而且便于媒体记者充分了解信息，从而能正面、详细地对此新闻发布会进行报道。但是如果新闻不新，或者新闻媒体对此毫无兴趣，发布会无人参加，那就不必要召开新闻发布会了，新闻发布会的意义也就不大了，所以会前的相关资料又要有所选择地提供给新闻媒介，让“新闻”有所悬念。

带有公司标志的邀请信函表明新闻发布会是很正规的，不要用电话邀请，信件中最好不注明会议联系人的全名和个人电话，这是为了不让记者作提前采访或提前得到新闻发布会的细节。还应指出，在填写新闻发布会邀请函时应考虑一下谁会对本次新闻发布会内容感兴趣。例如，新闻只对商业报刊记者有价值，那就只邀请这些人；如是医疗新闻，那就邀请医疗报刊、电视台医疗节目的记者。当然，那些长期报道公司发展的记者要一并邀请。如拿不准，就先向报刊编辑或电视台发信询问。

确定参会人员是一项很重要的工作，也是一个变化性的因素，而它的变化将影响到整个发布会的规格与规模，进而影响到发布会的其他各个因素。因此，这是新闻发布会工作控制的“关键点”，宜重点来抓。

新闻媒体邀请函与新闻文稿有一定的区别，它不提供详细情况，只是简单地邀请新闻媒体参加特定的一次新闻发布会。邀请函发给新闻编辑或者主任编辑，或者直接发给所认识的记者。新闻媒体邀请函应尽量简短，甚至比新闻稿还简单。

【邀请函范文】

深圳×××美食盛典开幕仪式新闻发布会邀请函

深圳首次大规模“城市饮食文化品牌运动”——首届中国×××美食盛典，由国务院国资委商业技能鉴定与饮食服务发展中心及中国烹饪协会亲临指导。以“特色、品牌、权威”为主题，以成功搭建酒店餐饮交流平台，扩大产业内需，增进餐饮消费，全面提升深圳饮食文化的影响力和消费力为目标。此次首届中国×××美食盛典开幕暨揭鼎仪式新闻发布会邀请您与中国饮食界泰斗、名流及媒体同仁莅临现场共同见证这一恢弘美好的时刻！

时间：2010 年 11 月 27 日 14:00～16:00

地点：罗湖区红岭路××酒店 3 楼多功能厅

主办邀请方：

国务院国资委商业技能鉴定与饮食服务发展中心

中国烹饪协会

深圳市贸易工业局
深圳广播电影电视集团
深圳市饮食服务行业协会
颁奖机构:
国务院国资委商业技能鉴定与饮食服务发展中心
中国烹饪协会
深圳广播电影电视集团
深圳市饮食服务行业协会
支持机构:
欧洲美食家协会
承办机构:
深圳广播电影电视集团××中心
深圳广播电影电视集团××频道
整合推广:
深圳市×××广告有限公司
深圳市××文化传媒
合作推广:
深圳市××广告有限公司
深圳市××广告有限公司
媒体支持(排名不分先后):
深圳电视台　深圳广播电台　香港新城广播电台

(三)新闻发布会会场组织

大体上,新闻发布会可以分为如下几个类别,而且风格也基本沿用下述套路:

- 政治类——严肃庄重;
- 高科技产品类——正规中带有活泼;
- 农业类别——亲切、环保;
- 文化类别——文化感、历史感;
- 一般工业品——科技感、品质感;
- 娱乐类——活泼、前卫;
- 时尚产品——经典中带有时代气息;
- 工艺品类——经典、古拙;
- 其他类别——相应的风格。

品位与风格确定之后,要根据新闻发布会的主旨,场地可以选择户外,也可以选择在室内,但以室内为常见,因为各方面的配套好一些。酒店有不同的星级,也有不同的风格、不同的定位,选择酒店要注意与发布会的内容相统一。另外,非正式的会议，或产品属性离自然、健康较近的，可以选择在度假村等地召开。

会议厅容纳人数、主席台的大小和投影设备、电源、布景、胸部麦克风、远程麦克风，以及相关服务等会场所需考虑的问题都要一一考虑。现场布置的内容包括：

1. 背景布置。背景布置的内容包括：主题背景板，内容含主题、会议日期，有的会写上召开城市，颜色、字体要美观大方，颜色可以企业 VI 为基准。

2. 外围布置，如横幅、竖幅、飘空气球、拱形门等。

3. 座次摆放。发布会一般是主席台式。有的非正式、讨论性质的发布会是圆桌摆放式。不过，现在很多发布会采用主席台只有主持人位和发言席，贵宾坐于下面的第一排的方式。座位摆放的原则是：职位高者靠前靠中，自己人靠边靠后。注意席位的预留，一般在后面会准备一些无桌子的坐席，如图 6－2 所示。

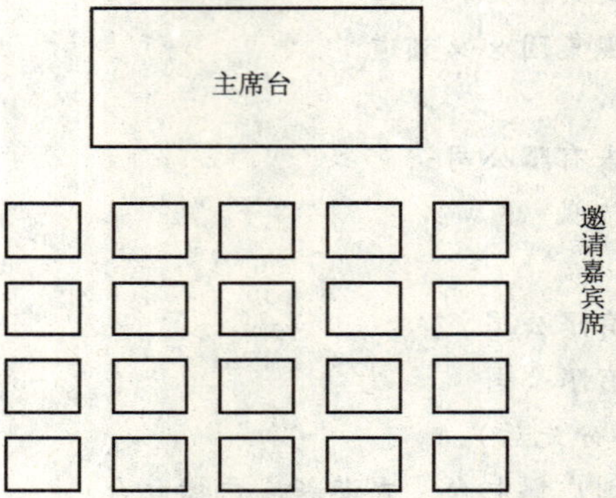

图 6－2　主席台式发布会摆放方式

4. 相关设备在发布会前要反复调试，保证不出故障。

5. 签到与迎接。一般在大堂、电梯口、转弯处有导引指示欢迎牌。事先可安排好礼仪小姐和接待人员。

新闻发布会的现场协调最能体现总协调人的应变能力。事实上，一个好的协调人会将工作做在前面，比如事前做一些排练。一般来说，搞一两次系统化培训是必要的。这样，你可以预见到发言人是否称职，哪些方面还有欠缺。具体训练方法如下：

其一，模拟会议。以己方人员扮演记者，模拟新闻发布会情景提出两类问题——一类是肯定会被问到的，还有一类是你希望不被问到的，让“记者”们提问。如必要，重复 2 ~ 3 次。

其二，反复播放“彩排”录像，让新闻发言人看看自己的表情、体语效果，然后提出意见。

其三，专业人士培训。专业人士的培训是很有必要的，要做好突发事件的应对准备工作。

其四,相关人员与会。邀请相关与会人员参与,以检查发言人所说是否准确;如涉及法律问题,那么公司法律顾问也应在召集之列。

从实践来看,现场的突变往往是因为沟通不畅、考虑不周,以及礼节上的疏忽,应该重点重视这些方面;其次,要在事前准备好备选方案;最后,注意积累现场灵活应变的经验。

对于前来的官员、经销商要有人陪同和沟通,对于前来的记者,应该一视同仁,不能对A媒体公开某些情况而对B媒体保密。对于记者个人挖掘的新闻一般不宜转告他人。

大多数发布会的过程就是讲话、念稿件、例行演示。这几乎成了一成不变的模式,这样的会议参加得多了,记者心里就有一种"腻"的感觉。实际上,尽管发布会是一个正式的会议,也可以考虑办得更活跃一些,尤其是会议的开幕,如可以穿插些舞蹈、音乐等节目,这样更能引起记者们的关注。在产品的演示讲解过程中,同样可以用一些现代科技手段,结合做好的示意图、三维图形、录像片、幻灯片等,以助与会者的理解。

关于答记者问,一般来说,由一位主答人负责回答,必要时,如涉及专业性强的问题,由他人辅助。发布会前一般会准备记者答问备忘提纲,并在事先取得一致意见,尤其是主答和辅助答问者要取得共识。在发布会的过程中,对于记者的提问应该认真作答,对于无关或过长的提问则可以委婉礼貌地制止,对于涉及企业秘密的问题,有的可以直接、礼貌地告知这是企业的机密,不便说出来,有的则可以委婉作答。不宜采取"无可奉告"的方式。对于复杂而需要大量解释的问题,可以先简单答出要点,邀请其在会后探讨。

(四)选择合适的主持人、发言人

代表公司形象的主持人、发言人对公众认知会产生重大影响。主持人、发言人的仪容、服饰、举止等一定要事先进行认真的准备和修饰,如其表现不佳,公司形象无疑会受到影响。此外,新闻发布会也是公司要员同媒介打交道的一次好机会,值得珍惜。

按照惯例,在新闻发布会上,新闻发言人、主持人需要进行必要的化妆,主要以化淡妆为主。发型应当庄重大方,不宜追求时尚个性;女士应该束发或盘发,男士要求短发(前不盖头,后不及领,侧不掩耳)。男士宜穿西装套装、白色衬衫、黑袜黑鞋,并且打领带;女士宜穿单色套裙、肉色丝袜、黑色高跟皮鞋。女士的服装应合体大方、整洁挺括,一般不宜佩戴首饰。

会议现场,主持人或发言人应注意个人仪表,要求做到自然大方,面带笑容,从容不迫,表情松弛,姿态端正,克服一切有损个人和发布会主办方形象的不良举止,如挠头皮、抠鼻子、东张西望、表情呆滞,等等。

主持人和发言人在新闻发布会上分工不同,因此要各尽其职。主持人的主要工作是主持会议,引导提问,维持和稳定会场秩序。发言人所要做的,则主要是主旨发言,答复提问。

主持人和发言人的彼此支持,在新闻发布会上通常是极其重要的。在新闻发布会进行期间,主持人与发言人一定要保持一致的口径,不允许公开争论、相互拆台。如果遇到新闻媒体人士提出的某些问题过于尖锐或难以回答时,主持人要想方设法转移话题。

在新闻发布会上,主持人、发言人的言语也很重要,因此也要注意说话的分寸,不管是发言还是答问,都要条理清楚、重点集中、简明扼要。在讲话之际,要把握生动灵活的宗旨,调控好现场的气氛。适当地采用一些幽默风趣的语言、巧妙的典故,能起到画龙点睛的作用。回答时应平等对待每一个媒体,不应有偏颇,在态度、语气等方面应表现出一视同仁,哪怕平时你与这家媒体很熟。

新闻发言人一般应有以下几方面的能力:

其一,传播沟通能力。有效传播与沟通的能力是对新闻发言人第一位的要求,涉及发言人的知识面、语言表达能力、倾听的能力及反应能力等。

其二,应变能力。应变能力指发言人执行原定计划并加以灵活调整的能力。

其三,具有权威性。新闻发言人应该在公司身居要职或为公司委任的正式代表,有权代表公司讲话。

总之,在商务活动中,新闻发布会是一个系统工程,它充分体现了一个企业的综合实力,也是一个企业迅速提升品牌知名度的重要途径。

项目二　展览会礼仪

一、展览会的含义

所谓展览会,简称为展览,或称之为展示、展示会。对商界而言,主要是指有关方面为了介绍本单位的业绩,展示本单位的成果,推销本单位的产品、技术或专利,而以集中陈列实物、模型、文字、图表、影像资料等供人参观了解的形式所组织的宣传性聚会。

展览会在商务活动中发挥着重大的作用。它不仅具有很强的说服力、感染力,可以现身说法打动观众,为主办单位广交朋友,而且还可以借助于个体传播、群体传播、大众传播等各种传播形式,使有关主办单位的信息广为传播,提高其名气与声誉。正因为如此,多数企业都对展览会倍加重视,踊跃参加。例如,在上海国际汽车工业展览会上,国内外各大汽车生产商都各尽所能,巧妙设计,力图以最具创意的活动来吸引观众的注意力,提升企业的形象,宣传企业的产品(图6-3)。

图6-3 上海国际汽车工业展览会

二、展览会的组织

展览会是一种综合性的大型公关专题活动,它可以借助大众传播、群体传播等各种传播方式,使有关主办单位的信息广为传播,提高企业的知名度和美誉度。

(一)展览会的类型

展会的类型很多,内容丰富,涉及面较为广泛,涉及众多的社会公众。一般来说,展览会可以分为以下类型:

根据展览会的目的来分,可分为宣传型展览会和销售型展览会两种类型,这是划分展览会类型的最基本的标准;根据展览品具体种类的不同,可以将展览会分为单一型展览会与综合型展览会;根据规模的大小,展览会又有大型展览会、小型展览会与微型展览会之分;根据参展单位所在的地理区域的不同,可将展览会分为国际性展览会、洲际性展览会、全国性展览会等;根据参展单位所属行业的不同,展览会亦可分为行业性展览会和跨行业展览会;根据展览会的场地,展览会有着室内展览会与露天展览会之别。

(二)展览会的组织工作

展览会的筹备工作既可以由参展单位自行组织,也可以由社会上的专门机构出面组织。不论组织者由谁来担任,都必须认真做好工作,力求使展览会取得好的效果。这些工作包括硬件上的展位、展台布置,以及与之配合的各种声、光、电效果;软件上的宣传促销活动、展览礼仪模特的培训及包装等。公司参加展览会的主要目的无非是提高公司的知名度,吸引客户,洽谈合作,在客户心目中树立起自己良好的品牌形象，但是要达到这些目的，前提条件必须是先把尽可能多的人吸引过来。

要想使展览会有特色，使企业在万商云集中能一枝独秀，就要做好充分的准备工作。

1. 要了解展览会的类型、企业品牌、产品特点、展台风格、展位的周边环境及竞争对手的情况。

2. 通过所掌握的资料进行整个礼仪活动的创意策划。例如，要达到的影像效果、解说效果、配音效果，等等。

3. 根据展示风格，决定礼仪小姐是选择活泼开朗型、小巧玲珑型还是现代时尚型。

4. 根据选择的模特进行服装的设计制作，展览服装要能充分表现一个企业的特色。

5. 根据创意将模特进行分工，如可分为解说员、演出人员、展示员、接待员，并进行相应的人员培训。

6. 积极发挥礼仪小姐的作用，对展览的成功有着很大影响。礼仪小姐需要具备一定的应变能力、动听的声音、流利的解说能力、很好的表现能力、丰富的礼仪常识等。

合理的时间、地点是依据展览会内容和规模而确定的。通常，室内展览会显得隆重，而且不受天气的影响，时间也相对可以长一些，但是室内展览会对场地的布置要求高一些，所需要的费用也相对高一些。户外举办的大型展览会一般是大型机械展、农产品展等。

对于展览内容的宣传也是尤为重要的。为了引起社会各界对展览会的重视，并且尽量扩大其影响，主办单位有必要对其进行大力宣传。宣传的重点应当是展览的内容，展览会的展示陈列之物，这样才能真正吸引各界人士的注意和兴趣。现场展览的宣传方式各式各样，例如：张贴有关展览会的宣传画；举办新闻发布会；邀请新闻界人士到场进行参观采访；发表有关展览会的新闻稿；公开刊发广告；在展览会现场散发宣传性材料和纪念品；在举办地悬挂彩旗、彩带或横幅；利用升空的彩色气球和飞艇进行宣传；模特表演展示；等等。

三、展览会的礼仪要求

展览会的工作人员应该具有较好的素质，首先要明确展览会的目的和主题，了解相关展览知识和技能，具备一定的专业知识和专业技能素质等。除此之外，展览会工作人员还要懂得基本的礼仪，以影响公众，提高参展企业的知名度和美誉度。

（一）工作人员的形象

工作人员的形象主要是指在展览会上直接代表参展单位露面的人员的仪态仪

表问题。在一般情况下，要求在展位上工作的人员应当统一着装。最佳的选择是身穿本单位的制服，或者是穿单色或深色的西装、套裙。在大型展览会上，参展单位若安排迎送宾客的迎宾小姐，则最好请其身穿色彩鲜艳的单色旗袍，并胸披写有参展单位或其主打展品名称的红色绶带。为了说明各自的身份，全体工作人员皆应在左胸佩戴标明本人单位、职务、姓名的胸卡，礼仪小姐可以例外。按照惯例，工作人员不应佩戴首饰，但男士应当剃须，女士则最好化淡妆。

在待人接物上，不管是宣传型展览会还是销售型展览会，参展单位的工作人员都必须意识到观众是自己的上帝，为其热情而竭诚地服务是自己的天职。为此，全体工作人员都要将礼貌待人放在首位，并且落实在行动上。要仪容端正、面带微笑、热情迎客、尊重每一位顾客。在任何情况下，工作人员均不得对观众恶语相加，或讥讽嘲弄。

（二）讲解员礼仪

参展单位的讲解人员要举止大方得体，不允许迟到、早退、无故脱岗、东游西逛，更不允许在观众到来之时坐而不起，怠慢对方。当观众走近自己的展位时，不管对方是否向自己打招呼，工作人员都要面含微笑，主动地向对方说："你好！欢迎光临！"随后，还应面向对方，稍许欠身，伸出右手，掌心向上，指尖指向展台，并告知对方："请您参观。"要始终做到热情礼貌，讲解流畅，不用或少用冷僻字，让听众听懂。介绍的内容要实事求是，不要弄虚作假，愚弄听众。讲解时，语调要清晰流利，声音洪亮悦耳，语速适中。对于观众提出的问题，工作人员要认真作出回答。不允许置之不理，或以不礼貌的言行对待对方。当观众离去时，工作人员应当真诚地向对方欠身施礼，并道以"谢谢光临"，或是"再见！"讲解员也要着装整洁大方，打扮自然得体，不要穿着太怪异或者喧宾夺主。

（三）主持人礼仪

主持人是一个展览会的操纵者，首先应该把握好整个展览会的主旨，了解整个过程和展览会的目的，一定要表现出权威性、灵活性。在着装方面，要穿西服套装，系领带，穿黑色皮鞋，可以佩带公事包以显示正式和气派。主持人一定要表现出热诚、友好和自信。

案例

在中国国际展览中心的一次国际制冷展上，美国 TRAE 公司凭着出色的展览设计及礼仪模特企划，获得了极大成功——人们纷纷被 TRAE 独特的展示设计所吸引。在亮丽的背景幕布上，悬挂着一张巨幅风景画，象征着 TRAE 公司为改善人们的生存环境而奋斗的目标。在展台上，两位美丽动人的礼仪小姐带着微笑和来宾合影，一位专业摄影师用即时成像的相机把这一幕变成永恒。短短几天，大约4 000人得到了自己与TRAE小姐的合影照片。TRAE公司成功的展览礼仪企划，一时传为佳话。

项目三　茶话会礼仪

一、茶话会含义

茶话会，顾名思义，有别于正式的宴会，一般不上主食，不安排酒品，而是只向与会者提供一些茶点。茶话会重在“说”而不是“吃”，所以没有必要在吃的方面过多地下工夫。

茶话会是我国传统的聚会方式，社会组织为了沟通信息、联络感情、庆祝节日等经常举办茶话会，其主要目的是借此机会与社会各界沟通信息、交流观点、听取建议、增进联络，创造一个良好的内部和外部环境。

茶话会一般可以分为非正式茶话会和正式茶话会。

非正式茶话会，一般是自发组织或形成的，如：大家聚集在一起聊天，边说边喝，热热闹闹。谈话一般没有固定的议题。

正式茶话会一般有主办人或者主办单位，事先要发通知或邀请函给被邀请人。正式茶话会需要准备足够的茶水、糖果、糕点、瓜果等。一般采用漫谈的形式，发言可以是祝贺，可以发感慨，可以谈感想、作总结、提建议，也可以吟诗作对，没有固定模式，气氛比较活跃、轻松、自由。

二、茶话会的组织

在茶话会上，为与会者所提供的茶点应当被定位为配角。虽说如此，在具体进行准备时，亦需注意如下几个方面的要求：

（一）准备工作

在选择茶具时，优先用陶瓷器皿，并且讲究茶杯、茶碗、茶壶成套，千万不要采用玻璃杯、塑料杯、搪瓷杯、不锈钢杯或纸杯，也不要用热水瓶来代替茶壶。所有的茶具一定要清洗干净，并且完整无损，没有污垢。

茶是中华民族的国饮，位列世界三大饮料（茶、可可、咖啡）之一。茶叶种类繁多，通常有绿茶、红茶、乌龙茶、白茶、花茶、黑茶等。饮茶有许多礼仪，如“功夫茶”的饮茶礼仪就可分为：嗅茶—装茶—润茶—冲泡—浇壶—温杯—运壶—倒茶—敬茶—品茶几个步骤。选择茶叶时，在力所能及的情况之下，应尽力挑选上等品，切勿滥竽充数。与此同时，要注意照顾与会者的不同口味。对中国人来说，绿茶老少咸宜。

而对欧美人而言，红茶则更受欢迎。

除主要供应茶水之外，在茶话会上还可以为与会者略备一些点心、水果或是地方风味小吃。需要注意的是，在茶话会上向与会者所供应的点心、水果或地方风味小吃，品种要对路、数量要充足，并且要便于取食。为此，最好同时将擦手巾一并上桌。

（二）主题的确定

会议的主题是指茶话会的中心议题，一般可以分为以专题为主题、以联谊为主题和以娱乐为主题。

以专题为主题的茶话会是指主办单位就某一专门问题召开的茶话会，主要是听取某些专业人士的见解和意见，通常这类茶话会比一般的会议要轻松，允许稍许有所脱题，专题也允许宽泛一些。

平日所见最多的茶话会是以联谊为主题的茶话会，主要是为了联络主办单位同应邀与会的各界人士的友谊，同时也是一个扩大社交圈的良好契机。

娱乐为主题的茶话会主要是安排一些娱乐活动，会场活跃，气氛热烈喜庆，要求人人参与。

（三）时间、地点的确定

一次茶话会要取得成功，其时间、地点的具体选择是很重要的。时间问题可以分为举行的时机、举行的时间以及时间的长度。

1. 茶话会时间的选择。时机问题是头等重要的，唯有时机选择得当，茶话会才会产生应有的效果。一般来说，茶话会多选择在辞旧迎新之时、周年庆典之际、重大决策前后、重大事件之时等，这些都是召开茶话会的良好时机。一般按照国际惯例，茶话会最佳时间为下午 4 点钟左右，有的时候可以安排在上午 10 点左右，当然还需要根据与会者以及当地人的生活习惯而定。而且，通常茶话会多在节日，如五一节、中秋节、元旦等时举办，借节日之时机达到会议目标。茶话会时间的长度由主持人在会上随机应变，灵活掌握。也就是说，茶话会可长可短，不过一般时间限定在一至两个小时之内，这样效果往往会更好一些。

2. 茶话会地点的选择。一般情况下，适宜举行茶话会的场所有：主办单位的会议厅、宾馆多功能厅、主办单位的户外花园或露台、营业性茶楼等。当然，在选择举行茶话会的具体场地时，还需同时兼顾与会人数、支出费用、周边环境、交通安全、服务质量、档次名声等因素。

三、茶话会的礼仪

（一）主持人的礼仪

茶话会一般设主持人。主持人宣布茶话会正式开始，并应开宗明义地说明茶话会的宗旨，当然还要介绍与会单位代表或个人，为交际和谈话创造合适的气氛；接着主办方的主要负责人讲话，可以代表主办单位对与会者的到来表示欢迎和感谢，并且说明召开茶话会的主旨。在茶话会上，主持人一方面要主持会议，另一个方面要能够在现场引导与会者的参与以及发言，有力地控制会议的全局。在众人就某一问题发生争议时，主持人应适当地进行调解；在众人争相发言时，主持人应根据“地位高者原则”或“就近原则”等进行协调，决定谁先发言谁后发言。在其发言完后，由主持人带头鼓掌致意。主持人要保证茶话会整个过程井然有序，轻松和谐，避免严重的跑题和激烈的争论。

（二）与会者的礼仪

根据惯例，待主持人做完开场白之后，与会者就可以畅所欲言了。茶话会上的发言没有特定的先后排序，可以多次发言不断补充、完善自己的见解和主张。与会者在茶话会上发言时，言行举止要合乎礼仪规范。在要求发言时，可举手示意；发现有多人同时要发言时，要注意谦让，不要与人争抢；不论自己有何高见，都不能失礼地打断他人的发言；在进行发言的过程中，要语气平和，语速适中，吐字清晰，用语文明，神态自若。

海尔的年终茶话会

每年的年终岁末，海尔公司一般都会组织全国乃至全球的经销商到公司参加公司联谊茶话会。在参加各种娱乐活动之外，公司会对当年成功和失败两方面的案例进行剖析，及时为各经销商提供一个交流经验教训的平台。针对国际经销商对中国市场了解不够的情况，公司会让大家了解中国博大精深的文化，了解公司“真诚到永远”的企业文化，并且深入到公司的生产第一线，切实感受企业文化和对产品质量一丝不苟的追求。此举可调动各位经销商的热情，树立对海尔产品的信心，促进公司产品的市场开拓和销售。这个茶话会体现了组织者对来宾的尊重和礼遇，为他们营造了轻松、自由的气氛，满足了与会者与组织者进行交流和沟通的愿望，使他们切实感受到组织者的“以人为本”和“真诚待人”的组织文化。组织者在整个过程中，取得了调动各方积极性，提高凝聚力的效果。

项目四　赞助会礼仪

一、赞助会含义

所谓赞助，通常也指赞助活动，是指某一单位或某一个人拿出自己的钱财、物品，来对其他单位或个人进行帮助和支持。在现代社会中，赞助乃是社会慈善事业的重要组成部分之一。它可以提高企业在社会上的知名度、美誉度，为企业塑造良好的公众形象。它是一种扶危济贫，奉献爱心的具体表现形式，能够体现出企业对社会的高度责任感，而且也有助于获得社会对企业的好感。对于企业而言，积极地、力所能及地参与赞助活动，无偿地提供资金或物质，支持某一项社会事业或社会活动，不仅可以获得一定的形象传播效益，而且也是协调本单位与政府、社会各界公共关系的一种重要手段。所以，赞助活动一向颇受企业的重视。

案　例

坤亚集团——“希望工程”

经过艰苦创业，坤亚集团已经发展成为一个拥有10亿元固定资产的大型商贸企业。在其成立20周年来临之际，坤亚集团决定为自己举行一次别开生面的庆祝活动。

在坤亚集团创建20周年的庆祝活动开始之后，绝大多数的与会者才知道，活动的中心内容并非社会上所司空见惯的歌功颂德、一唱一和、大摆排场，而是由坤亚集团的董事长郑重其事地代表董事会宣布了集团的一项正式决定：为了回报社会，救助失学儿童，特此改革本集团庆祝活动的内容，将其进行简化，从中节省下来的50万元人民币的活动费用，全部当场捐献给“希望工程”。

坤亚集团的此番作为的确不俗，因此它受到了社会各界的交口称赞。站在商务礼仪的角度上来看，坤亚集团在其创建20周年之际所进行的向“希望工程”捐款的义举，可称之为赞助活动。这一赞助活动策划得很成功，得到了社会各界的广泛关注和称赞，也为集团赢得了良好口碑，有效宣传了公司的形象。

为了扩大影响，企业在公开进行赞助活动时，往往会专门为此而举行一次一定规模的正式会议，这种以赞助为主题的会议，即为商业性赞助会。通过赞助体育赛事、运动队、文化艺术活动、公益活动等，可以提高企业及其产品的知名度和美誉度，对企业未来的开拓市场，稳定发展均有益处。因此，赞助会本质上也是一种商业行为。

二、赞助会的组织

依照常规，一次赞助会的全部时间不应当长于一个小时。因此，赞助会的具体会议过程，必须既周密，又紧凑。赞助会的实施可分为以下步骤：

第一步，宣布赞助会正式开始。赞助会的主持人，一般应由受赞助单位的负责人或公关人员担任。在宣布正式开会前，主持人应恭请全体与会者各就各位，保持肃静，并且邀请贵宾到主席台上就座。

第二步，奏国歌。此前，全体与会者须一致起立。在奏国歌之后，还可奏本单位标志性歌曲。

第三步，实施赞助活动。其具体做法通常是赞助单位的代表首先出场，口头上宣布其赞助的具体方式或具体数额。随后，受赞助单位的代表上场，双方热情握手。接下来，由赞助单位的代表正式将标有一定金额的支票模型或实物清单双手捧交给受赞助单位的代表。必要时，礼仪小姐应为双方提供帮助；若赞助的物资重量、体积不大时，亦可由双方在此刻当面交接。在此过程中，全体与会者应热情鼓掌。

第四步，赞助单位代表发言，其发言内容，重在阐述赞助的目的与动机。与此同时，还可以对本单位的简况略作介绍。

第五步，受赞助单位代表发言。此刻的发言者，一般应为受赞助单位的主要负责人或主要受赞助者。其发言的中心，应当集中在对赞助单位的感谢方面。

第六步，来宾代表发言。根据惯例，可邀请政府有关部门的负责人讲话。他的讲话，主要是肯定赞助单位的义举，同时亦可呼吁全社会积极倡导这种互助友爱的美德。该项议程，有时亦可略去。至此，赞助会即可宣告结束。

第七步，合影留念。在赞助会正式结束后，赞助单位、受赞助单位双方的主要代表以及会议的主要来宾，通常要合影留念。此后，宾主双方可稍事晤谈，然后来宾即应一一告辞。在一般情况下，在赞助会结束后，东道主大都不为来宾安排膳食。如确有必要，则至多略备便餐，而绝对不宜设宴待客。

第八步，赞助活动评估。经验来源于实践，经验有待于总结。在赞助会结束后，尤其是在整个一项赞助活动告一段落之后，赞助单位在赞助活动结束后要对其进行一次全面的评估，总结经验、吸取教训、听取意见、调整对策，这是十分有益的。

三、赞助会礼仪要求

欲使赞助会取得成功，遵守赞助会礼仪是十分必要的。赞助会礼仪，一般指的是筹备、召开赞助会的整个过程中所应恪守的有关礼仪规范。

（一）明确赞助目的

需要掌握赞助的具体形式。赞助的类型选择得当与否，大都会对赞助的效果产生影响。根据不同的目的，赞助的类型可有各种不同的划分。通常赞助活动的目的有以下几种：

1. 扩大知名度，提高美誉度；
2. 追求新闻效应，树立良好形象；
3. 强化宣传，提高经济效益；
4. 维系情感，改善社会关系。

（二）确定赞助类型

只有确定了赞助会的类型，才能使赞助会的各项组织工作有的放矢，也才能明确此次赞助会应当采取怎样的程序和施用怎样的礼仪。

赞助会可以分为赞助体育活动、教育科研事业、文化活动事业、社会慈善事业、公益事业等，不同类型的赞助会会议组织的要求、礼仪规范也有所不同。

（三）赞助会实施过程中的礼仪

赞助单位在决定参加赞助会前要经过仔细论证，要确保目的明确，既重视社会、公众的利益，也重视企业自身的利益。赞助活动一经决定，应选择时机迅速付诸实施。赞助单位务必要言而有信，兑现承诺，在指定的时间内，将自己拟赞助的财物如数全部运送到位。不论发生了什么情况，都不允许赞助单位拖延时间，取消赞助。削减数额、以次充好、以假充真等，也是不允许的。赞助单位如果真的那么做了，不但是一种单方面的毁约行为，而且还会予人以不诚信的印象，与赞助会目的适得其反。

根据商务礼仪的规范，赞助会通常应由受赞助者出面承办，而由赞助单位给予适当的支持。

赞助会的举行地点，一般可选择受赞助者所在单位的会议厅。亦可由其出面，租用社会上的会议厅。用以举行赞助会的会议厅，除了其面积的大小必须与出席者的人数成比例之外，还需打扫干净，并且略加装饰。

举行赞助会的会议厅之内，灯光应当亮度适宜。在主席台的正上方，或是面对会议厅正门之处的墙壁上，还需悬挂一条大红横幅。在其上面，应以金色或黑色的楷书写明“×××单位赞助×××项目大会”，或者“×××赞助仪式”等字样。前一种写法，意在突出赞助单位；后一种写法，则主要是为了强调接受赞助的具体项目。

（四）参加赞助会的人员及仪表

参加赞助会的人员，在数量上不必过多，但要有一定的代表性。赞助会的组织者一般会邀请赞助单位、受赞助者双方的主要负责人及员工代表、政府代表、社区代表、群众代表等参加。所有参加赞助会的各界人士，在与会之时，皆须身着正装，修饰仪表，并且注意个人的言行举止。赞助会的整体风格是庄严而神圣的，与会者都应该慎重对待。

项目五　各种会议的会场布置

一、会场布置形式

（一）礼堂式

礼堂式布置是指面向房间前方摆放一排排坐椅，中间留有较宽的过道，见图6－4。

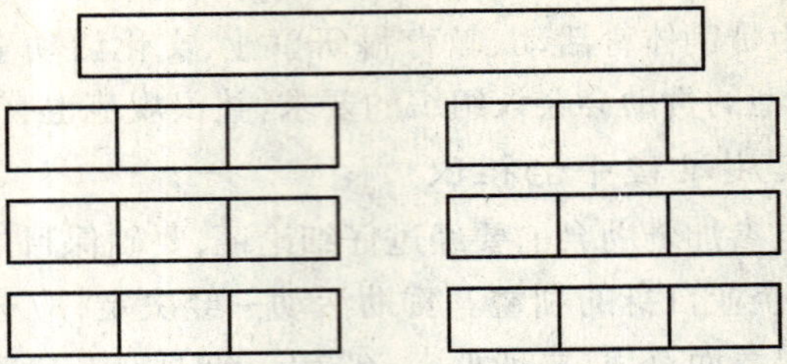

图 6-4 礼堂式布置

特点：在留有过道的情况下，可最大限度地摆放坐椅；观众没有地方放资料，也没有桌子可用来记笔记。

（二）教室式

教室式布置是指房间内将桌椅按排摆放或摆成“V”形。根据桌子的大小，摆放方式也会有所不同，见图 6-5、图 6-6 所示。

特点：可针对房间面积和观众人数在安排布置上有一定的灵活性。

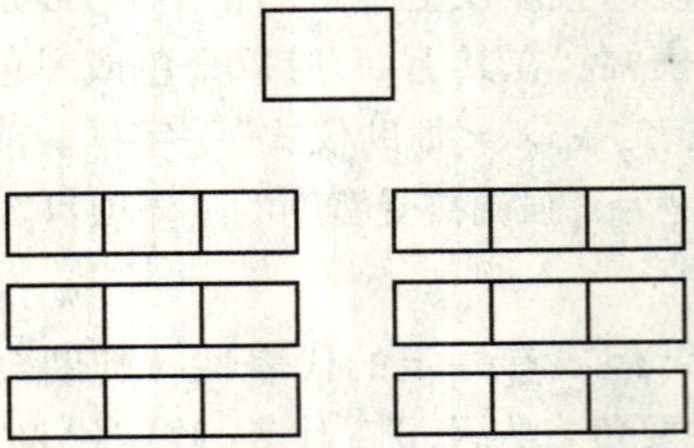

图 6-5 教室式布置 1

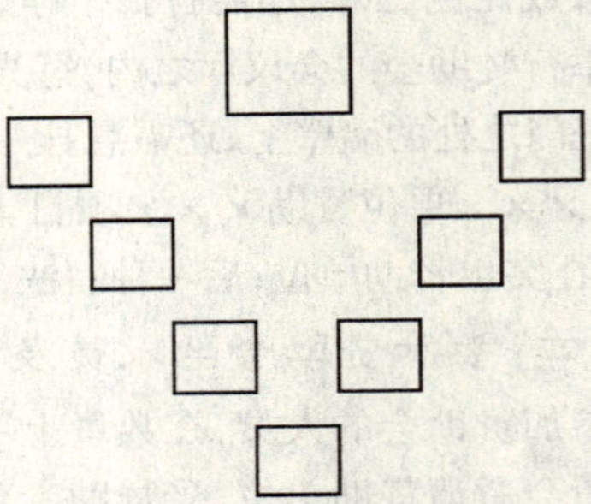

图 6-6 教室式布置 2

（三）弦月式

弦月式布置是指房间内放置一些圆形或椭圆形桌子，椅子只放在桌子的一面，以便所有观众都面向屋子的前方，见图 6-7 所示。

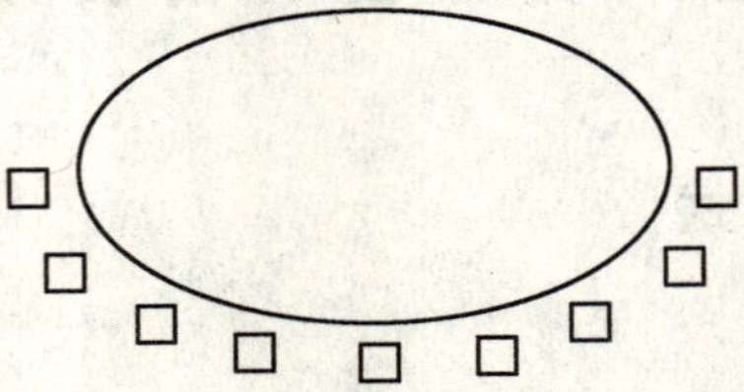

图 6-7 弦月式布置

(四)方形中空式

方形中空式布置指桌子摆成方形中空,不留缺口;椅子摆在桌子外围,见图6－8所示。

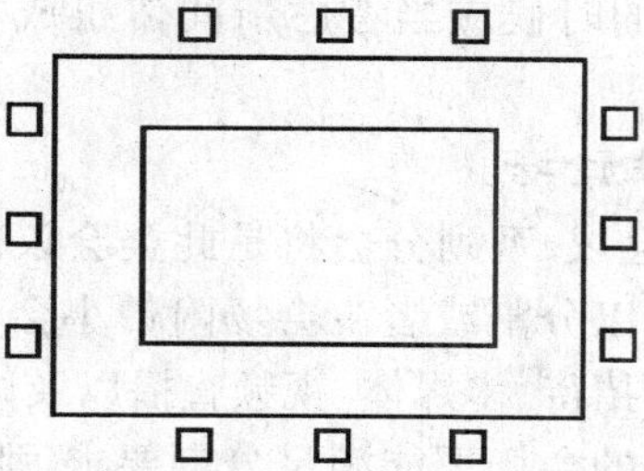

图6－8 方形中空式布置

(五)马蹄形或U形

马蹄形或U形布置是指将桌子连接着摆放成长方形,但空出一个短边;椅子摆在桌子外围,也可以内外都摆放,见图6－9所示。

图6－9 马蹄形布置

二、会议类型不同对会场的要求

(一)研讨会议

研讨型会议通常专业性较强,参与的人数不是很多,除非是行业标准讨论,一般不会超过100人。这类研讨会的关键点是会场及地点选择。会场——除一般性的主会场外,通常需要一些小型会议场所以便分组讨论。主会场的布置除保留主持人外,其他座位应当体现平等精神,发言用的麦克风应该每个座位都有——除非人数少于15人。

(二)培训会议

培训会议也是专业型会议,通常由企业或者教育部门举办。除带有研讨性质外,更多的是技能交流及知识传授,所以培训会议对场地的要求相对较高——除了一般的封闭式会场外,应该还有各类拓展训练设施或者场地,可能的话还应该有高品质的休闲放松场地。

（三）社团会议

社团会议通常为纯会议，往往需要发布一些宣言或者决议之类的书面信息。所以，社团会议经常配合新闻发布会举行。举行此类会议，表决设施、现场会员排序及会场控制是关键。作预算的时候应当考虑新闻传媒成本——包括记者的邀请、交通、住宿及餐饮安排等。

（四）公益性/技术性论坛

此类会议多为公开性会议，系列分会将是此类会议的特点，所以会议场所的选择非常重要，基本要求是可以分割或者主会场附带小会场，对会议设施要求也比较高——同声传译、传媒记者招待、多媒体、视频直播以及讨论场地等均有可能要求提供。此外，如果会议主办地的会场不能满足分割要求，那么会务交通就成为需要重点考虑的内容。

（五）订货交流会议

此类会议实际上兼有展览性质，因此会场的要求相对特别。理想的场地应该是专门的展览馆或者会展中心，如带有商务会所或者类似场地的话则再完美不过。如果是小型订货交流会，可以设立在大型商务型酒店。组织此类会议的关键点是场地选择、会场控制和布置。

三、会场布置中的座次安排

排列座次，是指按照一定的规律和比较科学的原则给与会人员安排座位。排列座次的规则有：①凡要正式公布名单的，按照名单先后顺序排列座次；②按照选举得票多少排列座次，得票数一样的，以姓氏笔画为序排列先后；③按照姓氏汉语拼音首字母以字母表顺序排列先后；④按照姓氏笔画为序排列座次。

排列座次的几种方法具体介绍如下：

第一，横排法，即按照公布名单或以姓氏笔画为序从左至右依次排列座次。

第二，竖排法，即按照会议人员的既定次序或姓氏笔画沿一条直线从前至后依次排列座次。排列次序按固有顺序从左至右排列，或以会场中心座位为基点，向两边交错扩展。

第三，左右排列法，即按照公布名单或以姓氏笔画为序，以会场或主席台中心为基点，向左右两边交错扩展排列座次。中国传统习惯以左为上，排在第一位的居中而坐。以此为基点，其余的以居中者的左手方为第一顺序，一左一右，依次排列。

项目六　实训

任务一　展览会策划

1. 模拟举办一次展览会，展出并销售自己的二手物品、手工制品等物品。

2. 就“阳光工程——洒向贫困的爱，资助贫困学生”举办一次赞助活动。

任务二　新闻发布会模拟实训

（一）实训目的与要求

通过对会议主题的确定以及新闻发布会程序的训练，使学生掌握组织新闻发布会的一般技巧。

（二）实训器材

摄像机、台桌、椅子、辅助工具（照片、实物、模型等）等。

（三）实训内容

1. 确定主题：一般而言，新闻发布会主要是发布某一消息或说明某一活动或解释某一事件。

2. 选择场地：地点一般考虑会议厅、多功能厅或有其他影响力的地方等。

3. 人员的安排：安排新闻发言人、主持人、接待人员等。

4. 材料的准备：发言提纲、问题提纲、宣传提纲。

5. 媒体的邀请：新闻界人士。

6. 现场的应酬：主持人、发言人要善于沉着应变、把握全局。

（四）实训注意事项

1. 发言提纲要紧扣主题，又必须全面、准确、生动、真实；要事先对有可能被提问的主要问题进行预测，并就此预备好相应的答案。

2. 辅助材料主要包括可强化会议效果的形象化视听材料。

3. 主持人和发言人要保持一致的口径，注意讲话分寸，不要卖弄口才、口若悬河。

（五）实训方法

在实训室模拟新闻发布会。

任务三　展览会模拟实训

（一）实训目的与要求

通过对销售型展览会的模拟训练，使学生了解、掌握展览会的一般程序。

（二）实训器材

展台、宣传品、销售产品等。

（三）实训内容

1. 展台布置：围绕销售主题，要求展台设计新颖，并做好前期的宣传工作。

2. 展会过程：善于运用解说技巧，展示、推销所陈列出的物品。

3. 展会总结：评比各组的情况，如展台布置、展会过程情况以及销售情况。

（四）实训注意事项

在销售型展览会上，解说的重点必须放在介绍与推销之上，着重强调自己所介绍、推销的展品的主要特征与主要优点，以争取使客户，同时还要注意展会人员的形象。

（五）实训方法

学生10人左右分为一组，在校园里模拟举办销售型展览会。

任务四　展览会礼仪模拟实训

2011年××手机产业展览会

角色分配：

潮流公司负责人——杜

潮流公司公关主任——胡

话机世界手机大卖场销售部经理——应

311手机大卖场经理兼潮流公司工作人员——沈

311手机大卖场经理秘书兼迎宾和参观人员——邢

309手机大卖场销售主管兼迎宾和秘书——瞿

309手机大卖场市场部主任兼工作人员——王

情景一

（出场者：胡、邢、应、瞿、王　道具：桌子五张，椅子五张，电话机五部）

公关部主任胡清清看着各大卖场的联系方式拿起电话，两三秒后：

邢：（铃声响三下后）喂，您好！311大卖场。

胡：你好！我是潮流手机公司的公关部主任胡清清，请找一下你们的沈总经理。

邢：不好意思，我们经理现在不在公司，请问您有什么事吗？

胡：哦，是这样的，我们公司于1月25日要在本公司2楼展览厅举行新型手机展览会，要不你帮我转达下行吗？

邢：嗯，好的。

胡：如果贵公司有空的话，欢迎你们届时参加。

邢：嗯，好的，那请您留下您的联系方式，等我们经理回来再给你答复吧。

胡：那麻烦您了，我们的电话号码是5660××××。

邢：是5660××××吗？

胡：嗯，是的。麻烦您了。

邢：没事的。那请问还有别的什么事吗？

胡：没有了。

邢：那好，那先这样了，我一定会转告我们经理的。再见！

胡：那谢谢啦，再见！

公关部主任再次拨通电话，两三秒后：

应：（铃声响三下后）喂，您好！我是话机世界市场部的应慧。

胡:(惊喜)你好啊,老同学,我是清清啊!

应:(高兴,惊叫)啊,是清清呀,好久没联系了,最近在哪儿呢?

胡:我现在在潮流手机公司公关部工作。

应:是吗,那还好吧,怎么今天有空跟我打电话了呢,有什么好事情吗?

胡:当然有的呀,好事情怎么少得了老同学你呢。我公司将于1月25日在公司2楼展览厅举行新型手机展览会,如果你们公司有空的话,欢迎你们届时参加。

应:嗯,好的,我知道了,我一定会抽空去的,对了,最近有和别的老同学联系吗?

胡:没呢,最近都忙着搞这个展览会,要不有时间我们老同学大家聚聚啊。

应:嗯,好的呀,我正有此意呢,嗯,我有电话进来了,那就先这样,有空我们再聊啊!

胡:嗯,好的啊,那下次见哦! 拜拜。

应:拜拜。

公关部主任再次拨通电话,两三秒后:

瞿:早上好! 309手机卖场!

胡:早上好,我是潮流手机公司的公关部主任,请帮忙接市场部的王敏芳主任,谢谢!

瞿:请稍等,我帮您接过去。

瞿:王主任,有潮流手机公司的公关部主任的电话,需要帮您接过去吗?

王:那帮我接过来吧,谢谢了。

王:早上好,我是王敏芳。

胡:您好,我是潮流手机公司的公关部主任胡清清,我公司于1月25日在本公司2楼展览厅举行新型手机展览会,如果贵公司有空的话,欢迎你们届时参加。

王:这样的啊,届时我一定会去的。谢谢! 请问还有什么事吗?

胡:嗯,好的。没有了。

王:那就这样吧! 再见!

胡:再见! 祝您工作愉快。

情景二

展览厅(出场者:杜、胡、应、瞿、邢、沈、王、客串人员若干;道具有桌子五张,椅子五张,笔、纸,宣传册若干本,手机、手机座若干)

1. 礼仪小姐瞿和邢两人微笑迎接,表示欢迎,口说欢迎光临。(鞠躬:欠身30°)

2. 签到(笔、纸),发送宣传册:工作人员沈请来客签字,发送宣传册,由一礼仪小姐迎入休息区告知9:00展览会正式开始并为他们送上茶水。

3. 8:55,礼仪小姐到休息室告知展览会即将开始。

4. 胡(拿着文件夹走上台)开场:各位来宾大家好,十分感谢大家能在百忙之中抽出时间来我们公司参加此次手机展览会,现在有请我公司的杜总为大家讲话。

杜(拿着演讲稿上台):各位来宾,首先十分感谢大家能来参加本公司的展览会,下面我为大家介绍一下目前浙江手机业的发展形势。浙江手机产业经过近几年的发展,已经成为全国范围内重要的手机生产基地,其年产量约占全国产量的10%,世界众多一流手机厂商均落户浙江。浙江拥有全国一流的教育和技术、完善的通信基础设施及良好的业务环境等多重优势,使得通信技术得以蓬勃发展。全国信息通信技术领域的一流厂商,将成为本届展会的一大亮点,它们的参展使浙江手机展的知名度进一步得到提高,成为一个名副其实的规模巨大、权威专业的全国性手机产业链交流、沟通和互动平台。下面请大家随意参观吧,如果有什么问题可以随时向我们的工作人员询问。谢谢!

5. 参观人员来到某展台前——

工作人员沈:您好! 欢迎光临!(应面向对方,稍许欠身,伸出右手,掌心向上,指尖直指展台)

参观人员应:你们这个手机有什么新型功能?

工作人员沈:我们这款手机音乐功能强大,时尚滑盖设计,第三版操作系统。主要性能有……

参观人员应:那我们先自己看看。

柜台小姐沈:嗯,好的。请随便参观。

应转头碰到合作伙伴瞿,进行寒暄——

瞿:应总,你好你好!(面向对方,伸出右手)

应(伸出右手):瞿主管啊! 好久不见好久不见! 最近生意怎么样?

瞿:托你洪福啊! 这个手机展览会办得不错啊!

应:是啊,是蛮不错的! 这是我老同学主办的! 要不帮你们介绍一下?

瞿:好的! 很荣幸啊!

递交名片——

应:老同学,好久不见,最近更漂亮了!

胡:哪里哪里。你也不错啊! 你身边的这位是?

应:哦! 忘了帮你们介绍了,这位是309手机大卖场的销售主管瞿金来。

瞿(边递名片边说):这是我的名片,以后请多多关照!

胡(边递名片边说):这是我的名片,幸会幸会,很高兴认识你!

瞿:我们对本次展览会的产品很感兴趣,什么时候我们详细洽谈一下?

胡:好的,您看明天怎么样?

瞿:好的,那就这么定了,明天见。

胡:明天见。

工作人员王:您好! 欢迎光临!

(参观人员参观)

工作人员王:再见!

(来宾三三两两离开会场,展览会结束。)

模块七

商务仪式礼仪

知识目标	能力目标
了解商务仪式规范； 做好庆典活动准备； 学会做好庆典筹备工作； 掌握签字仪式、开业仪式、剪彩仪式等常见礼宾的主要程序。	学会对宾客接待和引导工作； 初步掌握各种仪式的具体操作工作。

案例导入

在一次商务活动中，我国企业代表在与外国商务代表协商签订了一份商务合同后，举行了一场有关商品的剪彩仪式。在仪式中，我国企业代表发言致辞时说：“各位嘉宾，大家下午好，我非常高兴……”此时，外国商务代表表现出不愉快的表情。在剪彩过程中，中方企业代表不慎把剪下来的红缎带大花掉落在主席台上，虽然一再解释，但是外商依然很生气。

思考：

为什么外商会感到不愉快？

项目一　开业仪式

一、开业仪式的含义

开业仪式，是指在单位创建、开业，项目完工、落成，某一建筑物正式启用，或是某项工程正式开始之际，为了表示庆贺或纪念，而按照一定的程序所隆重举行的专门的仪式。有时，开业仪式亦称做开业典礼。

站在仪式礼仪的角度看，开业仪式是一个统称。在不同的使用场合，往往采用一些具体的名字，例如：开幕仪式、开工仪式、奠基仪式、竣工仪式、通车仪式等。开业仪式一直备受青睐，因为它有助于塑造企业的良好形象，提高企业自身的知名度和美誉度，扩大企业的社会影响。

二、开业仪式的组织与实施

开业仪式的礼仪，一般指的是在开业仪式筹备与运作的具体过程中所应该遵从的礼仪惯例，一般包括开业仪式的筹备和开业仪式的运作。筹备开业仪式要遵循热烈、节俭、缜密三个原则。在开业仪式的进行过程中要营造出一个欢快、喜庆、隆重的气氛。具体而论，筹备开业仪式时，要考虑舆论宣传、来宾邀请、场地布置、接待服务、礼品馈赠、程序拟定等工作，需要事先作认真的安排。

（一）舆论宣传

在开业仪式的宣传上，一般选择有效的大众传播媒介，进行集中性的广告宣传。主要是宣传开业仪式举行的日期、地点，开业之际对顾客的优惠，开业单位的经营特色，等等。要邀请有关的大众传播界人士在开业仪式举行之时到场进行采访和报道。

（二）来宾邀请

开业仪式影响的大小，很大程度上取决于来宾的身份与数量。一般情况下，邀请的嘉宾多为地方领导、上级主管部门领导、合作伙伴相关负责人、社会贤达、媒体人员、社会公众人物、明星，等等。为了郑重起见，应事先写好请柬，并装入精美的信封，由专人提前送达对方手中。

（三）场地布置

按照惯例，开业仪式一般都不安排主席台或坐椅。为了隆重，可以在来宾席上铺上红色地毯，并在场地四周悬挂横幅、标语、气球、彩带等。此外，还可以在会场醒目的地方放上花篮、牌匾等。签到之处可以放上台花、签到簿、宣传资料等。会场的灯光、音响设备也是不能出现丝毫差错的，必须事先进行认真检查、调试。

（四）接待服务

在开业仪式现场，一定要有专人负责来宾的接待工作。在接待来宾的时候，由礼仪小姐引入会场，并且佩戴胸花。当然，还要准备好专门的停车场和休息室。

（五）礼品馈赠

根据惯例，开业仪式要馈赠来宾礼品，礼品的要求是具有宣传性，可以借机宣传本企业，提高自身的知名度；其次是要具有一定的纪念意义，使拥有者珍惜、重视；最后要尽量做到与众不同，具有鲜明特点，使人过目不忘。

（六）程序拟定

一般开业程序为开场奏乐，嘉宾入席，随之介绍嘉宾。接着负责人讲话，来宾代表致辞，启动某项开业标志等。最后开业仪式结束，邀请嘉宾参观、联欢，或组织讲座等。

项目二　剪彩仪式

一、剪彩礼仪的含义

剪彩仪式的来历有各种不同的说法。流传较广的一个说法是，1912 年，在美国圣安东尼奥的华狄密镇，一个叫威尔斯的店主发明了剪彩仪式。它最初只是人们用以促销的一种手段，到了后来，它才渐渐地演变为商务活动中的一项重要的仪式。

剪彩仪式，严格地讲，指的是有关单位为了庆贺公司的设立、企业的开工、宾馆的落成、商店的开张、银行的开业、大型建筑物的启用、道路或航线的开通、展销会或博览会的开幕等而隆重举行的一项礼仪性程序。因其主要活动内容是邀请专人使用剪刀剪断被称之为“彩”的红色缎带，故此被人们称为剪彩。

在一般情况下，在各式各样的开业仪式中，剪彩都是一项极其重要的、不可或缺的程序。尽管它往往也可以被单独地分离出来，独立成项，但是在更多的时候，它是附属于开业仪式的。这是剪彩仪式的重要特征之一。

实际的商务活动之中，绝大多数商界人士依旧坚持认为，剪彩活动不宜被取消，不能被替代。剪彩活动气氛热烈，既能给主人带来喜悦，又能令人产生吉祥如意之感。剪彩活动还可以借着活动的良机，向社会各界通报自己企业或店铺的“问世”，以吸引各界人士对自己的关注。

二、剪彩仪式礼仪

规模适度的剪彩仪式，其实是一种有效的宣传活动，但要注意，在剪彩活动中应量力而行，不宜铺张浪费。在组织剪彩仪式时，没有必要一味地求新、求异、求轰动，而脱离了自己的实际能力。

目前所通行的剪彩礼仪主要包括剪彩的准备、剪彩的人员、剪彩的程序、剪彩的做法四个方面的内容。剪彩仪式如图 7－1 所示。

图 7－1　剪彩仪式

(一)剪彩的筹备礼仪

剪彩仪式有大量的准备工作要做。其中主要涉及场地的布置、环境的卫生、灯光与音响设备的准备、媒体的邀请、人员的培训,等等。除此之外,尤须对剪彩仪式上所需使用的某些特殊用具,诸如红色缎带、新剪刀、白色薄纱手套、托盘以及红色地毯等仔细地进行选择与准备。

红色缎带,亦即剪彩仪式之中的“彩”。按照传统做法,它应当由一整匹未曾使用过的红色绸缎,在中间结成数朵花团而成。一般来说,红色缎带上所结的花团,不仅要生动、硕大、醒目,而且其具体数目往往还同现场剪彩者的人数直接相关。循例,红色缎带上所结的花团的具体数目有两类模式可依。其一,是花团的数目较现场剪彩者的人数多上一个。其二,是花团的数目较现场剪彩者的人数少上一个。前者可使每位剪彩者总是处于两朵花团之间,尤显正式。后者则不同常规,亦有新意。

新剪刀,是专供剪彩者在剪彩仪式上正式剪彩时所使用的。它必须是每位现场剪彩者人手一把,而且必须崭新、锋利而顺手。

白色薄纱手套,是专为剪彩者所准备的。在正式的剪彩仪式上,剪彩者剪彩时最好每人戴上一副白色薄纱手套,以示郑重其事。有时,亦可不准备白色薄纱手套。

托盘,在剪彩仪式上是托在礼仪小姐手中,用做盛放红色缎带、剪刀、白色薄纱手套的。在剪彩仪式上所使用的托盘,最好是崭新、洁净的。它通常首选银色的不锈钢制品。为了显示正规,可在使用时上铺红色绒布或绸布。就其数量而论,在剪彩时,可以一只托盘依次向各位剪彩者提供剪刀与手套,并同时盛放红色缎带;也可以为每一位剪彩者配置一只专为其服务的托盘,同时使红色缎带专由一只托盘盛放。后一种方法显得更加正式一些。

红色地毯,主要用于铺设在剪彩者正式剪彩时的站立之处。有时,亦可不铺设。

(二)剪彩人员的礼仪

剪彩人员必须认真进行选择,并于事先进行必要的培训。除主持人之外,剪彩的人员主要是由剪彩者与助剪者等两个主要部分的人员所构成的。

1. 剪彩者礼仪。剪彩者即在剪彩仪式上持剪刀剪彩之人。根据惯例,剪彩者可以是一个人,也可以是几个人,但是一般不应多于五人。通常,剪彩者多由上级领导、合作伙伴、社会名流、员工代表或客户代表所担任。一般礼仪要求是:中间高于两侧,右侧高于左侧,距离中间站立者越远,位次便越低,即主剪者应居于中央的位置。需要说明的是,之所以规定剪彩者的位次“右侧高于左侧”,主要是因为这是一项国际惯例,剪彩仪式理当遵守。其实,若剪彩仪式无外宾参加时,执行我国“左侧高于右侧”的传统做法,亦无不可。

按照常规,剪彩者应着套装、套裙或制服,并将头发梳理整齐。不允许戴帽子,或者戴墨镜,也不允许穿着便装。

2. 助剪者礼仪。助剪者礼仪指的是剪彩者剪彩的一系列过程中从旁为其提供帮助的人员。一般而言，助剪者多由东道主一方的女职员担任。现在，人们对她们的常规称呼是礼仪小姐。

具体而言，在剪彩仪式上服务的礼仪小姐，又可以分为迎宾者、引导者、服务者、拉彩者、捧花者、托盘者。迎宾者的任务是在活动现场负责迎来送往。引导者的任务是在进行剪彩时负责带领剪彩者登台或退场。服务者的任务是为来宾尤其是剪彩者提供饮料，安排休息之处。拉彩者的任务是在剪彩时展开、拉直红色缎带。捧花者的任务则是在剪彩时手托花团。托盘者的任务是为剪彩者提供剪刀、手套等剪彩用品。详见表 7－1。

表 7－1　剪彩仪式中礼仪小姐的分工

岗　位	任　务	人　数
迎宾者	在活动现场负责迎来送往	多人
引导者	在进行剪彩时负责带领剪彩者登台或退场	可以一人，也可多人
服务者	为来宾尤其是剪彩者提供饮料，安排休息之处	多人
拉彩者	在剪彩时展开、拉直红色缎带	通常为两人
捧花者	在剪彩时手托花团	一花一人
托盘者	为剪彩者提供剪刀、手套等剪彩用品	一人，也可多人

在一般情况下，迎宾者与服务者应不止一人。引导者既可以是一个人，也可以为每位剪彩者各配一名。拉彩者通常应为两人。捧花者的人数则需要视花团的具体数目而定，一般应为一花一人。托盘者可以为一人，亦可以为每位剪彩者各配一人。有时，礼仪小姐亦可身兼数职。

礼仪小姐的基本条件是，相貌较好、身材颀长、年轻健康、气质高雅、音色甜美、反应敏捷、机智灵活、善于交际。礼仪小姐的最佳装束应为：化淡妆、盘起头发，穿款式、面料、色彩统一的单色旗袍，配肉色连裤丝袜、黑色高跟皮鞋。除戒指、耳环或耳钉外，不佩戴其他任何首饰。有时，礼仪小姐身穿深色或单色的套裙亦可。礼仪小姐的穿着打扮必须尽可能地整齐划一。必要时，可向外单位临时聘请礼仪小姐。

（三）剪彩礼仪的一般程序

一般来说，剪彩仪式宜紧凑，忌拖沓，所花时间越短越好。短则一刻钟即可，长则至多不超过一个小时。

按照惯例，剪彩既可以是开业仪式中的一项具体程序，也可以独立出来，由其自身的一系列程序所组成。独立而行的剪彩仪式，通常应包含如下六项基本的程序：

1. 邀请来宾就座。在剪彩仪式上，通常只为剪彩者、来宾和本单位的负责人安排坐席。在剪彩仪式开始时，即应敬请大家在已排好顺序的座位上就座。

2. 宣布仪式正式开始。在主持人宣布仪式开始后,乐队应演奏音乐,现场可燃放鞭炮,全体到场者应热烈鼓掌。此后,主持人应向全体到场者介绍到场的重要来宾。

3. 奏国歌。此刻须全场起立。必要时,亦可随之演奏本单位标志性歌曲。

4. 代表发言。发言者依次应为东道主单位的代表、上级主管部门的代表、地方政府的代表、合作单位的代表,等等。其内容应言简意赅,每人不超过 3 分钟,重点应为介绍、道谢与致贺。

5. 进行剪彩。此刻,全体应热烈鼓掌,必要时还可奏乐或燃放鞭炮。在剪彩前,须向全体到场者介绍剪彩者。

6. 参观。剪彩之后,主人应陪同来宾参观被剪彩之物。仪式至此宣告结束。随后东道主单位可向来宾赠送纪念性礼品,并以自助餐款待全体来宾。

当主持人宣告进行剪彩之后,礼仪小姐即应率先登场。在上场时,礼仪小姐应排成一行行进,从两侧同时登台,或是从右侧登台。登台之后,拉彩者与捧花者应当站成一行,拉彩者处于两端拉直红色缎带,捧花者各自双手手捧一朵花团。托盘者须站立在拉彩者与捧花者身后一米左右,并且自成一行。

在剪彩者登台时,引导者应在其左前方进行引导,使之各就各位。剪彩者登台时,宜从右侧出场。当剪彩者均已到达既定位置之后,托盘者应前行一步,到达前者的右后侧,以便为其递上剪刀、手套。

剪彩者若不止一人,则其登台时亦应列成一行,并且使主剪者行进在前。在主持人向全体到场者介绍剪彩者时,后者应面含微笑向大家欠身或点头致意。

剪彩者行至既定位置之后,应向拉彩者、捧花者含笑致意。当托盘者递上剪刀、手套时,亦应微笑着向对方道谢。

在正式剪彩前,剪彩者应首先向拉彩者、捧花者示意,待其有所准备后,集中精力,右手手持剪刀,表情庄重地将红色缎带一刀剪断。若多名剪彩者同时剪彩时,其他剪彩者应注意主剪者动作,与其主动协调一致,力争大家同时将红色缎带剪断。

按照惯例,剪彩以后,红色花团应准确无误地落入托盘者手中的托盘里,而切勿使之坠地。为此,需要捧花者与托盘者的合作。剪彩者在剪彩成功后,可以右手举起剪刀,面向全体到场者致意,然后将剪刀、手套放于托盘之内,举手鼓掌。接下来,可依次与主人握手道喜,并列队在引导者的引导下退场。退场时,一般宜从右侧下台。

待剪彩者退场后,其他礼仪小姐方可列队由右侧退场。

项目三　签字仪式

一、签字仪式的含义

签字仪式是经双方或多方会谈,对政治、经济、文化、科学、教育、体育等某一领域的合作事项达成协议，并签署合同或者合约，以确定其法律依据的活动。它是谈判结果的体现，是一项正式活动，要求组织严谨，按一定规程实施。我国法律规定：合同一般只有当事人达成书面协议并签字时，才能宣告成立。可见，当事人的签字是合同生效的必要条件。签字仪式的时间虽然短暂，但程序却是最为规范，气氛最为庄严、隆重和热烈的。

二、签字仪式礼仪

（一）签字仪式的准备工作

1. 备好签字文本、文具、国旗等物品。

2. 与对方商定助签人，与助签人洽谈有关细节。

3. 出席人员为双方参加会谈的全体人员。双方签字人身份及参加仪式的人数应大体相当。

4. 备好签字厅。签字厅一般挂横幅，设长方桌，桌子横放正对着门，桌上摆签字文本、签字笔、吸水纸，如挂国旗，以面对会场为准，右侧为客方国旗，左侧挂我国国旗。参加仪式的人员，以双方身份高者居中，面对会场，右侧为客方人员，我方人员在左侧，站于签字桌背后。若设两张签字桌时，双方签字人各坐一桌，桌上分别悬挂各自的国旗。中国签字厅内通常设长方桌一张，作为签字桌。桌面覆盖深绿色台呢，桌后为双方签字人放两把椅子，主人位左边，客人位右边。座前摆放各自保存的文本，上端分别放置签字文具，中间摆一个旗架，悬挂签字双方的国旗。

（二）安排出席签字的人员

双方要事先商定好签字人，其人选要视签订文件的性质来确定，可由组织中最高领导人签，也可以是部门负责人来签署的。需要注意的是，双方签字人的身份要对等，双方出席的人数也要大致相当。

三、签字仪式的程序

双方出席人员进入签字厅，签字人入座时，其他人员分主客各一方按身份顺序排列于各自的签字人座位之后。

双方的助签人分别站立在各自签字人的外侧，协助翻揭文本，指明签字处。

在本方保存的文本上签字完毕后，由助签人互相传递文本，再在对方保存的文本上签字。

双方签字人交换文本，相互握手，参加仪式的其他人员同时鼓掌表示祝贺。有时签字后，备有香槟酒，双方共同举杯庆贺。服务人员应在签字时，先将酒杯送给参加仪式的人员，待签字完毕交换文本后，及时将酒杯送给双方签字人，双方签字人同时举杯祝贺。之后，宣布签字仪式结束，将客人送至签字厅门口握手告别。

签署双边性合同应请客方签字人在签字桌右侧就座，主方签字人则应同时就座于签字桌左侧。双方各自的助签人，应分别站立于己方签字人的外侧，以便随时对签字人提供帮助。双方其他随员，可以按照一定顺序在己方签字人的正对面就座。也可依照职位的高低，依次自左至右（客方）或是自右至左（主方）列成一行，站立于己方签字人的身后。当一行站不完时，可按照以上顺序并遵照“前高后低”的惯例，排成两行或三行。

如果是签订多边协议，通常仅设一个座位，一般由协议保存方代表先签字，然后由其他各方代表依一定次序轮流在协议上签字。助签人应随之一同行动。在助签时，依“右高左低”的规矩，助签人应站立于签字人的左侧。有关各方的随员，应按照一定的序列，面对签字桌就座或站立。

项目四　交接仪式

一、交接仪式的含义

交接仪式，一般是指施工单位依照合同将已经建设、安装完成的工程项目或大型设备，如厂房、商厦、宾馆、办公楼、机场、码头、车站或飞机、轮船、火车、大型机械等，经验收合格后正式移交给使用单位之时所专门举行的庆祝典礼。双方达成协议进行交接是值得有关各方庆贺的一桩大事。

举行交接仪式有助于增进合作双方彼此之间的感情交流，也是商务伙伴们对于所进行过的成功合作的庆贺，是对给予过自己关怀、支持、帮助和理解的社会各界的答谢，又是接收单位与施工、安装单位巧妙地利用时机，为各方提高知名度和美誉度而进行的一次公共宣传活动。

二、交接仪式礼仪

（一）交接仪式的准备

1. 来宾的邀约。交接仪式的出席人员应当包括：施工、安装单位的有关人员，接收单位的有关人员，上级主管部门的有关人员，当地政府的有关人员，行业组织、社会团体的有关人员，各界知名人士、新闻界人士，以及协作单位的有关人员，等等。原则上人数不能太少，以免场面显得太冷清。一般来说，除施工、安装单位与接收单位的有关人员之外，对于其他所有的人员，均应提前送达或寄达正式的书面邀请，以示对对方的尊重之意。应尽力邀请上级主管部门、当地政府、行业组织的有关人员，可以利用举行交接仪式这一良机，使施工、安装单位和接收单位与上级主管部门、当地政府、行业组织进行多方接触，扩大知名度，而且也有助于有关各方之间进一步地实现相互理解和相互沟通。

2. 场地的布置。根据常规，一般可将交接仪式的举行地点安排在已经建设、安装完成并已验收合格的工程项目或大型设备所在地的现场。有时，亦可将其酌情安排在东道主单位本部的会议厅。

将交接仪式安排在业已建设、安装完成并已验收合格的工程项目或大型设备所在地的现场举行，最大的好处是可使全体出席仪式的人员身临其境，获得对被交付使用的工程项目或大型设备的直观而形象的了解，掌握较为充分的第一手资料。倘若在交接仪式举行之后安排来宾进行参观，则更为方便。将交接仪式安排在东道主单位本部的会议厅举行，可免除大量的接待工作，会场的布置也十分便利。特别是在将被交付的工程项目、大型设备不宜为外人参观，或者暂时不方便外人参观的情况下，以东道主单位本部的会议厅作为举行交接仪式的现场，不失为一种较好的选择。但此种选择也存在缺陷，主要是：东道主单位往往需要付出更多的人力、财力、物力，全体来宾对于将被交付的工程项目或大型设备缺乏身临其境的直观感受。

如果将被交付的工程项目或大型设备的现场条件欠佳，或是出于东道主单位的本部不在当地以及将要出席仪式的人员较多等其他原因，经施工、安装单位提议，并经接收单位同意之后，交接仪式也可在其他场所举行。诸如宾馆的多功能厅、出租的外单位的礼堂或大厅等，都可用来举行交接仪式。在其他场所举行交接仪式，尽管开支较高，但可省去大量的安排、布置工作，而且还可以提升仪式的档次。

3. 其他配备。交接仪式需要作为交接象征之物的有关物品。它们主要有：验收文件、一览表、钥匙等。验收文件，此处是指已经公证的由交接双方正式签署的接收证明性文件。除此之外，主办交接仪式的单位，还需为交接仪式的现场准备一些用以烘托喜庆气氛的礼品，礼品可以是被交接的工程项目、大型设备的微缩模型，或以其为主角的画册、明信片、纪念章、领带针、钥匙扣等。

在交接仪式的现场，可临时搭建一处主席台。必要时，应在其上铺设一块红地毯。在主席台上方，应悬挂一条红色巨型横幅，上书交接仪式的具体名称，如“××工程交接仪式”，或“热烈庆祝××工程正式交付使用”。

在举行交接仪式的现场四周，尤其是在正门入口之处、干道两侧、交接物四周，可酌情悬挂一定数量的彩带、彩旗、彩球、花篮等。

（二）交接仪式的程序

交接仪式的程序如下：

1. 主持人宣布交接仪式正式开始。此刻，全体与会者应当进行较长时间的鼓掌，以热烈的掌声来表达对于东道主的祝贺之意。随后，嘉宾入席。

2. 奏国歌并演奏东道主单位的标志性歌曲。此前，全体与会者必须肃立。该项程序有时亦可略去。

3. 验收交接。具体的做法主要是，由施工、安装单位的代表将有关工程项目、大型设备的验收文件、一览表或者钥匙等象征性物品，正式递交给接收单位的代表。此时，双方应面带微笑，双手递交、接收有关物品。在此之后，还应热烈握手。至此，标志着有关的工程项目或大型设备已经被正式地移交给了接收单位。假如条件允许，在该项程序进行的过程之中，可在现场演奏或播放节奏欢快的喜庆乐曲。在有些情况下，为了进一步营造出热烈而隆重的气氛，这一程序亦可改为由上级主管部门或地方政府的负责人为有关的工程项目、大型设备的启用而剪彩。

4. 各方代表发言。按惯例，在交接仪式上，须由有关各方的代表进行发言。他们依次应为：施工、安装单位的代表，接收单位的代表，来宾的代表，等等。发言通常宜短忌长，只需要点到为止的寥寥数语即可。原则上讲，每个人的此类发言应以3分钟为限。

5. 宣告交接仪式正式结束，随后安排全体来宾进行参观或观看文娱表演。此时此刻，全体与会者应再次进行较长时间的热烈鼓掌。

按照仪式礼仪的总体要求，在正常情况下，每一次交接仪式从头至尾所用的时间，大体上不应当超过1个小时。为了做到这一点，就要求交接仪式在具体程序上讲究少而精。正因为如此，一些原本应当列入正式程序的内容，如进行参观、观看文娱表演等，均被视为正式仪式结束之后所进行的辅助性活动而另行安排。

（三）交接仪式的参加礼仪

参加交接仪式要注意仪表修洁，保持风度，待人友好，妆容规范，服饰得体，举止有方，不允许东游西逛、交头接耳、打打闹闹。在为发言者鼓掌时，不应厚此薄彼。当来宾为自己道喜时，喜形于色无可厚非，但切勿嚣张放肆、得意忘形。

项目五　庆典仪式

一、庆典仪式的含义

庆典，是各种庆祝仪式的统称。庆祝典礼可以为某项工程完成而召开，也可以为庆祝某项工作取得成功而召开，还可以为某个节日、纪念日等而召开。通常召开的大型庆典活动都是逢五、逢十进行的，当然在遇到重大事件，特别是喜事，例如获得某项重要的荣誉称号，获得国际上的大奖等，都可以召开庆典活动。其次，生产企业取得重大业绩的时候也可以召开庆典活动，例如，生产数量突破150万、销售额突破10个亿等。庆祝典礼的特点是热烈、隆重而欢快。

二、庆典仪式礼仪

各单位所举行的各类庆典活动都要有一定特色，不能虚而不实，要使社会各界对本单位有深刻的认识，同时在整个庆典过程中还要能提升员工的凝聚力和自豪感。

（一）庆典礼仪筹备工作

1. 嘉宾的邀请工作。邀请的来宾一般包括政府有关负责人、社区负责人、知名贤达人士、同行代表、新闻记者、员工代表、公众代表等。邀请要郑重其事，需要使用印刷精美的请柬，并且尽早发出。

2. 会场的布置。庆典地点的选择应结合庆典的规模、影响力以及举办单位的实际情况来决定。礼堂、会议厅、广场等都是很好的选择之处。会场要突出庆祝的气氛，要隆重、热烈，可以挂横幅、彩旗、气球、花灯等，还可以粘贴宣传标语，摆放鲜花花篮。会场要确保灯光音响运行正常。会场人员安排也要适当，既不能使会场显得空荡，也不能使会场显得拥挤。

3. 人员安排。主持人和发言人要事先预演，要求口齿清晰，声音洪亮，发音标准，语句娴熟，语调带有宣传鼓动性。

会场的工作人员和礼仪小姐的培训也是必不可少的，原则上应有年轻、精干、身材与形象较好、口头表达能力和应变能力较强的男女青年组成，要求每一位工作人员和礼仪小姐各尽所职，在公关、礼宾、财务、报道等各方面“分兵把守”。

（二）庆典仪式实施程序

庆典仪式实施的程序如下：

1. 请来宾就座，介绍嘉宾。

2. 宣布庆典正式开始，全体起立，奏国歌。

3. 本单位主要负责人致辞。其内容主要包括对来宾表示感谢，介绍此次庆典的缘由等等，重点应是报捷以及介绍庆典的可“庆”之处。

4. 邀请嘉宾讲话。大体上讲，出席仪式的上级主要领导、协作单位及社区关系单位，均应有代表讲话或致贺词。不过，应当提前约定好，不要在现场互相礼让。对外来的贺电、贺信等，可不必一一宣读，但对其署名单位或个人应当公布。在进行公布时，可依照其“先来后到”为序，或是按照其具体名称的汉字笔画的多少进行排列。

5. 安排文艺演出。这项程序可有可无，如果准备安排，应当慎选内容，注意不要有悖于庆典的主旨。

6. 邀请来宾进行参观。如有可能，可安排来宾参观本单位的有关展览或车间等。当然，此项程序有时亦可省略。

在以上几项程序中，前三项必不可少，后两项则可以酌情省去。

案例

案例一

××公司产品下线突破 2 000 万庆典仪式

【目的】

1. 提升品牌认知度，在中国乃至亚洲汽车行业内传播全方位支持信息。

2. 展示××公司的高档次、高品质、国际化的形象。

3. 建立与现场政要、来宾、媒介、客户之间的感情纽带。

【主题】

产品下线突破 2 000 万庆典仪式

【时间】

2011 年 1 月 16 日

【地点】

中国上海浦东金桥加工区××路×××号

【对象】

政府领导、来宾、媒介、客户、××领导、××员工

活动内容

迎宾：迎宾活动由礼仪小姐主要负责。在××公司的正门（右边门），两边各站立两位礼仪小姐（穿红色旗袍礼仪装），保持微笑，同时道"欢迎光临，请您到这边签到"。

为了契合中国文化，特别邀请具有民族特色的舞蹈团体"大头娃娃"在活动现场表演助兴，每当有来宾签到，将会响起锣鼓，向来宾含笑施礼。

签到：主要由礼仪小姐负责。在正门的右侧，在红色的签到台后站立四位礼仪小姐，请来宾签到，帮助来宾佩戴胸花；所有来宾，将获赠"唐装"，并在礼仪小姐的引导下前往换衣间更换服饰。

参观：主要由礼仪小姐负责。由礼仪小姐引导，工作人员现场讲解，领导陪同。

仪式阶段

主持：主持人串场及邀请相关人员登台致辞。

产品秀：全场熄灯，由礼仪小姐展示产品＋配合现场追光灯（注：活动前期不宜告知来宾产品秀的相关环节，以免影响现场瞩目率及气氛）

节目：专业的舞狮表演，在仪式现场进行点睛、舞狮秀、采青等表演。

点睛：邀请贵宾给狮子点睛。

舞狮:舞狮秀围绕仪式现场一周,并回到舞台。

采青:其中一只狮子从舞台跃起,将悬挂在舞台上的竖幅放下(竖幅上具体内容待定)。

掌声骤然响起,追光灯跟随,闪光灯幻作重重光影,记下这美好的一刻。

剪彩:由政府要员、贵宾、××领导上台剪彩;在追光灯的照射下,礼仪小姐将附着礼花的彩带手捧、牵直,立于舞台之上,剪彩领导、贵宾戴着白色的手套,站在每两个礼花之间,在主持人宣布剪彩开始之后,领导、贵宾同时完成这神圣的"剪彩"。

(1)悬挂在舞台上空的灯笼骤然从两边分开,四散的礼花从天而降,将整个现场渲染得分外妖娆;

(2)再一次的灯光、掌声,还有骤然升空的礼花,将现场欢快与热烈的气氛推向高潮。

致辞:(欢迎词、感谢词)

现场布置

现场共分6个区:签到区、产品秀区、泊车区、休息区、参观区、舞台区。

签到区:设于公司内,岗亭对面正门右侧,放置2张140厘米×70厘米×50厘米、拼接起来的签到桌,上铺设红色绸缎;放置台卡、胸花、签到本和签到笔,站立4位礼仪小姐。

产品秀区:设于公司正门的左侧地面或草坪上。可设计两种方案。第一种:在门的正面、厂内空地设立巨型主题喷绘,下面设置50厘米高台阶,放置系列产品,礼仪小姐两边讲解。第二种:将产品的环保功能以及产品性质通过生活化的现实场景实态展现,生动、形象、贴切;要使用车+沙地+产品模型+干冰机(具体实景见附件效果图)。

参观区:位置待定,沿路设置企业、产品系列性相关介绍(立架式)展板或易拉宝。

泊车区:签到台的右侧前方,由保安人员具体负责调度,同时设置方向指示牌一块。公司门外,沿路停靠设置停车导向牌,由专门的保安人员在公司门外引导,请来宾将车辆依次停靠路边(同时示意:请来宾放心,会有特定保安人员照看您的爱车)。

休息区:建议设立特殊的贵宾休息间,并有礼仪小姐在旁服务。

舞台区:仓库正前方以上位置。普通:钢架结构4米×10米;特殊:椭圆形设计。(具体放置位置及造型请参见效果图)舞台两个正侧面的展示门外走道铺设红色地毯,直至舞台区,同时设置现场灯光:帕灯2组、追光灯1台、钨碘灯8只。

相关说明:整个活动现场设置公司导向牌,以方便来宾的方向识别;在现场布置中依场地的实际状况可能有所变动;提供活动全程的摄影、摄像。

执行流程

时间:2011 年 1 月 16 日。

地点:中国上海浦东金桥加工区××路××号。

1 月 16 日前完成准备工作:安排好日程,提前做好来宾的接待、安置工作;规划好来宾的休息场所、泊车位;安排好签到台的摆放位置、礼仪小姐的站位、舞台的设计搭建及现场相关布置工作。

9:30~10:00——现场确认。检测设备情况,包括音响系统。

10:01~10:30——来宾签到。礼仪小姐站立在入口处迎接来宾,礼仪小姐请来宾签到、佩戴胸花,礼仪小姐引导来宾进入仪式前休息区。

10:31~10:50——公司参观。礼仪小姐引导来宾参观公司,工作人员进行公司介绍,相关领导在旁陪同。

10:51~11:00——来宾入场。礼仪小姐引导来宾进入仪式现场,分区域落座。

工作落实——工作人员、礼仪小姐做好剪彩仪式前的准备工作,舞狮表演人员做好准备工作。

11:01~11:05——现场提醒。主持人提前 5 分钟用话筒进行现场提醒,提醒来宾各就各位,仪式即将开始。

11:06~11:15——仪式开始。主持人宣布仪式开始,公司领导向来宾致欢迎词。

11:16~11:25——点睛仪式。邀请贵宾进行点睛,然后舞狮表演,舞狮表演之后继续表演采青。

11:26~11:35——产品秀。主持人宣布全场注意,产品秀开始:礼仪小姐+产品+追光灯,绕现场一周。

11:36~11:45——剪彩仪式。主持人邀请公司领导及贵宾到舞台进行剪彩,礼仪小姐准备剪彩用品,礼仪小姐将剪彩领导领上舞台,剪彩时工作人员燃放吉庆礼花。

11:46~11:50——政府领导致辞。主持人邀请领导致辞,礼仪小姐将区领导或工业园领导领上舞台,区领导或工业园领导致辞结束,主持人表示感谢。

11:51~11:55——主要贵宾致辞。主持人邀请贵宾致辞,礼仪小姐将主要贵宾领上舞台,贵宾致辞结束,主持人表示感谢。

11:56~12:00——答谢词。主持人邀请公司领导致答谢词,礼仪小姐将公司领导领上舞台,领导致答谢词结束,主持人表示感谢。

12:01~12:10——仪式结束。主持人宣布庆典仪式结束,合影留念,礼仪小姐引导仪式参与人员离开现场,并赠送礼品。

12:11~13:30——整理现场。工作人员各负其责,整理现场。

要点:剪彩仪式时,政要、贵宾、领导一起参加;关于活动的参与人员需要公司确认及联系；具体实施方案需要双方负责人签字确认。

案例二

酒店开业典礼仪式方案

一、策划目的

××酒店定于2011年5月8日隆重举行开业庆典仪式，旨在通过开业庆典仪式制造良好声势和宣传效果，使气氛热烈祥和，喜庆隆重，并且通过本次活动，融洽与政府、社会各界、地区居民良好的关系，进一步扩大××酒店的知名度、美誉度。

通过本次活动，把××酒店开业的信息迅速向社会传播，从而更广泛地吸引社会各界的关注，树立良好的形象，为××酒店的进一步发展壮大奠定坚实的基础。

二、基本要素

策划主题——××酒店开业庆典。

1. 策划宗旨：营造热烈、喜庆、庄重、高雅的现场气氛，借此达到良好的宣传效果。

2. 活动场所：酒店正门。

3. 举办时间：2011年5月8日　15:00～19:15。

三、工作安排

1. 筹备阶段

(1)策划部工作安排：

2011年4月15日出方案初稿；

2011年4月19日将策划方案呈送董事会审阅。

(2)物资筹办：根据计划采购活动的各种用品，并进行现场布置。要做到不遗忘、不漏项。

2. 设计制作阶段

(1)2011年4月25日，呈送设计方案及效果图交董事会审阅；

(2)4月30日，所有项目经确认后开始制作；

(3)5月5日完成所有制作。

3. 现场布置阶段

(1)2011年5月7日晚，完成彩旗、条幅、充气拱门、花篮等安装工作；

(2)2011年5月8日14点前铺好地毯，安装好音响、签到台，划分好主礼区。

4. 活动当天实施阶段工作安排

(1)2011年5月8日14点，音响测试完毕，礼仪小姐到场待命。

(2)5月8日14:30，工作人员到达现场准备工作。

(3)5月8日15:00，活动现场正式开始运作，音响奏迎宾曲，礼仪小姐迎接来宾，引导来宾签到，佩戴胸花。

四、场景布置

（酒店内部布置另行安排）

1. 酒店大门进口处放置一个充气龙形拱门（拱门上字样为：热烈祝贺××酒店隆重试业）；两侧立中华柱各两个，中华柱下面用菊花小花盆围住。

2. 舞龙两条。

3. 乐队。

4. 西式花篮500个，花牌150个，放置于酒店进门口大道两侧及主会场两侧。

5. 门上方悬挂8米×6米“贺”字巨幅两条，红布金字，其左边悬挂横幅5条，右边5条，共10条。

6. 楼顶放置直径2.5米PVC升空气球20个，地面20个，共悬挂横幅40条。

7. 彩旗1 000面，上书“5月8日××酒店隆重试业”，分别插于酒店门口大道及各路段。

8. 舞台背景墙一个，5.7米×12米；舞台一个，0.9米×12米。

9. 礼炮6门，放置于主礼宾区两侧，各三门。

10. 小氢气球2 000个，用于放飞。

11. 红地毯800平方米，布置进门口大道及主礼宾区。

12. 音箱一套，落地麦克风两支，无线麦克风两支。

13. 讲台鲜花一盆。

14. 红灯笼100串，悬挂于酒店进门口大道两侧的树上。

15. 金布200米，用于装饰酒店进门门口两侧树干。

五、气氛营造

1. 礼仪小姐

（1）数量：12位；

（2）规格：专业；

（3）位置：主席台两侧及签到处；

（4）功能：青春靓丽的礼仪小姐身穿大红旗袍，给热烈隆重的环境增添喜庆气氛，协助迎送来往嘉宾及为嘉宾剪彩服务。

2. 音响

（1）数量：一套；

（2）规格：专业（配置音箱12个，有线麦克风2支、无线麦克风2支，麦克风架2个，VCD机2台，功放机4台，调音台1个，工作人员2人）；

（3）位置：主会场一侧。

3. 摄影

（1）数量：1人；

（2）规格：专业；

(3)功能:拍摄精彩画面,留作纪念和存档。

4. 摄像

(1)数量:2 人;

(2)规格:专业;

(3)功能:录制庆典现场,留作纪念和存档。

六、开业庆典仪式程序

时间及工作安排:

1. 2011 年 5 月 8 日 15:00,音响播放背景音乐,礼仪小姐、醒狮、工作人员、物品全部到位。

2. 15:30 ~ 16:00,礼仪小姐引领嘉宾、记者签到并佩戴胸花。(先引至休息区休息,由接待组接待。)

3. 16:40 ~ 17:30,礼仪小姐引领嘉宾到主礼区,员工入场。

4. 17:40 ~ 18:00,主持人宣布庆典活动正式开始,并介绍主礼嘉宾。

(1)主持人讲话:

尊敬的各位领导、各位来宾,女士们、先生们:

大家,早上好!

今天,是我们××酒店隆重开业的大喜日子,在这激动人心的美好时刻,我代表××酒店全体同仁向百忙之中来参加我们××酒店开业庆典的领导、来宾,以及一直关心和支持××酒店的社会各界人士表示衷心的感谢,并致以最良好的祝愿!

今天,出席并在主礼区就座的嘉宾有:(略)

在此,我们再次对所有参加××酒店开业庆典的嘉宾表示热烈欢迎!

下面我宣布,××酒店开业庆典仪式正式开始。

首先,我们以热烈掌声欢迎××酒店董事长×××致开业致辞!

(2)董事长致辞:

各位领导,各位来宾,各位亲友:

下午好!

今天,是我们××酒店开业的大喜日子,在此我对能来参加××酒店开业庆典的各位领导、来宾及亲友表示热烈的欢迎和万分感谢!并向支持、关心××酒店建设的政府各级领导和社会各界人士致以崇高的敬意!

××酒店从筹建到今天正式开业,总共历时 9 个月时间,在酒店筹建这段时期,得到了各级领导和朋友的大力支持!在大家的大力支持之下,在酒店管理人员和各位员工的共同努力下,××酒店得以顺利开业!

同时,我和董事会也相信,在政府各级领导、社会各界人士大力支持以及酒店全体员工的共同努力下,××酒店将会开创出更加美好的明天!

谢谢各位！

(3)总经理致辞：

各位领导、各位来宾，女士们、先生们：

大家，下午好！

今天，是一个好日子，更是我们××酒店的大喜日子，因为在今日、今时，我们××酒店汇聚了众多领导及来宾，正举行对我们每一个人来说意义深远的开业庆典！

在这激动人心的美好时刻，首先，我代表××酒店全体员工向出席我们××酒店开业庆典的领导、来宾以及一直关心和支持××酒店的社会各界人士表示衷心的感谢，并致以良好的祝愿！

刚才，董事长对××酒店的未来发展提出了要求并寄予了良好的祝福和期望，在此，我们每一个人都会铭记于心！“热情、周到、友好、诚信”是我们××酒店的服务宗旨，今后，我们××酒店将同众多一流酒店一道为社会提供一流的酒店服务！我们有理由相信，在各级政府领导和各界人士的支持和关怀下，××酒店将会迎来一个又一个美好的明天！

最后，我再次感谢各位领导、各位来宾、各位同行以及一直支持和关心××酒店的社会各界人士，并希望大家今后继续支持和经常光临，我们××酒店将热情地期待您的到来！

谢谢大家！谢谢各位！

(4)嘉宾代表贺词：

尊敬的各位领导、各位来宾、××酒店全体同仁：

大家，下午好！

今天，能有幸同大家一道参加××酒店的开业庆典，我本人感到十分高兴和欣慰，在这美好时刻，请允许我代表参加本次庆典的各位来宾向××酒店表示热烈的祝贺！

我们相信，××酒店凭借其出色的经营管理、无微不至的服务，再加上××酒店所处的优越的地理位置，舒适的园林环境，尽享“天时、地利、人和”，必将宏图大展、马到成功！

最后，我衷心祝愿××酒店生意兴隆、财源广进！

谢谢！

(5)请领导为龙点睛。

(6)舞龙表演：双龙戏珠及采地青（准备生菜2棵、红双喜香烟2条）。

5. 18:00～18:30，礼仪小姐捧出花球、剪刀，主持人介绍剪彩领导和嘉宾，剪彩领导和嘉宾到位后，主持人宣布正式剪彩。（放礼炮和放飞气球）

6. 18:40～19:00，舞龙表演采天青（准备生菜2棵、红双喜香烟2条），舞龙采青后抛给董事长，寓意“接财”。

7. 19:15，主持人宣布庆典仪式结束，礼仪小姐引嘉宾参加鸡尾酒会，部分客人安排至客房。

8. 酒会结束后给离店嘉宾送纪念品。

七、协作组织分工表

1. 外联接待组

(1)活动主持人的选定(负责人：×××)；

(2)活动各项工作的监督(负责人：×××)；

(3)活动程序的策划安排(负责人：×××)；

(4)活动前检查各项工作是否到位；

(5)活动各项内容各小组间的沟通；

(6)程序和时间的编排确定(负责人：×××)；

(7)确定剪彩人员、确定致辞的领导及宾客名单和席位安排。

2. 会场工作组

(1)确定被邀请嘉宾名单；

(2)来宾接送车辆落实；

(3)记者、新闻媒体、摄影器材、接送车辆及人员的落实；

(4)外协单位的联系落实；

(5)与政府有关部门协调，保证开业典礼仪式顺利进行并准备好礼品；

(6)活动场内、外工作的落实及迎送人员；

(7)签到处及迎送人员的落实；

(8)司机及停车场位的安排；

(9)赠送纪念品人员的落实；

(10)休息区的跟进、落实。

3. 财务工作组

(1)列出活动费用开支项目表，既要满足计划内项目开支，又要监督开支按计划进行，并负责有关单位结算等；

(2)休息区物料费用；

(3)物资购买费用；

(4)聘用人员费用；

(5)特别来宾食宿费用；

(6)其他杂项费用开支。

4. 后勤工作组

(1)布置灯光、音乐，协助新闻单位将有关设备搬到会场并安装到位；

(2)活动所用物料的购买和制作(如请柬、签到本、纪念品、宣传品、办公用品、背景牌及其他保卫和用品物资制作)；

(3)安排保卫、电工等会场工作人员；

(4)落实贵宾接待室、洗手间的位置；

(5)落实开业前后车辆的安排；

(6)活动会场收发工作。

5. 活动安排

(1)5 月 3 日完成开业宣传横幅发布工作(跟进人:×××)；

(2)5 月 5 ~7 日,电视台发布酒店开业广告(跟进人:×××)；

(3)出席嘉宾、剪彩嘉宾确定工作,4 月 25 日前确定(跟进人:×××)；

(4)出席嘉宾、剪彩嘉宾请柬派送及收回回执单,5 月 5 日完成(跟进人:×××)；

(5)嘉宾纪念品确定及到位,5 月 5 日完成(跟进人:×××)；

(6)5 月 6 日,酒店进门口两侧大道及彩旗插好(跟进人:×××)；

(7)5 月 3 ~7 日,礼仪小姐的选拔及培训(跟进人:×××)；

(8)鸡尾酒会筹办工作(跟进人:×××)；

(9)酒会主持工作(负责人:×××)；

(10)5 月 7 日,拱门、气球、巨幅、条幅、主礼区安装完毕(负责人:×××)；

(11)5 月 7 日晚,地毯、音响、签到台、花篮、礼炮布置(负责人:×××)。

项目六　实训

任务一　庆典活动礼仪实训

1. 策划一次学院周年庆典活动。
2. 就“新世纪商城”开张,模拟举办一次开业典礼活动。
3. 模拟中美友好贸易往来协议签约仪式。

任务二　开业仪式模拟

庆祝××手机旗舰店开业

角色分配:

总经理:白××　　　主持人:戈××

接待员:刘××　　　明星:张××

礼仪小姐:汪、王、陈

客串来宾:郑、张、琼、周、董、胡

剧本背景:

××手机首家旗舰店落户浙江省会杭州,旗舰店的位置选择在了杭州繁华的武林路上,××公司的诸多高层领导参加了该店面的剪彩仪式,同时,请来明星张××参加开业剪彩仪式。

道具：

三套旗袍、红色绸缎、拉花、三只托盘、两把剪刀、音响、音乐、话筒、礼炮、彩色气球、签到簿、签字笔、盆花、红地毯、标签。

场景布置：

黑板布置：黑板（热烈庆祝××手机旗舰店隆重开业）；

奖台布置：两边悬浮彩色气球，增添喜庆氛围；

讲话台布置：讲话台正中前方位置摆一盆花，以示隆重；

台下布置：靠两墙排列两列椅子（整齐排列），在椅子上铺上拉花。

情景一：迎接、招呼、接待

场景布置：门口（入口处）三位礼仪小姐身着旗袍做迎接工作，其中两位礼仪小姐面对面站于门口，另一位站于签到台的右侧。门口处设一桌一椅，在桌上放置签到标签、签到簿和签字笔，接待员站立于此桌前，做来宾签到工作。当一切准备工作完毕后，各就各位，由接待员播放音乐（《今天是个好日子》）。来宾依次进入会场。

周进场。

礼仪小姐：欢迎光临。

周点头示意。

接待员：先生，您好！请到这边签到！

周：好！

白总（上前与周握手迎接）：周兄，欢迎啊，一路辛苦，请到我们休息室休息一会儿。（示意礼仪小姐带路。）

周：来参加白兄的喜事，一点儿也不辛苦，倒是您辛苦啦！好的，我先到里屋去坐坐。

白总：嗯，好！那先休息，小汪啊。

汪：哎！

白总：招待一下我们的周董。

汪：好的！

白总：来，周兄，请！

周走进休息室。

汪：周董，请坐！

周：谢谢！

汪（倒水、敬茶）：周董，请喝茶！请您在这休息一会儿。

周：好的，谢谢！

汪退下走到休息室门口。

郑等人进场。

礼仪小姐：欢迎光临。

郑等人依次进入，点头示意。

接待员刘：请各位来宾到这边来签到！

郑：好的。

来宾依次签到。

白总：（迎上前握手）郑总，欢迎欢迎，一路辛苦，请先到休息室休息一会儿！请！

郑：好的！

胡：白总，恭喜恭喜啊！（做拱手礼。）

白总：谢谢，谢谢，里边请！（依次与来宾们握手）

白总：欢迎，里边请！

白总和最后一位来宾一起走进会场，与各位来宾闲谈，话题为××手机开业内容，互赠名片。

门口两位礼仪小姐待最后一位来宾进入休息室后，走进会场奖台两边，站好。

主持人戈（走上演讲席）：请各位安静！我们的开业仪式马上就要开始了，请各位到主会场入座。

汪站于休息室门口做请的手势，白总和来宾随秘书走进会场。汪走于最后进入会场门口，站立于此。

主持人戈：请各位来宾们入座。（做邀请入席手势）

情景二：主持人致辞

待来宾入座后，接待员刘关掉音乐。

主持人戈走上讲台，拿起话筒：

尊敬的各位领导、各位来宾，女士们、先生们：

大家好！

非常荣幸能担任此次盛典的主持人，我是××手机公司的秘书长。很高兴大家能聚于此地并以饱满的热情来庆祝我们××手机旗舰店开业典礼仪式。朋友们，今天有10多位著名企业的CEO、高管、人力资源总监莅临今天的盛典，首先请允许我代表主办方向各位的光临表示热烈的欢迎。（鼓掌）下面我为大家介绍今天在场的嘉宾，他们是……同时，莅临今天现场的还有一位神秘嘉宾，那就是影视明星张××小姐（鼓掌）。有请张小姐。今天，张小姐的造型有点特别，身着一套黑色“礼服”，这套黑色“礼服”正是我们公司的工作制服，看张小姐穿着还是一样漂亮啊。我想大家也许都知道了这么一件事：张小姐已于2010年11月6日正式与我公司签约，是我公司的形象代言人。

张××走到白总前，伸出手与白总握手：白总，您好！

白总：您好！请坐！（向张××示意坐下）

张××坐下。

主持人戈：好！下面邀请我们××集团总经理白先生致辞。（鼓掌）

情景三:总经理白××致辞

各位手机事业伙伴们,真诚欢迎您的到来!

感谢大家一直以来对我公司的支持与帮助。

当今社会,没有人能独自成功。××公司的事业,需要一个精诚合作的团队来支撑,所以,我一直在期待事业的加盟者,一直在寻找事业的伙伴!

走进××集团,我们都是××集团的人,没有高低之分,只是分工不同,责任有别。

我的天职是:创造持续发展的事业,为更多的人提供事业的平台,帮助更多的人,以××企业的价值体现个人价值。

××集团管理者的天职是:创建"和而不同"团队,帮助员工找到自己的发展定位和方向,挖掘、引导、激励合适的人在合适的岗位上做"精"合适的事!以团队价值体现个人价值!

全体××人的天职是:用"心"工作,为顾客提供满意的产品和服务,以岗位的价值体现个人价值。

走有千百个借口,留却只有一个理由:我是××人!希望××集团与所有××人共守一份心灵的契约,彼此信任,健康和谐地发展!希望每一个××人都最大限度地发挥自己的才干,实现自我价值!祝福每一个××人工作安心、顺心,生活舒心、开心!

最后,我要再次对参加××手机旗舰店开业典礼仪式的来宾们表示最诚挚的感谢!谢谢你们的支持!谢谢!(鼓掌)

主持人戈:谢谢白总,我们××人有了白总的领导,相信我们的事业将会越做越大。接下来,就有请我们的形象代言人——张××小姐给我们说几句。有请!(手势)(致辞略)

情景四:剪彩仪式

三位礼仪小姐准备剪彩道具,并排成一队,准备上场。

白总和张××小姐依次走上台,站立于台上。三位礼仪小姐端托盘走上讲台,站成一排,把红绸缎拉好。

主持人:请白总和张××小姐拿起剪刀,现在,我们开始倒数:3,2,1。(开剪)(鼓掌)

主持人戈:8点58分,这是个非常吉利的时刻,它预示着手机旗舰店今后的经营发展一定会蒸蒸日上,××集团将在这天时地利人和的道路上越走越顺畅。(音乐停)

情景五:手机展示

主持人戈:接下来是××手机最新款的展示,请大家先休息一会儿,稍歇片刻后，我们的节目，马上开始。

台下整理。嘉宾当中让出一条空档。

（音乐响起）

主持人戈：现在有请我们的模特儿！（鼓掌）

由两位礼仪小姐各拿一款手机。

第一位，王出场。

主持人戈：这是一款“绿色手机”——此款手机平均发射功率只相当于普通手机的1.78%，其辐射几乎可以忽略不计，对健康没有不良影响。您可以放心地把手机拿在手里，挂在胸前，尽显时尚。

主持人戈：这是一款淑女手机，如果您是一位淑女的话，不妨将它马上收入囊中——它采用了先进的数字话音编码技术，可同时接收不同方向的信号。就算在嘈杂的餐厅、迪厅，对方一样可以听到您清晰的声音。

形象代言人张××出场。

主持人戈：张小姐手中的这款手机是此次新品展示中最耀眼的一款，它不仅在外观上实现了突破，更在功能上给手机性能增加了指标：通话不会被窃听，有很好的保密功能，您大可放心通话。

三位一起展示。

主持人戈：让我们再次以热烈的掌声有请张××小姐和礼仪小姐为我们展示。（鼓掌）

音乐响起（《今天是个好日子》）。

主持人戈：朋友们，今天是个好日子，让我们记住今天这个盛典，它对于××集团树立手机品牌形象，加强消费者对于××品牌的整体认知度皆有重大贡献。当然，今天我是最最荣幸的一位，因为我有最后的发言权：××手机旗舰店开业仪式到此结束。（全场鼓掌结束）

任务三　签字仪式模拟

演员表

胡：天祥贸易有限公司总经理

郑：天地贸易有限公司总经理（女）

周：天地贸易有限公司销售部经理

董：迎宾小姐兼服务员

张：天祥贸易有限公司市场部经理（女）

蔡：天祥贸易有限公司公关部经理（女）

第一幕　迎接

时间:2011 年 1 月 10 日

人物:郑、周、张

地点:萧山机场

剧情介绍:

广播:各位乘客,请注意! 从香港飞往杭州的 H－123 次航班已经到达机场。

SPEAKER:Attention,please! Number H－123 flight from Hongkong to Hangzhou was arrived.

下午 1 点左右,张经理出现在机场。

郑和周刚下飞机,张就迎了上去。

张:(微笑)你好! 请问你是天地贸易有限公司的郑经理吗?

郑:是的。你好!(满脸笑容,礼貌地伸出右手,身体微向前倾与张握手)

张:我是天祥贸易有限公司的市场部经理张霞萍。一路辛苦了!(从包里拿出名片)这是我的名片。(身体略向前倾斜,双手递,分别递给郑和周)

郑:(双手接过名片,看了后,放进包里)你好! 张经理,让你久等了! 我先介绍一下,这是我公司的销售部经理周增旭。

周:你好!(伸出右手与张握手)

张:请跟我来(横摆式),我们的车已经在外面等候了。

张在前面带路,一行人向车子走去。

张(打开车门):请上车!

张,郑先坐下再把脚伸进去,然后移到司机后面的位置,周随郑上车,坐在副驾后座,张关上车门,坐到副驾座位。

(第一幕完毕)

第二幕　签字仪式

地点:天祥贸易有限公司门口

时间:2011 年 1 月 10 日下午 3 点

人物:郑、胡、张、周

剧情介绍:

车子开到天祥贸易有限公司门口。

胡在门口接待郑、周等人。

胡:郑经理,很高兴再次见到你! 一路辛苦了!(伸出右手,与之握手)由于刚才公司临时有点事情需要我来处理,没有亲自去接你们,为此我感到非常抱歉!

郑:没关系!

张:胡总,这位是天地贸易有限公司销售部经理的周增旭。

胡:你好!(伸出右手与之握手)

周:你好!(伸出右手与之握手)

胡:郑经理,要不要先休息下?
郑:不用了,我们直接去签字吧。
胡:好的。
四人向会议室走去,地上铺着红地毯,签字桌上铺着台布,中间放一个盆栽。
四人进入会议室,签字仪式正式开始。
胡:请坐。
合同和签字笔已经在签字桌上放好,周和张帮郑和胡打开合同。
胡与郑阅后,签字,然后相互交换签字。
双方起身站立,交换文件,交换签字笔,握手。
胡:合作愉快!
郑:合作愉快!
拍照。大家鼓掌。
胡:郑经理,辛苦了,我们已经在国际大酒店为你们安排了房间,先去那儿休息会儿,晚上 6 点我们再来接你们!
郑:好!谢谢!
胡:张经理,你送他们去酒店休息。
(第二幕完毕)

第三幕　舞　会

地点:国际大酒店
时间:2011 年 1 月 10 日晚上 6:30
人物:郑、胡、蔡、周、董、张、蔡
剧情介绍:
(在路上张打电话给胡)电话铃声两声,张接起。
胡:张经理好!
张:胡总好!
胡:你们现在在哪里?
张:我们已经在路上了,快到了。
胡:好的,那我们去楼下等你们!
张:好的!
胡:再见!
张:再见!
车子开到国际大酒店门口。
蒋:(上前打开车门)这边请!
张等三人下车,胡与蔡已在门口等候。
张:胡总。
胡点头示意。

胡:这位是我们公司公关部经理,蔡琼瑶。

胡:这位是天地贸易有限公司的郑总经理。

郑:你好!(伸出右手,与蔡握手)

蔡:你好!(握手)

胡:这位是天地贸易有限公司销售部的周经理。

蔡:你好!(伸手与周握手)

周:你好!(握手)

蔡:这边请。(双臂横摆式)

四人同时进入酒店。

董:欢迎光临!(弯腰 30°,双手交叉叠放)

胡等五人进入大厅,从自助餐桌上各取一杯酒在手上。

胡(举起酒杯):为了这次合作成功,大家干一杯!

胡等五人碰杯,异口同声说:CHEERS!

胡等五人放下酒杯。

胡:大家请随意!

郑、周、蔡、张:好的!

张:各位失陪下。

胡等三人坐在舞池旁的沙发上,周取完食品后和胡等三人一起坐。

胡:郑总,你来杭州几次了。

郑:这是我第三次来杭州了,上两次是在秋天来的。

胡:你在酒店休息的好吗?

郑:除了天气以外其他都非常好。

蔡:为什么?

郑:这次天气真的太冷了,我都有点感冒了。

蔡:很不巧的,这几天正好有冷空气。这里的秋天是很舒服的,但是在冬天,天气变化很快,郑总,要小心注意保暖。

郑:我会的,谢谢。

音乐起。

胡(起身,把西装最下的扣子扣好,向郑作出邀请的姿势——弯腰 15°~30°,侧身横摆式,右手放在后面):郑经理,可以赏脸跳支舞吗?

郑:好的,可以!

胡与郑牵手进入舞池。

3 秒后。

周:蔡经理,可以赏脸跳支舞吗?

蔡:好的。

周与蔡随后牵手进入舞池。

(跳完一支舞后,第三幕结束)

模块八

涉外商务礼仪

知识目标	能力目标
掌握亚洲部分国家的礼仪； 掌握欧洲部分国家的礼仪； 掌握美洲部分国家的礼仪。	学会与亚洲国家人的相处方式； 学会与欧洲国家人的相处方式； 学会与美洲国家人的相处方式。

案例导入

王女士是商务工作者，由于业务成绩出色，随团到东南亚地区考察。抵达目的地后，受到东道主的热情接待，并举行宴会招待。席间，为表示敬意，王女士不假思索地伸出左手去和对方握手、递接礼品以及敬酒。主人见此情景脸色骤变，不但没有给王女士正面的回应，以至之后都不愿意理睬王女士。

思考：

1. 主人为什么不再理睬王女士？
2. 如果你是王女士你会怎么做？

项目一　部分国家的习俗礼仪

一、亚洲国家的习俗礼仪

（一）日本

1. 信仰忌讳。日本人大多数信奉神道教和佛教。他们不喜欢紫色，认为紫色是悲伤的色调；最忌讳绿色，认为绿色是不祥之色；还忌讳三人一起“合影”，他们认为中间被左右两人夹着，这是不幸的预兆。日本人忌讳荷花，认为荷花是丧花。在探望病人时忌用山茶花及淡黄色、白色的花；日本人不愿接受有菊花或菊花图案的东西或礼物，因为它是皇室家族的标志。日本人喜欢的图案是松、竹、梅、鸭子、乌龟等。

2. 语言禁忌。日本人有不少语言忌讳，如“苦”和“死”，就连谐音的一些词语也在忌讳之列，如数词“4”的发音与死相同，“42”的发音是死的动词形，所以医院一般没有4和42的房间和病床。用户的电话也忌讳用“42”，监狱一般也没有4号囚室。“13”也是忌讳的数字，许多宾馆没有“13”楼层和“13”号房间，羽田机场也没有“13”号停机坪。在婚礼等喜庆场合，忌说去、归、返、离、破、薄、冷、浅、灭及重复、再次、破损、断绝等不吉和凶兆的语言。商店开业和新店落成时，忌说烟火、倒闭、崩溃、倾斜、流失、衰败及与火相联系的语言。交谈中忌谈人的生理缺陷，不说如大个、矮子、胖墩、秃顶、麻子、瞎聋、哑巴等字眼，而称残疾人为身体障碍者，称盲人为眼睛不自由者，称聋子为耳朵不自由者等。

3. 行为禁忌。日本有纪律社会之称，人们的行为举止受一定规范的制约。在正式社交场合，男女需穿西装、礼服，忌衣冠不整、举止失措和大声喧哗。通信时，信的折叠、邮票的贴法都有规矩，如寄慰问信忌用双层信封，双层被认为是祸不单行；寄给恋人的信件邮票不能倒贴，否则意味着绝交。日本人在饮食中的忌讳也很多：一般不吃肥肉和猪内脏，也有人不吃羊肉和鸭子；招待客人忌讳将饭盛得过满过多，也不可一勺就盛好一碗；忌讳客人吃饭一碗就够，只吃一碗认为是象征无缘；忌讳用餐过程中整理自己的衣服或用手抚摸、整理头发，因为这是不卫生和不礼貌的举止；日本人使用筷子时忌把筷子放在碗碟上面。在日本，招呼侍者时，得把手臂向上伸，手掌朝下，并摆动手指。谈判时，日本人用拇指和食指圈成“O”字形，你若点头同意，日本人就会认为你将给他一笔现金。在日本，用手抓自己的头皮是愤怒和不满的表示。

4. 社交禁忌。日本人送礼时，送成双成对的礼物，如一对笔、两瓶酒很受欢迎，但送新婚夫妇红包时，忌讳送2万日元和2的倍数，日本民间认为“2”这个数字容易导致夫妻感情破裂，一般送3万、5万或7万日元。礼品包装纸的颜色也有讲究，黑白色代表丧事，绿色为不祥，也不宜用红色包装纸，最好用花色纸包装礼品。日本人接待客人不是在办公室，而是在会议室、接待室，他们不会轻易领人进入办公机要部门。日本不流行宴会，商界人士没有携带夫人出席宴会的习惯。商界的宴会多是在大宾馆举行的鸡尾酒会。日本人没有互相敬烟的习惯。进入日本人的住宅时必须脱鞋。在日本，访问主人家时，窥视主人家的厨房是不礼貌的行为。在日本，没有请同事到家与全家人交往的习惯。日本人从来不把工作带到家里，妻子也以不参与丈夫的事业为美德。

5. 日本礼节介绍。日本人见面多以鞠躬为礼。一般人们相互之间是行30°和45°的鞠躬礼，鞠躬弯腰的深浅不同，表示的含义也不同，弯腰最低、也最有礼貌的鞠躬称为“最敬礼”。男性鞠躬时，两手自然下垂放在衣裤两侧；对对方表示恭敬时，多以左手搭在右手上，放在身前行鞠躬礼，女性尤其如此。

在国际交往中，日本人也习惯握手礼，尤其是年轻人或和欧美人接触较多的人，也开始有见面握手的习惯。在日本，名片的使用相当广泛，特别是商人，初次见面时有互相交换名片的习惯。名片交换是以地位低或者年轻的一方先给对方，这种做法被认为是一种礼节。递交名片时，要将名片正对着对方。名片在日语中写为“名刺”，女性大多使用比男性名片要小的名片。

日本人对坐姿很有讲究。在公司里，日本人都坐椅子，但在家里，日本人仍保持着坐“榻榻米”的传统习惯。榻榻米的正确坐法叫“正座”，即把双膝并拢跪地，臀部压在脚跟上。轻松的坐法有“盘腿坐”和“横坐”：“盘腿坐”即把脚交叉在前面，臀部着地，这是男性的坐法；“横坐”是双腿稍许横向一侧，身体不压住双脚，这常是女性的坐法。现在，不坐“榻榻米”的年青一代在逐渐增多。

日本人待人接物态度认真、办事效率高，并表现出很强的纪律性和自制力。约会总是正点，很少误时。日本人不喜欢针锋相对的言行与急躁的风格，把善于控制自己的举动看做一种美德，他们主张低姿态待人，说话时避免凝视对方，弯腰鞠躬以示谦虚有教养。在社交活动中，日本人爱用自谦语言，如“请多关照”、“粗茶淡饭、照顾不周”等，谈话时也常使用谦语。

日常生活中，日本人谦虚礼让、彬彬有礼，同事、行人间极少发生口角。在与日本人交谈时，不要边说边指手画脚，别人讲话时切忌插话打断。三人以上交谈时，注意不要冷落大部分人。在交谈中，不要打听日本人的年龄、婚姻状况、工资收入等私事。对年事高的男子和妇女不要用“年迈”、“老人”等字样，年事越高的人越忌讳。在公共场合以少说话为好。乘坐日本的地铁或巴士，很少能看到旁若无人大声交谈的现象。除非事先约好，否则不宜贸然拜访日本人的家庭。

按照日本人的风俗，饮酒是重要的礼仪，客人在主人为其斟酒后，要马上接过酒瓶给主人斟酒，相互斟酒才能表示主客之间的平等与友谊。斟茶时，日本人的礼貌习惯是以斟至八成满为最恭敬客人。

日本人给老人祝寿，是选一些有特定意义的年岁。如61岁为“还历”，意思是过了60为1岁，返老还童；70岁为“古稀”；77岁为“喜寿”；88岁为“米寿”，因汉字“米”拆开可变成八十八；99岁为“白寿”，因为“白”字上面加一横为“百”。

（二）泰国

访问泰国各级政府机构宜穿西装，但商人见面时穿讲究一点的T恤衫即可。拜访大公司或政府部门必须提前预订时间，并持有英文、泰文和中文对照的名片。泰国进出口商以华人为主，目前泰商也日渐增多，但大多数是做政府生意。如果需要在曼谷市内四处谈生意，最好包一辆计程车，这样会既方便又省钱。

同泰国人打交道，千万不要夸耀自己国家的经济如何发达，否则他们会认为你太傲慢，在以后的交往中，有可能会有意地为难你。因此，在泰国商人面前，显得越谦虚越好，他们才能很好地与你配合。另外，在泰国进行商务活动，最好携带旅行支票，少用或尽量不用现金支付。

在泰国进行商务活动，必须尊重当地的宗教习俗。如果你对泰国的寺庙、佛像、和尚等做出轻视的行为，将被视为是有罪的；拍摄佛像尤其要小心，如依偎在佛像旁或骑在佛像上面，就会惹出大麻烦。进入寺庙必须赤脚而行。到当地人家做客，如果发现室内设有佛坛，要马上脱掉鞋和帽子。初到泰国，要学会当地人所行的合掌见面礼。

泰国人非常重视人的头部，认为头是神圣不可侵犯的，因此，千万不要轻易抚摸别人的头部。即使是喜爱的小朋友，也绝不可以用手去摸他们的头。如长辈在座，晚辈必须坐在地上，或者蹲跪，以免高于长辈的头部，否则就是极大的不尊敬。人坐着的时候，忌讳他人拿着东西从头上面经过。在泰国人面前盘腿而坐是不礼貌的。如进行商务谈判坐下时，千万别把鞋底露出来，这样也被认为是极不友好的表示。用脚踢门会受到当地人的唾弃。更不能用脚给别人指东西，这是泰国人最忌讳的动作。

（三）越南

越南邻近我国，华侨较多。广东菜馆在这里早有开设，越南人受广东口味影响较深，主食以大米为主，喜欢喝茶和咖啡，喜欢吃鱼、虾、鲍鱼、海参、鱼翅、瘦肉和鸡，也爱吃狗肉；吃饭时菜要多，口味宜清淡；不喜欢吃辣，喜吃糖、醋和蚝油；烹调上喜炸、清蒸、烧卤等。当地方圆形糯米粽子独具特色。普通餐具为中式碗、筷、盘、勺等。

越南人禁忌较多，包括：不要随意摸别人的头部，包括小孩；当村寨路口悬挂有绿色树枝时，是禁人的标志，外人不得进入；南部高棉人忌用左手行礼、进食、送物和接物。越南各族人民的生活，都离不开竹子，竹笋是越南人喜吃的菜肴；竹灰往往用作食盐。越南被人们称为“竹子之邦”。

（四）韩国

1. 风俗与禁忌。韩国人见面时的传统礼节是鞠躬。晚辈、下级走路时遇到长辈或上级，应鞠躬问候，站在一旁，让其先行，以示敬意。男人之间见面打招呼互相鞠躬并握手。女人一般不与人握手。

在韩国，如有人邀请你到家里吃饭或赴宴，你应带小礼品，最好挑选包装好的食品。席间敬酒时，要用右手拿酒瓶，左手托瓶底，然后鞠躬致祝词，最后再倒酒，且要一连三杯。敬酒人应把自己的酒杯举得低一些，用自己杯子的杯沿去碰对方的杯身。敬完酒后再鞠个躬才能离开。做客时，主人如不让你参观房子的全貌，不要自己到处逛。

韩国人用双手接礼物，但不会当着客人的面打开。不宜送香烟给韩国友人。酒是送韩国男人最好的礼品，但不能送酒给妇女，除非你说清楚这酒是送给她丈夫的。

韩国政府规定，韩国公民对国旗、国歌、国花必须敬重。不但电台定时播放国歌，而且影剧院放映演出前也放国歌，观众须起立。外国人在上述场所如表现过分怠慢，会被认为是对韩国和其国民的不尊重。

与年长者同坐时，坐姿要端正。由于韩国人的餐桌是短腿小桌，放在地炕上，用餐时，宾主都应席地盘腿而坐。若是在长辈面前，应跪坐在自己的脚板底上，无论是谁，绝对不能把双腿伸直或叉开，否则会被认为是不懂礼貌或侮辱人。未征得同意前，不能在上级、长辈面前抽烟，不能向其借火或接火。吃饭时不要随便发出声响，更不许交谈。进入家庭住宅或韩式饭店应脱鞋。在大街上吃东西、在人面前擤鼻涕，都被认为是粗鲁的。

2. 商务礼仪。在与韩国客商的交往中，要注意以下方面：

（1）时间观念。大多数韩国公司重视准时性和遵照计划表，但是，由于交通拥挤，你的当地合作者可能有时候会开会迟到，如果对这样一个无法避免的拖延表现出生气，那将是无礼的。而一些小公司对准时性采取更为宽松的态度。

（2）等级制度、社会地位和性别。韩国社会是个垂直等级的社会，具有严格的等级制度。记住，要对高地位的人，包括年长者和处于较高职位的公司管理人员表示出足够的尊重。年轻的、职位低的人要服从年长的、高职位的人。

在韩国当地的公司，很少有妇女达到高层管理职位，所以大多数韩国男士在商务场合不习惯与女士平等地打交道。所以，想和韩国人做生意的女士，将面临较大的文化障碍。

（3）衣着规范。到访者应该在穿着方面体现对其当地的合作伙伴的尊重。第一次会面时，男士可以穿深色套装和白衬衫，打条较保守的领带。然后，你可以以你的当地合作者为参照来穿衣。女性商务访问者应该穿的保守一些。

（4）会面和问候。鞠躬并用适度的眼神去接触，通常接着握手；在交换名片之前，要鞠躬。

（5）称呼形式。韩国人的姓名通常由两部分组成，前面是姓，然后是两个字的名（偶尔一个字）。称呼你的伙伴时，用他的姓，如称“金先生”。对年长者为了表示尊重，“先生”二字可以用他的头衔代替，如称“金会长”。很有可能你从来都不会用到你的当地合作者的名。

（6）交换名片。交换名片很重要，要用双手从你的伙伴那里接过名片。用双手呈上你的名片——或者用右手呈上，但是用左手托着你的右肘。仔细地看对方的名片，然后把名片装到你的名片夹中；在正式的会议中，你可以把名片放在你面前的会议桌上，等散会后，很尊敬地把名片装到你的名片夹中。

（7）赠送礼物。如果你刚从国外到达韩国，去你的当地合作伙伴的办公室会见他，那么应考虑带上礼品。如果你被邀请到韩国人的家中去作客，通常也要带礼物。合适的礼物包括具有你自己国家或者地区特色的东西，以及品质较高的白兰地或者威士忌酒；要用双手呈上礼物，接收者或许会把礼物放在一边，等散会后再打开。同样，获赠礼品时，你也应该用双手接过礼物，以后再打开。

（8）饮酒和进餐。宴请和被宴请是你和韩国商业伙伴建立亲密关系的必要部分。对男士而言，礼节性的饮酒是了解合作者的一个传统方法。有时候，饮很多酒

甚至喝醉也是合适的。喝酒似乎可以使商业会议中所遇到的呆板和正式性消失。对一个困难的谈判而言，酒是个很好的润滑剂。通常，韩国人不希望女士饮酒，所以也不希望她们喝醉。在韩国做生意的女士，因为不能参与男士们的饮酒，或许会出现小障碍。不喜欢喝酒的男士可以道歉，并说明是健康原因或者宗教原因。

二、欧洲国家的习俗礼仪

（一）德国

1. 服饰礼仪。德国人在穿着打扮上的总体风格是庄重、朴素、整洁。在一般情况下，德国人的衣着较为简朴。男士大多爱穿西装、夹克，并喜欢戴呢帽。妇女们则大多爱穿翻领长衫和色彩、图案淡雅的长裙。德国人在正式场合露面时，必须要穿戴得整整齐齐，衣着一般多为深色。在商务交往中，他们讲究男士穿三件套西装，女士穿裙式服装。

德国人对发型较为重视。在德国，男士不宜剃光头，免得被人当做“新纳粹”分子。德国少女的发式多为短发或披肩发，烫发的妇女大半都是已婚者。

2. 餐饮礼仪。德国人是十分讲究饮食的。在肉类方面，德国人最爱吃猪肉，其次才是牛肉。以猪肉制成的各种香肠，德国人百吃不厌。德国人一般胃口较大，喜食油腻之物，所以德国的胖人极多。在饮料方面，德国人最喜欢的是啤酒。

德国人在用餐时，有以下几条特殊的规矩：其一，吃鱼用的刀叉不得用来吃肉或奶酪；其二，若同时饮用啤酒与葡萄酒，宜先饮啤酒，后饮葡萄酒，否则被视为有损健康；其三，食盘中不宜堆积过多的食物；其四，不得用餐巾扇风；其五，忌吃核桃。

3. 习俗禁忌。德国人在所有花卉之中，对矢车菊最为推崇，并且选定其为国花。在德国，不宜随意以玫瑰或蔷薇送人，前者表示求爱，后者则专用于悼亡。德国人对黑色、灰色比较喜欢。

对于“13”与“星期五”，德国人极度厌恶。他们对于四个人交叉握手，或在交际场合进行交叉谈话，也比较反感。因为这两种做法都被他们看做是不礼貌的。德国人认定，在路上碰到了烟囱清扫工，便预示着一天要交好运。在德国，星期天商店一律停业休息，在这一天逛街，自然难有收获。

向德国人赠送礼品时，不宜选择刀、剑、剪、餐刀和餐叉。以褐色、白色、黑色的包装纸和彩带包装、捆扎礼品，也是不允许的。与德国人交谈时，不宜涉及纳粹、宗教与党派之争。在公共场合窃窃私语，德国人认为是十分无礼的。

4. 交际礼仪。这主要包括以下几个方面：

(1)初次相识。德国人在人际交往中对礼节非常重视。与德国人握手时，有必要特别注意下述两点：一是握手时务必要坦然地注视对方；二是握手的时间宜稍长一些，晃动的次数宜稍多一些，握手时所用的力量宜稍大一些。德国人之间初次见面，如果需要第三者的介绍，作为介绍人要注意：不能不论男女长幼、地位高低而随便把一人介绍给另一人，一般的习惯是从老者和女士开始。向老年人引见年轻人，向女士引见男士，向地位高的人引见地位低的人。双方握手时，要友好地注视对方，以表示尊重对方，如果这时把眼光移向别处，东张西望，是很不礼貌的行为。初相识的双方在自报姓名时，要注意听清和记住对方的姓名，以免发生忘记和叫错名字的尴尬局面。在许多人相互介绍时，要做到尽量简洁，避免拖泥带水。由于德语语言自身的特点，在与德国人交往中还会遇到一个是用尊称还是用友称的问题。一般与陌生人、长者以及关系一般的人交往，通常用尊称；而对私交较深、关系密切者，如同窗好友、共事多年关系不错的同事，往往用友称来称呼对方。交换称谓的主动权通常在女士和长者手中。称谓的变换，标志着两者之间关系的远近亲疏。对此必须熟练掌握和运用，这样才能得心应手地与德国人交往。

(2)遵约守时。西方人一般都讲究遵守时间，德语中有一句话“准时就是帝王的礼貌”。德国人邀请客人，往往提前一周发邀请信或打电话通知被邀请者。如果是打电话，被邀请者可以马上口头作出答复；如果是书面邀请，也可通过电话口头答复。但不管接受与否，回复应尽可能早一点儿，以便主人作准备，迟迟不回复会使主人不知所措。如果不能赴约，应客气地说明理由。既不赴约，又不说明理由是很不礼貌的。在德国，官方或半官方的邀请信，往往还注明衣着要求，这并非多此一举，因为谁也不想在此穿戴庄重的场合，由于穿戴不合适而出自己的洋相。接受邀请之后如中途有变不能如约前往，应早日通知主人，以便主人另作安排。如由于临时的原因，迟到10分钟以上，也应提前打电话通知一声。客人迟到，要向主人和其他客人表示歉意。电影院中的迟到，人们可以习以为常，但对于音乐会的迟到，则是令人讨厌的。这时迟到者最好等到一幕或一个乐章结束后再入座。如等不及，需慢慢走到座位上，千万别走错排数，并且要对站起来让路的人轻说“谢谢”。赴约赴宴，如遇交通高峰期，一定要提早出门，以免迟到。迟到固不礼貌，但早到主人家，也欠考虑。德国人如遇正式邀请，往往提前出门，如果到达时间早，便开车转一圈或在附近散散步，到时再进主人家。

(3)付小费。在西方国家，给服务行业的工作人员付小费已成为习惯，小费已成为服务员的重要收入来源。给小费不但是对其服务的一种酬劳，同时也是对别人劳动的尊重。因此，它也属于礼貌范围之内的事。那么，对哪些人应付小费呢？他们包括：饭店招待、门房、女服务员、房间清洁工、旅馆中的行李搬运员、火车站和机场上的行李搬运员、轮船招待、卧铺车厢乘务员、酒吧调酒师、理发师、出租汽车司机、加油站工人、厕所服务生、擦皮鞋者、导游、旅游车司机、摩托游艇司机、领座小姐和停车场看守等。经验证明，付适当的小费可提高你在度假场所、餐馆中的舒适程度。同时，通过小费也表达了你对服务员热情周到服务的感谢。小费不等同于服务费，服务费是顾客所付的附加费，一般为消费的10%～15%，它列在账单的末尾。一般如果账单上已列出了15%的服务费，那就不用再付小费，如果服务费只收10%，顾客要另加5%的小费。当然，如果你对这里的服务十分满意，可以把钱凑个整数，或单独把硬币放在桌上或侍者的盘中。

(4)送礼。德国人不习惯送重礼,所送礼物多为价钱不贵但有纪念意义的物品,以此来表示慰问、致贺或感谢之情。去友人家赴宴,客人带上点儿小礼物,一束鲜花、一盒巧克力糖果或一瓶酒足已。当然,去德国朋友家作客的中国人如能送给女主人一件富有民族特点的小纪念品,那定会受到主人由衷的赞赏。如果只是顺便看望,那就不必带什么礼物了,最多给小孩子带点儿小玩意儿。如果是业务的聚会,双方往来都是公事,只要按时应邀出席,不必另有表示。在德国,如遇朋友乔迁或新婚,你可以事先同受礼者开诚布公地谈谈送些什么礼物好。有的德国新婚夫妇会把自己所需的日常用品列一份清单,送礼的朋友可在此单上画上自己送的东西,这样既可使新婚夫妇得到实惠,又方便了馈赠者。对送报员、清洁工、看门人或照顾病人的护士,德国人一般也会送些礼品,感谢他们的辛勤劳动,不过对他们送钱更为实惠。你可把一张钞票装在信封里或直接塞到他们手中,同时对他们的劳动表示感谢。

(二)西班牙

1. 仪态礼仪。当地妇女有"扇语",如当妇女打开扇子,把脸的下部遮起来,意思是:我是爱你的,你喜欢我吗?若一会儿打开一会儿合上,则表示:我很想念你。因此初到西班牙的妇女,如果不了解扇语,最好不要使用扇子。

2. 相见礼仪。西班牙人通常在正式社交场合与客人相见时,行握手礼。与熟人相见时,男性朋友之间常紧紧地拥抱。西班牙人的姓名常包括三四部分,前一二部分为本人姓名,倒数第二部分为父姓,最后一部分为母姓。通常口头称呼父姓。

3. 商务礼仪。西班牙人很重视信誉,总是尽可能地履行签订的合同,即便后来发现合同中有对他们不利的地方,他们也不愿公开承认自己的过失。在这种情况下,如对方能够善意地帮助他们,则会赢得西班牙人的尊重与友谊。西班牙人只有在参加斗牛比赛活动时才严守时间,因此在与西班牙商人交往时,如对方迟到,不要加以责怪。

4. 其他礼仪。西班牙人性格开朗、热情,但容易激动,有时发生争吵是很正常的,他们对此已习以为常。西班牙人吃东西时,通常会礼貌地邀请周围的人与他分享,但这仅是一种礼仪上的表示,不要贸然接受,否则会被他们视为缺乏教养。

(三)英国

1. 仪态礼仪。在英国,人们在演说或别的场合伸出右手的食指和中指,手心向外,构成V形手势,表示胜利;在英国,如有人打喷嚏,旁人就会说上帝保佑你,以示吉祥。

2. 商务礼仪。到英国从事商务活动要避开7月和8月,这段时间工商界人士多休假,另外在圣诞节、复活节也不宜开展商务活动。商务交往中如互赠礼物,千万不要送重礼,以避贿赂之嫌。在商务会晤时,按事先约好的时间,不得早到或迟到。英国工商界人士办事认真,不轻易动感情和表态,他们视夸夸其谈、自吹自擂为缺乏教

养的表现。

3. 其他礼仪。到英国旅行,需注意当地的所有车辆均沿马路的左侧行驶。英国人遵守纪律,即便是几个人上车,他们也会自觉地排队。在英国坐出租车,一般按10%左右付小费,将小费列入服务费账单的饭店不必另付小费。在主人家中作客数日,要视情况付给提供服务的佣人一些小费。

(四)法国

法国人在社交场合与客人见面时,一般习惯以握手为礼,少女向妇女也常施屈膝礼。法国的男女之间、女子之间见面时,还常以亲面颊或贴面颊来代替相互间的握手。法国人还有男性互吻的习俗,两位男士见面,一般要当众在对方的脸颊上分别亲一下。在法国一定的社会阶层中,"吻手礼"也颇为流行。不过施吻手礼时,嘴不应接触到女士的手,也不能吻戴手套的手,不能在公共场合吻手,更不得吻少女的手。被邀请到某人家里做客是难得的,即使已相识很久。不过,若有这类邀请的话,给女主人送上鲜花(不要送玫瑰花或菊花)或巧克力之类小礼品将是受欢迎的。不要送印有你公司名称的礼品。法国人注重烹调艺术,因此中午和晚上的两餐是日常生活中的重要组成部分,不容忽视。

法国人最爱美,这是举世公认的,尤其妇女,称得上是世界上最爱打扮的人。就连他们国家的老年妇女也是如此,几乎每天都离不开化妆和美容,为的是把自己打扮得更年轻漂亮些。他们一般都把对女子表示谦恭礼貌当做生活中教养好坏的标准。"女士优先"在法国极为盛行。他们时间观念很强,无论出席什么集会,都习惯准时到达,从不拖拉迟到。

法国人在同客人谈话时,总喜欢相互站得近一些,他们认为这样显得更为亲切。他们偏爱公鸡,认为它既有观赏价值和经济价值,还有司晨报晓的特殊本领,把它看为"光明"的象征,并视其为国鸟。他们非常喜爱鸢尾花,认为它是自己民族的骄傲,是权力的象征,国家的标志,并敬其为国花。法国是个盛产鲜花的国家,人们爱花成癖。他们认为秋海棠表示"热忱的友谊",兰花表示"虔诚",丁香表示"纯洁",大丽花表示"感谢",玫瑰表示"爱情",等等。他们对蓝色偏爱,并把蓝色看成是"宁静"和"忠诚"的色彩;对粉红色也较为喜欢,认为粉红色是一种积极向上的色彩,给人以喜悦之感。

他们谈话习惯用手势来表达自己的意思,但他们的手势和我们的习惯有所不同。如:我们用拇指和食指分开表示"八",他们则表示"二";我们用手指指自己的鼻子,表示"是我",但他们的手指指自己的胸膛才表示"是我";他们还把拇指朝下表示"坏"和"差"的意思。与法国人会面,可由第三者介绍,也可自我介绍。自我介绍应讲清姓名、身份或将自己的名片主动送给对方。法国人很重视建立良好的人际关系,一般情况下,未成朋友前,是不会跟你做大宗生意的。和法国人谈生意,一定要守时,否则不会被原谅。和法国人谈生意,要避开商业淡季。每年8月份由于天气较热，几乎全国放假。

（五）俄罗斯

1. 社交礼仪。在人际交往中，俄罗斯人素来以热情、豪放、勇敢、耿直而著称于世。在交际场合，俄罗斯人惯于和初次会面的人行握手礼。但对于熟悉的人，尤其是在久别重逢时，他们则大多要与对方热情拥抱。

在迎接贵宾之时，俄罗斯人通常会向对方献上“面包和盐”，这是给予对方的一种极高的礼遇，来宾必须对其欣然接纳。

称呼方面，在正式场合，他们多采用“先生”、“小姐”、“夫人”之类的称呼。在俄罗斯，人们非常看重人的社会地位，因此对有职务、学衔、军衔的人，最好以其职务、学衔、军衔相称。

依照俄罗斯民俗，在用姓名称呼俄罗斯人时，可按彼此之间的不同关系，具体采用不同的方法。只有与初次见面之人打交道时，或是在极为正规的场合，才有必要将俄罗斯人姓名的三个部分连在一道称呼。

2. 服饰礼仪。俄罗斯人大都讲究仪表，注重服饰。在俄罗斯民间，已婚妇女必须戴头巾，并以白色的为主；未婚姑娘则不戴头巾，但常戴帽子。在城市里，俄罗斯人目前多穿西装或套裙，俄罗斯妇女往往还要穿一条连衣裙。前去拜访俄罗斯人时，进门之后务请立即自觉地脱下外套、手套和帽子，并且摘下墨镜，这是一种礼貌。

3. 餐饮礼仪。在饮食习惯上，俄罗斯人讲究量大实惠、油大味厚。他们喜欢酸、辣、咸味，偏爱炸、煎、烤、炒的食物，尤其爱吃冷菜。总的讲起来，他们的食物在制作上较为粗糙一些。

一般来说，俄罗斯人以面食为主，他们很爱吃用黑麦烤制的黑面包。除黑面包之外，俄罗斯人大名远扬的特色食品还有鱼子酱、酸黄瓜、酸牛奶等。吃水果时，他们多不削皮。

在饮料方面，俄罗斯人很能喝冷饮。具有该国特色的烈酒伏特加，是他们最爱喝的酒。此外，他们还喜欢喝一种叫“格瓦斯”的饮料。

用餐之时，俄罗斯人多用刀叉。他们忌讳用餐发出声响，并且不能用匙直接饮茶，或让其直立于杯中。参加俄罗斯人的宴请时，宜对其菜肴加以称道，并且尽量多吃一些。俄罗斯人将手放在喉部，一般表示已经吃饱。

4. 习俗禁忌。在俄罗斯，被视为“光明象征”的向日葵最受人们喜爱，它被称为“太阳花”，并被定为国花。拜访俄罗斯人时，送给女士的鲜花宜为单数。在数目方面，俄罗斯人最偏爱“7”，认为它是成功、美满的预兆。对于“13”与“星期五”，他们则十分忌讳。俄罗斯人非常崇拜盐和马。俄罗斯人主张“左主凶，右主吉”，因此，他们不允许以左手接触别人，或以之递送物品。

俄罗斯人讲究“女士优先”，在公共场合里，男士往往自觉地充当“护花使者”。不尊重妇女，到处都会遭以白眼。俄罗斯人忌讳的话题有：政治矛盾、经济难题、宗教矛盾、民族纠纷、前苏联解体、阿富汗战争，以及大国地位问题等。

三、美洲国家的习俗礼仪

（一）美国

1. 社交礼仪。美国人在待人接物方面具有下述四个主要特点：

第一，随和友善，容易接近；

第二，热情开朗，不拘小节；

第三，城府不深，喜欢幽默；

第四，自尊心强，好胜心重。

2. 服饰礼仪。总体而言，美国人平时的穿着打扮不太讲究。崇尚自然，偏爱宽松，讲究着装体现个性，是美国人穿着打扮的基本特征。跟美国人打交道时，应注意对方在穿着打扮上的下列讲究，免得让对方产生不良印象：①美国人非常注意服装的整洁；②拜访美国人时，进了门一定要脱掉帽子和外套，美国人认为这是一种礼貌；③美国人十分重视着装细节；④在美国，女性最好不要穿黑色皮裙；⑤在美国，一位女士要是随随便便地在男士面前脱下自己的鞋子，或者撩动自己裙子的下摆，往往会有成心引诱对方之嫌；⑥穿睡衣、拖鞋会客，或是以这身打扮外出，都会被美国人视为失礼；⑦在美国，出入公共场合时化艳妆，或是在大庭广众之前当众化妆补妆，不但会被人视为缺乏教养，而且还有可能令人感到“身份可疑”；⑧在室内依旧戴着墨镜不摘的人，往往会被美国人视做“见不得阳光的人”。

3. 餐饮礼仪。美国人用餐的戒条主要有以下六条：①不允许进餐时发出声响；②不允许替他人取菜；③不允许吸烟；④不允许向别人劝酒；⑤不允许当众脱衣解带；⑥不允许议论令人作呕之事。

（二）加拿大

加拿大人性格开朗，不保守，重实惠，自由观念较强，行动上比较随便，不太注重礼节，但他们在生活起居方面比较讲究，住房要求整洁、舒适，卫生设备齐全。加拿大人在生活习俗上受宗教的影响较大。他们通常都很忌讳“13”这个数。在他们举行的宴会上，一般都是双数的席次。他们喜欢过圣诞节。节日中，火鸡和丁香是他们不可缺少的菜肴，节日活动的内容则与欧洲其他国家相似。

在加拿大做生意时，应该因民族差异而变换手法。例如，和英裔商人商谈时，从进入商谈到决定价格这段时间，是很艰苦的。一会儿，卡死在这个问题上，一会儿，又卡死在那个问题上。就这样，慢慢地走向目的地，所以，商谈很费时间。但是，一旦签订了契约，就稳如泰山了。这一点是可以放心的。法裔商人则恰恰相反，他们非常和蔼可亲，容易接近，对客人很亲切，犹如款待远道而来的客人，无微不至。但是，一旦坐下来，正式进行商谈时，就判若两人，讲话慢吞吞的，难以捉摸。所以，要谈出一个结果来，是很费劲的。因此，签订了契约之后，也仍旧会使人感到不安。

按照加拿大的商务习惯,商务场合宜穿保守式样西装。一般而言,加拿大商人颇保守,商务活动宜在上班时间以正式方式提出,态度宜谨慎。去魁北克省与法裔加拿大人谈生意,如能说几句法语,将有意想不到的好处。

加拿大人不像美国人那样随便,大部分招待会在饭店和俱乐部举行。如果应邀去加拿大人家里作客,可以事先送去或随身携带上一束鲜花给女主人,但不要送白色的百合花,在加拿大,白色的百合花只有在葬礼上才用。

在汽车里、电梯上和办公室内,当着不吸烟人的面吸烟是不礼貌的,进餐时也不要吸烟。加拿大人不喜欢外来人过分地把他们的国家和美国进行比较,往往喜欢外来人谈有关他们国家和人民的长处。

加拿大妇女有美容化妆的习惯,因此她们不欢迎服务员送擦脸香巾。加拿大人在饮食上,忌吃虾酱、鱼露等有怪味、腥味和辣味的食物,忌食动物内脏和脚爪。加拿大人在家里吃饭时,不能说使人悲伤的事,也不谈与死亡及与性有关的事。

项目二 出国访问礼仪

国际上的互相访问由来已久,而现代更盛。各种不同性质、不同层次、各行各业的人员和代表团出访他国,成了社会生活中的常事。

一、出国访问的准备工作

(一)办理护照和签证

在出国访问前,必须先办妥护照和有关国家的签证。除了有互免签证协议的国家外,任何国家均不允许未持有效护照和签证的人进出其国境,这是一个涉及主权原则的问题。

护照是主权国家发给本国公民出入国境和在国外停留期间的身份证件。各建交国家之间还相互致送本国护照的样本,以便识别,防止持假护照的人进出国境。护照上一般均写明其有效期,过期、失效的护照不得使用。护照期满,应到发照机关或本国驻外使领馆申请延期。有的国家还规定有护照使用的地区限制。除了边境出入需查验护照外,在国外住旅馆、办理居留手续、订机票以及银行取款等都需要使用护照。因此,护照应随身携带,妥善保管,防止丢失,也不得污损、涂改。如有遗失,应立即报告本国驻当地的使领馆,并申请补发。

护照的种类,各国不尽相同。按我国现行规定,我国的护照分为:外交护照(Diplomatic Passport,红色)、公务护照(Service Passport,绿色)和普通护照(Passport,棕色)。普通护照又分为因公护照和因私护照两种。有的国家没有公务护照,而有官员护照（Official Passport）；有的国家还有特别护照（Special Passport）。外交护照发给具有政府官方身份的人员和驻外使领馆中的职员；其他人员一般均发给普通护照，而又按其出国原由而分为因公、因私两类。因公出国人员护照，由外交部或由外交部授权的机关颁发；因私出国人员的护照，由公安机关颁发。在国外则均由大使馆或领事馆办理。

出国人员在拿到护照后，应核查护照上的姓名、出生年月、地点是否填写正确，并在相互信任签字格上签名。

护照办妥后，还必须持护照向有关国家的使领馆申请签证。签证按其使用的不同分为：

入境签证——在有效期内，允许持护照者一次进入国境；

出境签证——在有效期内，允许持护照者一次出境；

入出境签证——在有效期内，允许持护照者一次入境并出境；

出入境签证——允许持护照者在有效期内出境并返回；

多次入出境签证——允许持照人在一定的有效期内多次入出国境；

过境签证——允许持照人在一定有效期内通过国境，并可作短期（一般为 3 ~ 7 天）停留。

签证按其等级分为外交签证、公务签证和普通签证，一般情况下分别发给外交护照、公务护照和普通护照的持有者。签证一般均签在有效的护照上或其他旅行证件上。但有的国家不愿在未建交国家的护照上签证，便发给另纸签证，并注明需与所持护照同时使用方为有效。

出国前，一般均需先办妥所去国家的入境签证和过境停留国家的过境签证。如中途过境而不出机场，一般也可不必办理过境签证。

办理签证，常常需要相当的办理时间。应争取尽早提出申请，以免耽误行期。

各国签证都要规定有效期和居留期。如过境签证，有效期为 1 个月，居留期 3 天，则表示在 1 个月内可以过境，但只能在该国逗留 3 天。如入境签证，有效期为半年，居留期 1 个月，则表示半年之内可以入境，但只能在此地居留 1 个月，超过 1 个月者，需另行办理居留申请。

出国前，除办妥护照签证外，尚需视情况办理预防接种证书（俗称黄皮书）。如所去地区没有疫情，则不必办理。有的国家入境时要出示不带艾滋病毒的检查证明。我国现行做法，除驻外使领馆和出国代表团人员外，亦应办理这项证明。具体情况可向检疫部门询问办理。

（二）办理订票及乘坐飞机

如乘坐民航班机出国，需预先订妥机票、机座。我国政府规定，我国人员因公出国，由公家报销路费的，应尽可能乘坐我国民航的飞机，并选择经济合理的路线。在其他国家，有些也有类似规定。如系自费出国，则可选择其他航空公司的飞机和经济合理、方便的路线和航班。目前世界各国的航空公司竞争激烈，有各种优惠的办法。例如，有的航空公司对全程票和一定期限内的往返票有折扣，有的对在校学生有优待，有的对等候票给优惠，等等。

在购机票时，如旅行的全程计划已经确定，则可购买全程票并请航空公司预订全程机座。所有机座均应得到"确认"并在机票上写明"OK"后方为有效。对于下一程的机座，即使已经"确认"并写明"OK"，在到达转机站时，也还需要立即到有关航空公司的营业处再次确认一下，以免误事。

国际民航班机，无论头等舱票、公务舱票，还是经济舱票，对旅客托运的免费行李，均有一定的限额。中国民航对此的现行规定为，在国际航线上，头等舱票为40公斤、公务舱票为30公斤、普通舱票为20公斤。对登机的手提行李也有限制。如行李超重，超重费的价格比较昂贵。为争取乘客，各国航空公司掌握行李超重的标准宽严不一，有的可能会比较灵活，但总有一定限度。如到机场过磅时，发现行李超重而要收取超重费，则十分麻烦。因此在准备行装时，应尽可能做到不超重。如实在不行，则可用机票办理超重部分行李的分离托运，这样比较便宜。

行李托运应一次托运到目的地。为保险起见，在路途转换飞机时，可了解一下行李是否已随机转运。旅客上飞机后，手提行李应放置在行李架上，不要放在安全门附近或通道上。到达目的地，办完入境手续后，即可凭行李卡认领托运的行李，并用机场的手推车推出机场。如行李找不到，可通过机场行李管理人员或有关航空公司查找，并填写申报单交航空公司核实。如行李丢失，航空公司应照章赔偿损失。

（三）携带旅行支票及付小费

在国外期间，应尽可能使用旅行支票，少携带现钞。如把外汇换成当地货币，换回时要受外汇买卖差价的损失，有时还换不回，因此不如旅行支票方便。

世界上多数国家都有给小费的习惯，有的称服务费(Service Charge)。付小费的方式，可根据当地习惯灵活运用。例如，不必找零钱，或将小费放置于桌上适当处。有的地方，账单上已收服务费(一般为全部费用的10%～15%)，按规定可不再付小费。但实际上，开关门、存取衣服、提取行李等，仍需付小费。大型代表团如住在旅馆里，亦可按当地习惯给小费。如住在国家宾馆，接待人员不肯收小费，则可酌情赠送小纪念品。

二、出国访问的礼仪

出访涉及的礼仪问题主要包括以下几个方面：

（一）衣着礼仪

在与外国人打交道时，对于每一名涉外人员衣着的基本礼仪要求是：得体而应景。这主要需要注意两个方面的问题：

1. 涉外人员应当懂得依照自己所处的具体场合而选择与之相适应的服装。根据涉外礼仪的规范，在国际交往中，涉外人员所接触的各种具体场合，大体可以分作三类，即公务场合、社交场合和休闲场合。

(1)公务场合，指的就是涉外人员处理公务的场合。在公务场合，涉外人员的着装应当重点突出“庄重保守”的风格。我国涉外人员目前在公务场合的着装，最为标准的主要是深色毛料的套装、套裙或制服。具体而言，男士最好是身着藏蓝色、灰色的西装套装或中山装，内穿白色衬衫，脚穿深色袜子、黑色皮鞋。穿西装套装时，务必要扎领带。女士的最佳衣着是：身着单一色彩的西服套裙，内穿白色衬衫，脚穿肉色长筒丝袜和黑色高跟皮鞋。有时，穿着单一色彩的连衣裙亦可，但是尽量不要选择以长裤为下装的套装。

(2)在社交场合，涉外人员的着装应当重点突出“时尚个性”的风格，既不必过于保守从众，也不宜过分地随便邋遢。目前的做法是，在需要穿着礼服的场合，男士穿着黑色的中山套装或西装套装，女士则穿着单色的旗袍或下摆长于膝部的连衣裙。其中，尤其以黑色中山装套装与单色旗袍最具有中国特色，并且应用最为广泛。在社交场合，最好不要穿制服或便装。

(3)休闲场合，涉外人员的着装应当重点突出“舒适自然”的风格。没有必要衣着过于正式，尤其应当注意，不要穿套装或套裙，也不必穿制服。那样做，既没有任何必要，也与所处的具体环境不符。

2. 涉外人员应当使自己的衣着得法。这需要注意以下两点：

(1)要了解并遵守着装的正确方法。这主要包括以下方面：穿西装时，要注意的问题有：在穿西装之前，务必要将位于上衣左袖袖口之上的商标、纯羊毛标志等先行拆除，它们并非与西装的档次、身价有关。在一般情况下，坐着的时候，可将西装上衣衣扣解开；站起来之后，尤其是需要面对他人之时，则应当将西装上衣的衣扣系上。西装上衣的衣扣有一定的系法：双排扣西装上衣的衣扣，应当全部系上。单排两粒扣西装上衣的衣扣，应当只系上边的那粒衣扣。单排三粒扣西装上衣的衣扣，则应当系上面的两粒衣扣，或都单系中间的那粒衣扣。穿西装背心时，最下边的那粒衣扣一般可以不系。穿西装时，只允许穿一件单色薄型的“V”领羊毛衫。不要在西装里面穿开领的、花哨的羊毛衫，特别是不要一下子同时穿多件羊毛衫。

穿长袖衬时需要注意的问题有：下摆在正式场合要束在裤腰或裙腰之内。袖管不仅不可以挽起来，而且袖扣还一定要系上。不穿西装上衣，或是穿上衣未打领带时，领扣通常可以不系。

打领带时，其位置大致是在七粒扣衬衫自上而下数的第四、第五粒衣扣之间。

(2)要了解并遵守着装的搭配技巧。在国外，对于男士在正式场合的着装，有必须遵守“三色原则”的要求。所谓“三色原则”，是指全身上下的衣着应当保持在三种色彩之内。对于女士在正式场合的着装，要关注一个细节，即不应该使自己的袜口暴露在外。不仅在站立之时袜口外露不合适，就是在行走或就座时袜口外露也不合适。穿裙装的女士，最好穿连裤袜或长筒袜。

（二）住的礼仪

1. 在酒店住宿的礼仪。这主要包括以下方面：

国外的饭店，尤其是高档的星级饭店，一般都有下述规定：

其一，不允许两名已经成年的同性共居于一室之内。唯有一家之人，方可例外。

其二，不允许住客在自己住宿的客房之内，随意留宿其他外来之人。

其三，不提倡住客在自己住宿的客房之内会晤来访的人士，特别是不提倡住客在自己的客房内会晤异性来访者。在一般情况下，饭店的前厅或咖啡厅，被视为住店客人会客的理想去处。

其四，不提倡互不相识的住店客人相互拜访。随意去素不相识的人的房间串门，或是邀其一起进行娱乐，都是十分冒昧的。

其五，不允许住店客人身着内衣、睡裙、背心、裤衩之类的“卧室装”在饭店内部的公共场所活动，打赤膊，或是衣冠不整，同样也不允许。

其六，不允许将客房或饭店之内其他场所的公用物品随意带走，占为己有。

住宿国外的饭店时，还有两点需要注意：

一是多人一同出访时，切勿分散住宿。不仅是最好住在同一家饭店之内，而且最好要住在同一楼层。这样大家可以互相关照，也有利于集体行动。

二是要尽量多了解一些国外饭店的特殊规矩。

2. 在外国人家里住宿时的礼仪。这种情况下应当遵守以下一些要求：

（1）应当两厢情愿。在国外直接住宿在外国人的家里，一般在私人出访时才会出现。因公出访时，通常不允许这么做。在外国人家里住宿时，住宿者与房东二者之间，往往不是私交甚好，就是租赁关系。在这两种情况下，最重要的，是双方要完全情愿，并且最好有约在先。由于外国人强调个人隐私，忌讳他人妨碍自己的私生活，因而不大喜欢让外人在自己家里留宿。若外国朋友没有主动提议，则最好不要自己首先提出来，甚至赖着不走。当然，即使对方盛情相邀，自己不愿意的话，也不必勉强。

（2）应当支付费用。对一般人来说，不论是在什么状况下在外国朋友家里住宿，均应自觉地为此支付一定数额的费用。与房东之间若是存在租赁关系，需要履约付费更是自不待言。即使与房东私交甚好，亦应支付一定的费用，如果住宿时间较长的话，则对于这一点应当更加注意。哪怕是房东不要自己付房租，平日自己所用的电视费、电话费、传真费等，至少还是应当自掏腰包。

（3）应当好自为之。在外国人家里住宿，不管时间是长是短，本人与房东是熟人还是以前素昧平生，均应注意自己的表现，处处好自为之，不要由于自己的不自觉而制造矛盾，惹是生非，更不要因为自己的行为不慎而招致非议。在这个方面，最重要的是要注意下列三点：

- 要遵守约定。对于住客与房东之间的约定，不管是书面的还是口头的，大到交付房租的日期，小到对于住客生活习惯的一些具体要求，都要严格遵守。

• 要尊重房东。要尊重房东，除了要对其以礼相待之外，还要注意不要有碍其私生活；不要擅自闯入其室内，或是乱拿、乱动、乱用其私人物品。

• 要爱惜物品。在国外，房屋在出租时，往往会连同家具一同出租。借住在外国人家中时，不论交付房租与否，都要对属于房东的物品自觉加以爱护。

（三）行的礼仪

与外国人进行交往应酬时，不能不涉及有关行的礼仪。

在涉外场合，目前有关行的礼仪，可以分为步行的礼仪、乘车的礼仪、乘机的礼仪三个主要方面。

1. 步行的礼仪。有关步行的礼仪，是行的礼仪的核心内容之所在。具体而言，它涉及行走之时的各个环节。涉外人员应当特别关注下述几点。

(1)要注意步行时的仪态。人们常言："站有站相，坐有坐相。"在行走之时，每个人都应注意自己的仪态与风度。一个人在行走时要做到仪态优雅，风度不凡，重要的是要做到稳健、自如、轻盈、敏捷。要保持的基本姿态是：脊背与腰部要伸展放松，脚跟要首先着地。具体而言，要做到正确而优美地行走，就应当注意下列几点：①走动时应当是上体前驱，以腰动带动腿动与脚动。②行进时应当将腿伸直，而要做到这一点，就要使膝盖伸直。③行走时应当上身挺直，并且始终目视自己的正前方。④走路时应当将注意力集中于后脚，并且使脚跟首先触地。⑤步行时应当保持一定的、相对稳定的节奏，不论是步幅、步速还是双臂摆动的幅度，均须注意此点。⑥前进时应当保持一定的方向。从理论讲，行走的最佳轨迹，应当是双脚后跟落地之后基本在一条直线上。

在行走之时，不雅的仪态主要有如下六种：①上看下看，左顾右盼；②东跑西颠，方向叵测；③驼背弯腰，缩脖摆胯；④连蹦带跳，手舞足蹈；⑤摇摇晃晃，东倒西歪；⑥跑来跑去，虚张声势。

(2)要注意步行的方位。任何人走路，都会碰上一个前、后、左、右的方位问题。在涉外交往中，需要注意的步行方位问题主要包括两个方面。

其一，与交通规则有关的方位问题。在任何国家里，每个人都要遵守交通规则。要遵守交通规则，首先就必须对其有一定程度的了解。在世界各国，与步行方位有关的交通规则主要有两类。一类是具有普遍性的交通规则。它们在世界各国广为通行，并无二致。比如，横穿马路时，必须依照规定走过街天桥、地下通道，或是走人行横道；不允许随意穿行马路，或是跨越护栏。在通过人行横道时，要注意交通指示灯，并且严格遵守"红灯停、绿灯行"的惯例。在街道上行走时，一定要走人行道。在机动车道上走来走去，是违规的行为。另一类则是具有特殊性的交通规则。它们往往适用于某些国家，而在另外一些国家则不一定适用。例如，就行进方向而言，目前世界上存在两种模式。一是"英式"，以英国为代表，行进时要居左而行。另一种称为“美式”，以美国为代表，行进时要求居右而行。再者，有的国家往往会划出一些道路作为专用通道，如仅供盲人专用的“盲道”。还有一些国家，则对外国人划出了一些禁区，它们是不可擅闯乱行的。

其二，与礼仪惯例有关的方位问题。与他人同时行进时，居前还是居后，居左还是居右，是同礼仪直接相关的。在一般情况下，尤其是在人多之处，往往需要单行行进。通常讲究的是“以前为尊，以后为卑”，即前面行走的人，位次高于后面行走的人。因此，一般应当请客人、女士、尊长行走在前，主人、男士、晚辈与职位较低者则应随后而行。不过有两点务请注意：①行进时应自觉走在道路的内侧，而便于他人通过。②在客人、女士、尊长对行进方向不了解或是道路较为坎坷时，主人、男士、晚辈与职位较低者则须主动上前带路或开路。倘若道路状况允许两人或两个以上的人并排行走时，一般讲究“以内为尊，以外为卑”。倘若当时所经过的道路并无明显内侧、外侧之分时，则可采取“以右为尊”的国际惯例。当三个人一起并排行进时，有时亦可以居于中间的位置为尊贵之位。以前进方向为准，并行的三个人的具体位次，由尊而卑依次应为：居中者，居右者，居左者。

(3)要避免步行时的禁忌，需要注意以下几个方面：

一忌行走之时与他人相距过近，尤其是避免与对方发生身体碰撞。万一发生，务必要及时向对方道歉。

二忌行走之时尾随于他人身后，甚至对其窥视、围观或指指点点。在不少国家，此举会被视为“侵犯人权”，或是“人身侮辱”。

三忌行走之时速度过快或者过慢，以至于对周围的人造成不良影响。

四忌在私人居所附近进行观望，甚至擅自进入私宅或私有的草坪、森林、花园。此举在一些国家被定为违法行为。

五忌一边行走，一边连吃带喝，或是吸烟。那样不仅对自身不利，而且还会有碍他人。

六忌与早已成年的同性在行走时勾肩搭背、搂搂抱抱。在西方国家里，只有同性恋者才会这么做。

2. 乘车的礼仪。有关乘车的礼仪，主要包括乘车时的座次与礼待他人两个方面的内容。乘坐轿车与乘坐公共汽车、火车、地铁时的座次，各有不同的讲究。而轿车的类型不同，乘车时座次的排列也大为不同。

乘坐吉普车时，前排驾驶员身旁的副驾驶座为上座。车上其他的座次，由尊而卑，依次应为：后排右座，后排左座。乘坐四排座或四排座以上的中型或大型轿车时，通常应以距离前门的远近来确定座次，离前门越近，座次越高；而在各排座位之上，则又讲究“右高左低”，简单地讲，可以归纳为：由前而后，自右而左。

乘坐双排座位或三排座轿车时，座次的具体排列又因驾驶员的身份不同而具体分为下述两种情况。

(1)由所乘轿车的车主亲自驾驶轿车。在这种情况下，双排五座轿车上其他的四个座位的座次，由尊而卑依次应为：副驾驶座、后排右座、后排左座、后排中座。三排七座轿车上其他的六个座位的座次，由尊而卑依次应为：副驾驶座、中排右座、中排中座、中排左座、后排右座、后排中座、后排左座。当主人亲自驾车时，若一个人乘车，则必须坐在副驾驶座上；若多人乘车，必须推举一个人在副驾驶座上就座，不然就是对主人的失敬。

(2)由专职司机驾驶轿车。在这种情况下，双排五座轿车上其他的四个座位的座次，由尊而卑依次应为：后排右座、后排左座、后排中座、副驾驶座。三排七座轿车上其他的六个座位的座次，由尊而卑依次应为：后排右座、后排左座、后排中座、中排右座、中排左座、副驾驶座。三排九座轿车上其他的八个座位的座次，由尊而卑依次应为（假定驾驶座居左）：中排右座、中排中座、中排左座、后排右座、后排中座、后排左座、前排右座、前排中座。根据常识，轿车的前排，特别是副驾驶座，是车上最不安全的座位。因此，按惯例，在社交场合，该座位不宜让妇女或儿童就座。而在公务活动中，副驾驶座，特别是双排五座轿车上的副驾驶座，则被称为“随员座”，循例专供秘书、翻译、警卫、陪同等随从人员就座。乘坐公共汽车、火车或地铁，因座位可供选择的余地并不太大，有关座次的讲究相对较少。基本规矩为：临窗的座位为上座，临近通道的座位为下座。与车辆行驶方向相同的座位为上座，与车辆行驶方向相反的座位为下座。在有些车辆上，乘客的座位分列于车厢两侧，而使乘客对面而坐。应以面对车门一侧的座位为上座，背对车门一侧的座位为下座。

在乘坐车辆时还应注意下列三个方面的问题：

其一是上下车的先后顺序。乘坐轿车时，按照惯例应当请位尊者首先上车，最后下车。位卑者则应当最后上车，最先下车。在轿车抵达目的地时，若有专人恭候在此，并负责拉开轿车的车门，则位尊者亦可率先下车。乘坐公共汽车、火车或地铁时，通常由位卑者先上车，先下车。其目的是为了便于位卑者寻找座位，照顾位尊者。

其二是就座时的相互谦让。在相互谦让座位时，除对位尊者要给予特殊礼遇之外，对待同行之人中地位身份相同者，也要以礼相让。倘若座位有尊有卑，座位所处的具体位置有好有坏，或者座位不够时，应当请妇女、儿童、老年人、残疾人或身体欠佳者优先就座。即便对方不认识自己，在必要的时候，也应当自觉地让座于人。在让座时，应当表现得大大方方、光明磊落，不要虚情假意。倘若对方让座于自己，不论是否认识，均须立即向对方致谢。

其三是乘车时的律己敬人。在乘坐车辆时，必须自觉地讲究社会公德，遵守公共秩序。对于自己，处处严格要求；对于他人，时时要友好相待。具体而言，做到律己，要注意以下方面：在乘坐车辆时，切勿携带违禁物品。上下车时，与乘客要相互礼让，排队依次而行，乘车其间，不要多占座位，或在不属于自己的座位上就座。在放置私人物品时，应当不对他人构成影响。在车上切勿当众更衣、脱鞋或是吸烟、吐痰。不要乱扔废弃之物。不要让小孩子随地大小便，或打扰其他人。不要在车上吃有刺激性气味的食品。要做到敬人，需要注意的问题有：上下车时，如需别人让道，应当先说一声"对不起，请让一下"，之后，还须说一声"谢谢"。万一碰撞、踩踏了别人，要立即向对方道歉。寻找座位时，如打算坐在他人身旁，应当先问一下对方"这里有没有人"，或是"可以坐在这里吗？"在放置私人物品时，如有必要挪动他人之物，务必要首先征得对方的同意。在自己的座位上就座后，应主动向周围不认识的人问一声好。当别人这样做时，应当予以回应。对于车上专职的服务人员，既要尊重，又不宜要求过高。

3. 乘飞机的礼仪。在交通工具之中，飞机最为舒适，档次也最高。在乘坐飞机时，必须要认真遵守乘机礼仪。具体来讲，主要应当在维护乘机安全、从严要求自己等方面多加注意。

(1) 上机时不得违规携带有碍飞行安全的物品。通常规定：任何乘客均不得携带枪支、弹药、刀具以及其他武器，不得携带一切易燃、易爆、剧毒、放射性物质等危险物品。

(2) 登机时应当认真配合例行的安全检查。在进行安全检查时，每位乘客都要通过安全门，而其随身携带的行李则需要通过监测器。如有必要，对乘客或行李使用探测仪进行检查，或手工检查，此时，乘客不应当拒绝合作，或无端进行指责。

(3) 飞行时务必要遵守有关安全乘机的各项规定。当飞机飞行期间，一定要熟知并遵守各项有关安全乘机的规定。当飞机起飞或降落时，一定要自觉系好自己的安全带，并且收起自己所使用的面前的小桌板，同时将自己的坐椅调直。当飞机受到高空气流的影响而发生颠簸、抖动时，也要将安全带系好，切勿自行站立、走动。在飞行期间，移动电话、手提电脑、激光唱机、微型电视机、调频收音机、电子式玩具、电子游戏机等电子设备均严禁使用，违反者有可能受到法律制裁。

(4) 乘机时需要对安全设备有一定程度的了解。在飞机起飞前，所有的客机均会由客舱乘务员或通过播放电视录像片，向全体乘客介绍氧气面罩、救生衣的位置及正确的使用方法，以及机上紧急出口所在的位置及疏散、撤离飞机的办法。在每位乘客身前的物品袋内，通常还会备有有关上述内容的图示。对此一定要注意听讲，认真阅读，并且牢记在心。切勿乱摸、乱动机上的安全用品。偷拿安全用品或私开安全门，不仅有可能犯法，而且还有可能危及自己和机上其他乘客的生命安全。

在从严要求自己方面，应当注意处处以礼律己，处处以礼待人，表现得彬彬有礼。上下飞机时，要注意依次而行。在机上放置自己随身携带的行李时，与其他乘客要互谅互让。在自己的座位上就座时，不要当众脱衣、脱鞋，尤其不要把腿、脚乱伸乱放。当自己休息时，不要使身体触及他人，或是将坐椅调得过低，从而有碍人。与他人交谈时，说笑声切勿过高。不要在机上吸烟，或者乱吐东西。呕吐时，务必要使用专用的清洁袋。对待客舱服务员和机场工作人员，要表示理解与尊重；不要蓄意滋事，或向其提出过高要求。跟身边的乘客可以打招呼或是稍作交谈，但应不影响到对方的休息。不要盯视、窥视素不相识的乘客，也不要与其谈论令人不安的劫机、撞机、坠机事件。

（四）食的礼仪

出国访问人员在国外赴宴时，要尊重当地的礼仪习俗。如参加酒会或吃西餐，要按西餐礼仪行事。相关内容前文已有述及，这里不再赘述。

项目三　接待外宾礼仪

随着国际交往的日益频繁，各国领导人、政府官员、公职人员、社会知名人士、企业家之间的互访活动大量增加。这些访问包括正式的国事访问、友好访问、工作访问、考察访问和各种业务访问，以及顺道访问、非正式的私人访问，等等。除了双边的访问活动以外，还有许多多边性质的国际会议、会晤以及其他国际活动。因此，如何做好接待工作，当好东道主，是礼宾交往中的重要课题。

一、接待准备

外宾来访期间的生活接待十分重要，要尽量使其舒适、方便、安全。住地应当选择在环境优美、安静的地段，以便使来宾在繁忙紧张的活动之后得到适当的休息。国事访问一般以住国宾馆、高级饭店为多，这些地方设备好，服务周到且有经验。住房的分配，应视代表团的人数和组成情况恰当安排。一般来说，主宾身边的工作人员，如秘书、译员、近身警卫和服务人员等应住在靠近主宾的房间。对代表团中的高级官员亦应妥善安排。除非不得已，单身人士亦应安排单独房间，而不要安排两人合住。住房可由东道主安排分配后，再征求客人意见；也可将房间位置图提前交给对方，请对方自行安排。

外宾的接待准备工作主要包括了解相关信息、拟订接待计划等。

（一）了解信息

为了做好外宾接待工作，应该事先了解要接待对象的有关情况，确定接待服务规格，安排相关礼仪活动。内容包括：

1. 了解来访人员基本信息，如姓名、身份、年龄、国籍、职业、生活习惯等；

2. 了解来访目的、任务；

3. 了解来访者的具体行程安排。

不同国家、民族的风俗习惯、生活方式各不相同。了解来宾的一些基本情况，有意识地安排一些具有民族特色和文化特点的服务，一些来宾感兴趣的会见活动和参观旅游，将会使外宾感到十分满意。

（二）拟订计划

为了做好接待工作，应该认真拟订接待计划。通常要根据来访人员的身份、愿望、双方之间的关系等因素来决定，并由此安排相关礼仪活动。接待计划应该做到安排细致，时间、地点、内容、人员等都要明确，确保万无一失。

(三)准备工作

按照制订好的接待计划，需要安排好接待人员、礼仪活动、来宾下榻之处、迎送车辆等。

接待服务人员要进行必要的教育和培训，内容主要涉及来宾所在国的概况、文化背景、宗教信仰、生活习俗以及禁忌等。

对于会见、会谈、宴请、舞会、礼仪活动等要求定时、定点、定人员、定座次、定程序，宴会活动中所使用的食品、饮料要求严格把关，确保安全。

安排好下榻之处也是在接待外宾之前要考虑的问题之一，可以根据来访者的身份、地位、接待条件安排住宿。

二、接待礼仪

在国际交往中，对外国来宾通常视其身份、地位、访问性质以及双方之间的关系等因素，确定相应的接待活动。

(一)确定规格

对来宾的接待规格，各国的做法不完全一样。通常主要依据来访者的身份和访问目的，并适当考虑双方关系，同时要注意国际惯例。

确定接待规格主要是确定由哪一级人员出面接待。按照惯例，一般以同来宾对口、对等为宜，身份不要相差太大。

(二)接待礼仪

迎接时，接待人员应在来宾乘坐的飞机(火车、轮船)抵达之前到场迎候。为了更顺利地接待客人，接待人员必须准确掌握来宾所乘坐的交通工具的班次以及抵达时间，绝对不能出现让客人等候的现象。

在接待时，鲜花往往能够用来表达敬意。在使用鲜花的时候要注意花语，以及各民族对鲜花的禁忌。

接待外宾时，宾主见面要相互介绍、引见。一般由礼宾交际人员、接待翻译或接待人员中身份最高者，率先将接待人员一一介绍，也可以作自我介绍。

(三)国旗悬挂的礼仪

国旗是一个主权国家的标志。悬挂国旗视不同的场合有不同的规范。在室外的旗杆或建筑物上挂旗，一般是日出升旗，日落降旗，司职人员表情应庄严、肃穆。升旗的时候，护旗人要托起国旗的一角，国旗不应触地。

悬挂双方国旗以右为上、左为下，客在右、主在左。汽车上挂旗，以驾驶员为基准划分左右。在外宾所在的重要场所挂旗，升旗时应有专职仪仗人员负责。

举行国际会议、展览会、体育比赛，应悬挂所有参加国的国旗，即使没有外交关系的国家，只要它是所举办活动的组织成员，东道主也应悬挂该国国旗。悬挂的次序是从左至右，以英文国名的第一个字母为序。国旗不能够倒悬，一些国旗因字母和图案原因，不能竖挂。有的国旗竖挂则另外制旗。各国国旗的颜色、长宽比例均由各国法律明文规定，制旗时要严格按照相关国家法律规定的规格制作。

悬挂国旗，有并挂、竖挂、交叉挂几种。如果并排悬挂两面国旗，其规格、尺寸应大致相等。国旗挂在墙壁上时应挂其正面，而不能用反面。

（四）国歌演奏的礼仪

国歌如同国旗一样，是一个国家的象征。它一般只在正规迎送场合和仪式上演奏。为表示对客人的尊重，一般先演奏客人所在国家的国歌。

有些国家规定，在正式场合演奏国歌，本国公民都应跟着旋律轻声应和，有的还要求行举手礼，军人则要行军礼。我国在这方面没有严格规定，只要求在演奏国歌的时候，在场的人要起立，姿态端庄，表情严肃；任何人不可嬉笑、喧哗，不应在场内随意走动。

项目四　实训

任务一　国外礼仪资料搜集

通过网络、书籍等媒介，收集各国的习俗礼仪，分小组（可个人完成，也可3～4人为一小组）编辑小报。

任务二　外宾接待礼仪实训

（一）实训目的与要求

通过对外宾接待流程的演练，使学生掌握接待外宾的一般礼仪程序和方法。

（二）实训内容

1. 了解信息：了解来访人员信息，了解接待的任务、目的。

2. 制订计划：制订接待计划，安排时间、地点、接待方式和接待人员。

3. 准备工作：安排好礼仪活动、来宾下榻之处、迎送车辆等。

（三）注意事项

1. 了解来访人员的信息要准确，必须确认对方的基本概况，了解接待对象的文化习俗和禁忌。

2. 确认接待的时间、地点，安排下榻之处要干净、整洁、方便。

3. 接待人员要求训练有素，对来访人员情况大致了解。

（四）实训方法

在实训室或会客厅模拟外宾接待工作。

模块九

商业服务礼仪

知识目标	能力目标
了解酒店前厅、餐饮、客房部门的基本服务礼仪规范； 了解会展活动准备阶段、展会现场、结束各阶段的服务礼仪； 了解导游人员服务礼仪规范； 了解金融服务中的银行服务礼仪； 了解商场服务中的柜台服务和导购服务礼仪。	把握商业对客服务礼仪运用的适时性和灵活性； 通过理论学习和技能实训，全面掌握酒店、会展、导游、金融、商场等服务礼仪规范，以便在以后的实际工作中逐渐完善和提高。

案例导入

电视剧《五星大饭店》让“贴身管家”这个既陌生又神秘的职业引起了人们的关注。潘玉龙旅游专业毕业后，考入一家五星级大饭店当起了实习服务生，没几天，他就由于机缘巧合，被韩国富家小姐金至爱挑选成为贴身管家。

那么，现实中的五星级饭店真有像潘玉龙那样的“贴身管家”吗？他们是怎样贴身为顾客服务的？

所谓“贴身管家”服务，是更专业和私人化的一站式酒店服务，它是集酒店前厅、客房和餐饮等部门的服务于一身的服务。下榻酒店的贵宾将得到一位指定的专业管家专门为其服务。贵宾的一切服务需要，诸如拆装行李、入住退房、客房服务、清晨叫早、订餐送餐、洗衣订票、安排旅游和秘书服务等，都由这位贴身管家负责。这种更加个性化的服务极大地方便和满足了酒店贵宾的需求。在现实中，贴身管家一般都出现在高端酒店中。因此，身为一名优秀的贴身管家，不管是外表还是内在素质都要十分出色，要有亲和力，要有温柔的眼神和举止，要让顾客在享受服务的同时也感受到家的温馨。

管家起源于法国，而老派的英国宫廷更加讲究礼仪、细节和体面，将管家的职业理念和职责范围，按照宫廷礼仪进行了严格的规范，使之成为行业标准，所以，英式管家也就成为家政服务的典范，最初只有世袭贵族和有爵位的名门才能享受这种服务。

思考：

"贴身管家"一职，集酒店前厅、客房和餐饮等部门的服务于一身，一人的能力展示了酒店的能力，一人的形象代表了酒店的形象。假如酒店各部门的员工都能以"贴身管家"为标杆不断努力，那么除了酒店的贵宾，那些普通宾客就也能体验到老派英国宫廷的礼仪和体面了。

项目一　酒店服务礼仪

酒店，是指为宾客提供餐饮、住宿、商谈、会议及其他一系列服务的综合场所。酒店不仅要讲求设施豪华、富丽堂皇的外部形象，更应重视服务人员的形象，追求高水准的服务质量。仅有良好的"硬件"设备，而无配套的"软件"服务，酒店就会徒有虚名；反之，即使条件差一点，但服务过硬，礼仪到位，仍可宾客盈门。由此可见，礼仪在酒店的服务中起着重要的作用。

一、前厅服务礼仪

前厅，是酒店接待宾客，安排客房，提供咨询、信函、电讯联络服务，收款等多项服务的部门，也是酒店任务最繁忙、工作时间最长的部门（图9－1）。前厅服务人员的礼仪修养和接待水平直接关系酒店的业务水准和酒店的形象，应当引起酒店员工的高度重视。

图9－1

（一）前厅的主要任务

前厅的主要任务包括以下几点：

1. 销售酒店客房。前厅部的首要工作任务就是销售客房。在参与酒店的市场调研与市场预测、参与房价及促销计划制订的基础上，配合销售部进行宣传促销活动，主要是负责开展客房预订业务，掌握并控制客房出租状况，为宾客办理登记入住手续，安排住房并确定房价，在酒店总体销售计划的指导和管理下，具体完成未预订客房的销售工作和办理已预订散客的实际销售手续。

2. 提供各类综合服务。前厅是对客服务的集合点，担负着为宾客服务的各项工作，如门厅迎送服务、问询服务、投诉处理、为客人提供搬运寄存行李服务、出租车服务、邮电服务等。

3. 联络和协调各部门宾客事务。前厅是沟通酒店与客户的桥梁，根据客人的要求，保持与酒店各部门之间的有效联系、密切配合，及时传输有关客务信息，协调涉及多个部门宾客事务，保证对客服务的准确、高效，为酒店树立良好形象。

4. 管理客账。前厅部还是酒店业务运行过程中的财务处理中心，要做好宾客账单的管理工作。一般来说，前厅需为住店客户分别建立账户，根据各营业部门转来的客账资料，及时记录宾客在住店期间的各项用款，且进行每日核计、累加，保证账目的准确，以在宾客离店时为其顺畅地办理结账事宜。

5. 处理相关信息资料。前厅是宾客活动的中心，因而也是各类信息的集散地。外部市场和内部管理等方面的各类信息，大到旅游业发展状况、世界经济形势；小至开房率，客人的住店、离店、预订情况，当地的旅游、交通、商业等客人需要的信息，前厅部不仅要收集这些信息，而且要对其进行加工、整理，传送到相应的经营、管理部门。

（二）迎宾员的迎送服务礼仪

酒店门口的男性迎宾员又称为门童，是酒店的脸面，要穿好制服，突出身份，精神抖擞。当顾客乘车抵达时，迎宾员应主动上前帮客人打开车门，同时微笑地用敬语同客人打招呼，并引领客人进店。对步行而至的客人，也要表示尊敬和欢迎。

1. 宾客乘车抵达时，应立即主动迎上，引导车辆停妥，接着一手拉开车门，一手挡住车门框的上沿，称为“护顶”，以免客人碰上车门框。如果是信仰佛教或伊斯兰教的宾客，因教规习俗，则不能为其护顶。

2. 见到宾客光临，应面带微笑，主动表示热情欢迎，问候客人：“您好！欢迎光临！”并致15°～30°鞠躬礼。对常住客人可称呼他（她）的姓氏，以表达对客人的礼貌和重视。

当宾客较集中到达时，迎宾员应尽可能让每一位宾客都能看到热情的笑容并听到亲切的问候声。

3. 如遇下雨天，要撑伞迎接，以防宾客被淋湿。若宾客带伞，应为宾客提供保管服务，将雨伞放在专设的伞架上。

4. 对老人、儿童、残疾客人，应先问候，征得同意后予以必要的扶助，以示关心照顾。如果客人不愿接受特殊关照，则不必勉强。尤其是对外宾不要随意扶助。

5. 宾客下车后，要注意车座上是否有遗落的物品，如发现，要及时提醒宾客或帮助取出。

6. 如遇出租车司机“宰客”现象，应维护宾客利益，机智处理。

7. 客人离店时，要把车子引导到客人容易上车的位置，并为客人拉车门请客上车。看清客人已坐好后，再轻关车门，微笑道别：“谢谢光临，欢迎下次再来，再见！”并挥手致意，目送离去。

8. 主动、热情、认真地做好日常值勤工作。尽量当着客人的面主动引导或打电话为其联系出租车。礼貌地按规定接待来访者，做到热情接待、乐于助人、认真负责，不能置之不理。

（三）行李员的服务礼仪

在为客人服务时，对行李员通常有如下几个具体要求。

1. 客人抵达时，应热情相迎，微笑问候，帮助提携行李。当有客人坚持亲自携带物品时，应尊重客人意愿，不要强行接过来。在推车装运行李时，要轻拿轻放，切忌随地乱丢、叠放或重压。

2. 陪同客人到总服务台办理住宿手续时，应侍立在客人身后一米处等候，以便随时接受宾客的吩咐。引领客人时，要走在客人左前方两三步处，随着客人的步子行进。遇拐弯处，要微笑客人示意，有阶梯处提醒客人注意脚下安全。

3. 乘电梯时，行李员应主动为客人按电梯按钮，以手挡住电梯门框敬请客人先进入电梯。在电梯内，行李员及行李的放置都应该靠边侧，以免妨碍客人通行。到达楼层时，应礼让客人先步出电梯。如果有大件行李挡住出路，则先运出行李，然后用手挡住电梯门，再请客人出电梯。

4. 引领客人进房时，先按门铃或敲门，停顿三秒钟后再开门。开门时，先打开过道灯，扫视一下房间无问题后，再请客人进房。进入客房，将行李物品按规程轻放在行李架上或按客人的吩咐将行李放好。箱子的正面要朝上，把手朝外，便于客人取用。与客人核对行李，确无差错后，可简单介绍房内设施和使用方法。询问客人是否有其他要求，如客人无要求，应微笑礼貌告别，“祝您住店愉快”，后退二步，再转身退出房间，将门轻轻拉上。

5. 宾客离开酒店时，行李员进入客房前必须按门铃或敲门通报，得到客人允许后方可进入房间。客人离店时，应询问宾客行李物品件数并认真清点，及时稳妥地运送安放到车上。行李放好后，应与门厅应接员一起向客人热情告别，“欢迎再次光临”、“祝您旅途愉快”，并将车门关好，挥手目送车辆离去。

（四）总台的接待服务礼仪

总台是整个酒店的中枢，起着对内协调、对外联络的重要作用。总台服务人员是最先接待客人入住、也是最后为客人办理离店手续的工作人员，是给客人留下第一印象和最终印象的关键性人物。客人到来，热情欢迎，客人离别，礼貌相送；绝不能出现客人到来，笑脸相迎，热情有余，客人离店，不理不睬，甚至横眉冷对的情况。热情、礼貌、始终如一地为客人服务，才能真正体现出服务人员的职业道德和礼仪修养。

1. 接待服务。在总台接待客人时，以下规范必须予以遵守。

（1）客人离总台三米远时，应予以目光的注视。客人来到台前，应面带微笑热情问候，然后询问客人的需要，并主动为客人提供帮助。如客人需要住宿，应礼貌询问客人有无预订。

接待高峰时段客人较多时，要按顺序依次办理，注意“接一顾二招呼三”，即手里接待一个，嘴里招呼一个，通过眼神、表情等向第三个传递信息，使顾客感受到尊重，不被冷落。

（2）验看、核对客人的证件与登记单时要注意礼貌，“请”字当头，确认无误后，要迅速交还证件，并表示感谢。当知道客人的姓氏后，应尽早称呼姓氏，让客人感受到热情亲切和尊重。

（3）敬请客人填写住宿登记单后，应尽可能按客人要求安排好房间。把客房钥匙交给客人时，应有礼貌地介绍房间情况，并祝客人住店愉快。给客人递送单据、证件时，应上身前倾，将单据、证件文字正对着客人双手递上；若客人签单，应把笔套打开，笔尖对着自己，右手递单，左手送笔。

（4）如果客房已客满，要耐心解释，并请客人稍等，看能否还有机会。此外，还可为客人推荐其他酒店，主动打电话联系，以热忱的服务欢迎客人下次光临。

（5）VIP客人进房后，要及时用电话询问客人：“这个房间您觉得满意吗？”“您还有什么事情，请尽管吩咐，我们随时为您服务。”以体现对客人的尊重。

（6）客人对酒店有意见到总台陈述时，要微笑接待，以真诚的态度表示欢迎，在客人说话时应凝神倾听，绝不能与客人争辩或进行反驳，要以真挚的歉意，妥善处理。

（7）及时做好宾客资料的存档工作，以便在下次接待时能有针对性地提供服务。

2. 预订服务：

（1）客人到柜台预订，要热情接待，主动询问需求及细节，并及时予以答复。若有客人要求的房间，要主动介绍设施、价格，并帮助客人填写订房单；若没有客人要求的房间，应表示歉意，并推荐其他房间；若因客满无法接受预订，应表示歉意，并热心为客人介绍其他酒店。

（2）客人电话预订时，要及时礼貌接听，主动询问客人需求，帮助落实订房。订房的内容必须认真记录，并向客人复述一遍，以免出错。因各种原因无法接受预订时，应表示歉意，并热心为客人介绍其他酒店。

（3）受理预订时应做到报价准确、记录清楚、手续完善、处理快速、信息资料准确。

（4）接受预订后应信守订房承诺，切实做好客人来店前的核对工作和接待安排，避免差错。

3. 问讯服务：

（1）客人前来问讯，应面带微笑，注视客人，主动迎接问好。认真倾听客人问讯的内容，耐心回答问题，做到百问不厌、有问必答、用词恰当、简明扼要。服务中要多使用“您好”、“请”、“谢谢”、“对不起”、“再见”等文明用语。

（2）服务中不能推托、怠慢、不理睬客人或简单地回答“不行”、“不知道”。遇到自己不清楚的问题，应请客人稍候，请教有关部门或人员后再回答，忌用“也许”、“大概”、“可能”等模糊语言应付客人。

（3）遇到带有敏感性的政治问题或超出业务范围不便回答的问题，应表示歉意。

（4）客人较多时，要做到忙而不乱、井然有序，应先问先答、急问快答，使不同的客人都能得到适当的接待和满意的答复。

（5）接受客人的留言时，要记录好留言内容或请客人填写留言条，认真负责，按时按要求将留言转交给接收人。

（6）在听电话时，看到客人来临，要点头示意，请客人稍候，并尽快结束通话，以免让客人久等。放下听筒后，应向客人表示歉意。

4. 结账服务：

（1）客人来总台付款结账时，应微笑问候，为客人提供高效、快捷而准确的服务。切忌漫不经心，造成客人久等的难堪局面。

（2）确认客人的姓名和房号，当场核对住店日期和收款项目，以免客人产生被酒店多收费的猜疑。

（3）递送账单给客人时，应将账单文字正对着客人；若客人签单，应把笔套打开，笔尖对着自己，右手递单，左手送笔。

（4）结账客人较多时，要礼貌示意客人排队等候，依次进行。以避免因客人一拥而上，造成收银处混乱引起结算的差错并造成不良影响。

（5）当客人提出酒店无法满足的要求时，不要生硬拒绝，应委婉予以解释。结账完毕，要向客人微笑礼貌致谢，并欢迎客人再次光临。

5. 电话总机服务：

（1）坚守总机岗位，集中精神，要面带微笑，使语言热忱亲切、甜美友善，语调不宜太高，语速不宜太快，用词要简练得当。在接待服务中坚持使用规范的礼貌用语，避免使用“喂”、“我不知道”、“我现在很忙”、“什么”等语句。

（2）如果业务繁忙，在铃响三声后接听，应向顾客致以歉意：“对不起，让您久等了。”用电话沟通时，嘴唇与话筒距离约一寸为宜，若靠得太近，声音效果不好；宜使用左手接听电话，以方便右手做必要的记录。

(3)熟悉常用号码，按客人的要求迅速准确地转接电话。若转接的电话无人接听，忌用“不在”打发客人，应主动询问是否需要留言。

(4)随时在电话旁准备好便笺和笔，当客人留言时，要认真倾听和记录，留言要重复一遍确认，并跟进、履行对客人的承诺，做到热心、耐心和细心。

(5)为客人转接电话和查找资料时，不能让对方等候电话超过15秒钟。要求对方等候电话，应向其表示歉意：“对不起，请您稍候。”如果一时未能查清，应及时向对方通报：“正在查找，请您再稍等一会儿。”

(6)讲究职业道德，尊重他人隐私，不偷听他人电话。

(7)通话结束后，应热情道谢告别，待对方挂断电话后再放下话机。

(五)大堂副理的服务

1. 大堂副理在接待客人时，要积极热忱，精力集中，让客人把话讲完，以谦和、富有同情心的态度认真倾听。

2. 对于客人投诉所反映的问题，要详细询问，并当面记录，以示郑重。

3. 能够设身处地地为客人考虑，以积极负责的态度处理客人的问题和投诉。在不违反规章制度的前提下，尽可能满足客人的要求。

4. 尽量维护客人的自尊，同时也要维护好酒店的形象和声誉，原则问题不能放弃立场，应机智灵活处理。

5. 当客人发脾气时，要保持冷静，待客人平静后再作婉言解释与道歉，要宽容、忍耐，绝对不能与客人发生争执。

6. 对客人的任何意见和投诉，均应给予明确合理的交代，力争在客人离开酒店前解决，并向客人表示感谢。

二、餐厅服务礼仪

酒店的餐厅不仅是为宾客提供食品、酒水、饮料的场所，更是酒店为宾客提供面对面服务的重要窗口之一(图9－2)。在餐厅对客服务过程中，要想满足宾客的需求，提高服务满意度，酒店餐厅相关人员要在基于餐饮服务礼仪的基础上，提供更多的个性化服务。只有这样，才能最大限度地满足宾客的需求。

(一)迎宾服务礼仪

1. 开餐前20分钟，迎宾员应按照标准站姿站立于门厅前指定位置，同时要身着制服，保证服装整洁、精神饱满、面带微笑。当客人距离餐厅约1.5米左右时，迎宾员应微笑迎接，如餐厅有门、应为客人拉门并同时问好；如餐厅无门，则直接问好，同时应平伸出靠门一侧的手，如果是男女宾客一起就餐，应先问候女宾、后问候男宾。

图 9－2

2. 如果有年长者、看似身体虚弱者或者有明显残疾的客人前来就餐，应先询问其是否需要提供帮助，得到对方允许后才能给予帮助，以免引起宾客不满。

3. 如遇雨雪天或宾客戴着帽子、穿着外套，应在询问征得客人同意后，主动帮助客人收放雨具、帽子及其外套，并放于指定位置予以妥善保管。

（二）引座服务礼仪

1. 对于已预订的宾客，应迅速查阅相关预订记录，并将宾客引领到所预订的餐桌前，同时询问其是否还有其他需要，如是否有人员变动、桌位变动等。如果有其他需要，应该尽可能满足客人要求，如确实无法满足宾客要求，应致歉。对于没有预订的客人，应根据客人到达时的具体情况来帮助宾客选择合适的座位。

2. 为客人安排座位的常识：如果是一个衣着普通的就餐顾客，一般应帮其选择一个靠近窗户的位子；如果是一个衣着华丽、打扮时尚、容貌漂亮的女士，一般应把她引领到整个餐厅中比较醒目的位子；如果是夫妇或者情侣来就餐，一般应帮助他们选择一个相对安静的角落处；如果是一家人或者团体来就餐，考虑到其人数比较多，一般应帮助他们选择在餐厅的中央餐桌就餐；对于年老体弱的客人，一般应帮助他们选择在距离门口最近的地方；对于身体有明显缺陷的客人，一般应帮助他们选择一个相对偏僻的角落。

3. 如果宾客已选择了一个他喜欢的地方且没有人占用，应尽量满足客人的要求；如果宾客选择的座位已经有人预订或占用，应解释说明原因，向客人致歉，给客人推荐类似环境的座位，并使客人最终达到满意。

一般靠近厨房出入口的地方是最不受客人欢迎的，对于因没有其他位子而被安排到该位子的客人应多说几句抱歉的话。如果到了用餐的高峰期，可能会出现餐厅内无座位的情况，这时面对已到的客人应表示歉意，并及时给客人安排休息的地方。当有客人结账离开后，应在值台员整理好餐桌后按顺序依次引领客人入座，切忌餐桌上仍留有用过的餐具及食物就安排新到客人入座。同时也应注意均衡餐厅内宾客入座情况，避免某个区域宾客过多，过于繁忙，某个区域宾客过少，过于清闲。

4. 在引领宾客行进时，迎宾员应走在宾客的前方，如遇到其他宾客应主动让路，如果与其他客人同行，不应该与其抢道而行。引领过程中，应时时照顾到客人。比如，口说“这边请”或“请跟我来”并伴以规范手势，切忌手指方向引路。引领时步伐不应过快，距离不应过远，大约在宾客前方一米左右为宜，并不时回头示意；如遇转弯处或有遮挡物时，迎宾员应站立于转弯处或遮挡物处等候客人，以免宾客跟不上，怠慢客人。

5. 拉椅让座要轻捷，用双手拉开座椅，不应出现响声，当座椅被拉开时，招呼客人就座。一般拉椅顺序为：先主宾后主人，先女士后男士；如果就餐人数较多，应先为年长的女士拉椅，之后是其他女士。对于座位选择方面，一般应把女士安置在面对餐厅内侧的位置，避免其面对墙壁；如果是两对男女，一般把女士安排在面对室内的位置，除非客人有其他的要求。当客人准备落座时，应为客人做推椅服务。推椅时动作应适度，双手扶住椅背，右腿在前，膝盖顶住椅子后部，当客人入座时，顺势将椅子推向前方，动作应尽量轻缓。

6. 当所有客人都入座后，值台员询问客人是否有其他需要，如撤去多余的餐具与椅子，为儿童放置儿童椅及餐具等。如有客人脱下外衣或有随身物品需要放置，应予以帮助，并与值台员协调予以满足。

（三）倒茶递巾服务礼仪

1. 当客人入座后，值台员应主动向客人问好，先递送毛巾，之后为客人倒上餐前的迎客茶，从主宾开始顺时针进行。

2. 递送毛巾时，值台员应将毛巾放置于托盘之上的毛巾托中；递送给客人时，应用毛巾夹将毛巾夹起递送给客人，同时礼貌地招呼客人“小姐（先生），请用毛巾”，以便引起客人注意。为客人倒茶时，应在茶壶下垫一块布巾，双手倒茶，注意茶倒七分满。

（四）点菜服务

1. 当客人坐稳后，值台员应注意宾客状态，留意宾客何时示意要菜单，适时主动递上菜单。值台员递菜单时，一般应双手从客人左侧递上，递送时应缓慢递到宾客手中，态度要谦恭，切忌直接放置桌台之上。如宾客想多要几份菜单，值台员应予以满足，并用同样的方式递到其他人手中，如果有男有女，应先递送给女士；如果是团体，应先递送给主宾。递送的菜单应保证清洁，无污渍，同时应取出餐巾放在客人腿部或者压在骨碟下，如果是中餐，对于不习惯用筷子的外宾，应及时地换上刀、叉等餐具。

2. 客人点菜时，值台员应站在宾客身后一米左右，如需暂时照顾别桌客人，应向客人说明，但视线不应远离客人。同时，当客人不需要值台员提供帮助时，值台员不能私自向客人推荐菜肴，征得同意才能够帮助客人点菜。

3. 客人在点菜时犹豫不决，值台员不应催促客人，应给客人留有充足的时间去考虑、商量。客人需要帮助时，值台员应耐心帮助客人选择菜品，并随时准备回答客人提出的任何有关于菜品的问题。推荐菜品时，值台员一般应向客人推荐一些绿色食品、饮料和本餐厅的特色菜、风味菜、热销菜、时令菜等，做到既经济实惠，又营养合理。同时，值台员还应注意推荐时的语气，并时时观察客人的表情，不要硬性推荐，以免引起客人反感。如果客人点的菜肴已经销售一空，值台员则应婉转向客人解释说明，同时向客人致歉并推荐类似菜品。

4. 在记录客人点菜时，值台员应站立于客人左侧。要注意站姿，身体不能过于靠近餐桌，手及身体不能按住或倚靠任何设施。当宾客询问时，值台员应面带微笑，上身略微前倾，全神贯注地倾听客人所提的任何问题及所点的所有菜肴、酒水、饮料、点心、主食等，并及时做好全面的记录。当主人表示来宾自行点菜时，值台员从主宾开始逆时针方向依次接受所有来宾点菜，同时应标记哪位客人点了什么菜肴，以便稍后上菜服务。

5. 当客人点菜结束时，为了避免差错，值台员应重复一遍客人所点菜肴。重复时，应明确客人所点菜肴、酒水、饮料、点心及主食的份额、规格，如盘子的大小、食物的重量、酒水的数量等。如果客人有忌口的食物，值台员应予以标明并同时重复给客人；如果客人需要加大分量，应让客人明确加量的多少；如客人点菜过多，值台员可以适时提醒，以避免造成浪费。

（五）餐中服务礼仪

1. 分菜服务。就餐过程中，如果客人要求分菜，则值台服务人员应满足其要求，分菜时应选择合适的位置，手法熟练，操作卫生，分配均匀。一般在高级宴会中，值台员应按照先主宾，再主人和一般来宾的顺序依次分菜，从主宾开始，顺时针进行。分菜时应注意把优质的地方分给主宾和其他客人，为客人分菜时应事先征得客人同意，如客人拒绝，则不应勉强。

2. 斟酒服务。在席间为客人斟酒时，值台员应注意斟倒客人自行选择的酒水，开瓶应当着客人面进行，名贵的酒品应示酒。示酒时应站立于点酒客人的左侧，左手拖住瓶子底部，右手扶住瓶颈，酒标朝向客人，让客人确认是否是其点的酒水，同时也让客人检查酒水质量。值台员斟倒冰镇类酒水时，应注意用餐巾包裹好，以免酒水洒落到宾客身上。斟酒的多少一般根据不同酒水的类型及宾客的要求来决定。

中餐常斟满，西餐则要求斟酒不宜过满。值台员如有操作不当出现失误，应及时道歉、及时处理。

3. 撤换餐盘和餐具服务。值台员在客人就餐期间为客人服务时，应注意以尽量少打扰客人就餐为原则。撤盘、撤换餐具时，应遵循饭店相关工作程序，动作轻巧，规范到位，并应注意客人是否吃完，如不确定，应轻声询问客人，切忌在客人正在食用或使用时撤盘或撤换餐具。在西餐服务过程中，客人每吃完一道菜，值台员应帮助客人换一套餐具，一般在客人未离开餐桌前，不应撤下酒杯和水杯，中餐一般撤换餐盘，不撤换筷子。

4. 撤换小毛巾和烟灰缸。餐厅的值台员应随时巡台。巡台过程中应注意客人的一举一动，及时撤下客人使用过的小毛巾，及时撤换餐盘和餐具。客人吸烟时，如客人需要帮助，值台员应及时上前，服务时应使用饭店配备的专用器具提供点烟服务，若划火柴和熄灭火柴应远离客人和餐桌。如用打火机，值台员应事先调整好火苗大小，以免出现意外，烧伤客人。同时应为客人提供烟灰缸，如缸里的烟蒂多于两个，应及时更换，为客人更换烟灰缸时应使用托盘，先征得客人同意才可以撤换，以最大限度地满足客人的需要。值台员不巡台时应注意自身仪容、仪表符合饭店相关规定。

（六）餐后服务

1. 值台员应随时注意客人的一举一动。如客人示意结账，应及时走到客人面前，询问客人是否用餐完毕要结账。当确认后，值台员应到相应的服务台取出该台账单，注意核对，同时把账单放在账单夹中，把账单夹放在干净的托盘之上。值台员走到客人面前时，应按规范呈递账单，并给客人核对账单的时间，客人核对账单时，值台服务员应与客人保持一定距离。如客人用餐结束，想继续在餐厅聊天，服务人员不应因为时间原因而催促客人结账，这是对客人的基本尊重。

2. 客人起身要走时，值台员应提醒客人检查一下随身携带的物品，不要遗漏，在餐厅门口行鞠躬礼并微笑目送客人，表示感谢，如“谢谢光临，欢迎下次再来”。

三、客房的服务

酒店客房，既是酒店为客人提供服务的主要部门，也是酒店取得营业收入的主要部门（图9－3）。

客房服务质量直接体现了一个酒店的品质，而客房服务的质量主要体现在客房服务礼仪的规范和具体实施上。由此可见，客房服务礼仪规范的重要性非同一般。

客房服务礼仪，是指酒店工作者在客房服务工作过程中所应该遵循的礼仪。除了要遵循通用服务礼仪外，它还特指客房清洁及维修服务礼仪、对客服务礼仪、送餐服务礼仪、公共区域清洁服务礼仪等。

图 9-3

(一)客房优质服务的要求

客房优质服务的具体要求如下：

1. 服务设施规格化。服务设施是客房提供优质服务的物质基础。俗话说“巧妇难为无米之炊”，没有规格化的服务设施，提供优质服务就是一句空话。规格化的服务设施主要包括两个方面：

(1)设施配备必须齐全。客房设施配备必须齐全。从服务设施规格化的要求来看，主要设施设备包括：床、床头柜、办公桌、沙发椅、小圆桌、沙发、地毯、空调、壁灯、台灯、落地灯、音响、壁柜、电视机等。

(2)设施质量必须优良。上述客房设施和设备，就其数量而言，各客房基本相同；但就质量而言，因客房等级规格不同而区别较大。设施设备质量优良的具体要求是：造型美观，质地优良，风格、样式、色彩统一配套。注意同一等级的各房间的同种服务设施设备保持一致，不能给客人以东拼西凑的感觉，以此体现客房的等级规格。

2. 服务用品规范化。客房服务用品是直接供客人消耗的，同样是提供优质服务的物质基础。如果服务用品配备不全，质量低劣，就不能提供规范化的优质服务。客房服务用品规范化的具体要求包括：

(1)客用一次性消耗物品必须按规格配备，保证需要。客房客用一次性消耗物品是每天需要补充的。这些物品配备要根据间/天客房消耗定额，保证质量优良。

(2)客用多次性消耗物品必须符合配备标准，及时更新。客房的床单、枕套、毛巾、浴巾等棉织品和烟缸、茶杯、玻璃杯等要根据客房的等级规格配备。

3.服务态度优良化。服务态度是服务人员思想觉悟、服务意识和业务素质高低的集中表现，是规范化服务的基本要求。客房服务态度优良化的重点是要做到主动、热情、周到、耐心。具体说来包括：

(1)主动。主动就是服务于客人开口之前，这是客房服务员服务意识强烈与否的集中表现。具体要求有：主动迎送，帮提行李；主动与客人打招呼，语言亲切；主动介绍服务项目；主动为重要客人引路开门；主动叫电梯，迎送客人；主动为新到的客人带路；主动照顾老弱病残客人；主动征求客人和陪同人员的意见。

(2)热情。即在客房服务过程中态度诚恳、热情大方、面带微笑，在仪容仪表上着装整洁、精神饱满、仪表端庄；在语言上要清楚、准确，语调上亲切、柔和；在行为举止上要乐于助人、帮助客人排忧解难，并恰当运用形体语言。

(3)耐心。就是不烦不厌，根据各种不同类型的客人的具体要求提供优质服务。工作繁忙时不急躁，对爱挑剔的客人不厌烦，对老弱病残客人照顾细致周到，客人有意见时耐心听取，客人表扬时不骄傲自满。

(4)周到。就是要把客房服务做得细致入微，周详具体。要了解不同客人的生活喜好，掌握客人生活起居规律，了解客人的特殊要求，有的放矢地采用各种不同的服务方法，提高服务质量。并且要做到有始有终，表里如一。

(5)礼貌。就是要有礼节、有修养，尊重客人心理。既不妄自菲薄、见利忘义，在客人面前低三下四，丧失人格和国格，又不夜郎自大、盛气凌人。反对店大欺客、以貌取人的思想和行为，要继承和发扬中华民族热情好客的美德。

4.服务操作系列化。客房优质服务以客人来、住、走活动规律为主线。从服务操作系列化的要求来看，主要是贯彻执行“迎、问、勤、洁、静、灵、听、送”的八字工作法。

(1)迎。迎指礼貌大方，热情迎客。客人来到客房，主动迎接，既是对客人礼貌和敬意的表示，又是给客人留下良好第一印象的重要条件。热情迎客，一要举止大方，衣着整洁，精神饱满；二要态度和蔼，语言亲切，动作准确适当；三要区别不同对象。

(2)问。问指热情好客，主动问好。客人住店过程中服务员要像对待自己的亲人一样关心爱护客人，体现主人翁责任感。要主动向客人问好，关心他们的生活起居、身体状况、生活感受，主动询问他们的要求，满足他们的偏好。

(3)勤。勤指工作勤快，敏捷稳妥。勤是服务员事业心和责任感的重要体现。勤快稳妥，要做到手勤、眼勤、嘴勤、腿勤。手勤就是要及时准确地完成工作任务；眼勤就是要注意观察客人的需求反应，有针对性地为宾客提供随机性服务；嘴勤就是见了客人要主动打招呼，主动询问需求，切不可遇到客人不言不语，低头而过；腿勤就是要行动敏捷，不怕麻烦，提高服务效率。

(4)洁。洁指保持卫生，严格清洁。客房服务过程中，卫生清洁是客人的基本要求之一。每次整理客房、卫生间、会客室、书房后，都要做到严格消毒，消除被使用过的痕迹，保证各种设备、用具和生活用品清洁、美观、舒适。

(5)静。静指动作轻稳，保持肃静。客房是客人休息或办公的场所，保持安静也是优质服务的基本要求，服务人员在准备用品、打扫卫生时要做到敲门轻，说话轻，走路轻。服务过程中，不得大声喧哗、吵闹、唱歌。随时保持客房、楼道的安静气氛，以体现客房服务的文明程度。

(6)灵。灵指灵活机动，应变力强。服务过程中必须具有较强的应变能力。必须根据客人的心理特点、特殊爱好采用灵活多样的方法，如对动作迟缓、有残疾的客人应特别照顾，对性格开朗的客人说话可以随和一些等。

(7)听。听指“眼观六路，耳听八方”。服务人员要随时留心观察客人情况，征求客人意见，随时发现服务过程中的问题和不足之处。一经发现，就要及时改进和弥补。

(8)送。送指送别客人，善始善终。客人离店既是客房服务的结束，又是下一轮服务工作的开始。为了保证整套服务工作取得良好的效果，给客人留下美好的回忆，同时也为了争取回头客，要在送别客人时使用“旅途愉快”、“欢迎再度光临”等礼貌用语。

上述八字工作法，形成一个完整的服务过程，是客房服务质量标准的本质要求，要引起全体服务人员的高度重视。

(二)客房服务员的常规

在遵守共同的原则之外，客房部服务员还有一些额外需要注意的事项：

1. 在工作中不能失态，要表现得有耐心，有教养，善于控制自己的情绪，不能与客人发生争执。在无意之中听到、看到客人的私人资料，要格外注意尊重客人的隐私权，不得向外人透露，尤其是关于一些演艺界名人、财界或政界要人等容易成为评论对象的客人，他们的隐私就更不能随便向外人说起。

2. 不能让客人签名，或是向客人要照片等。一般酒店都会接待一些演艺界或是其他领域的名人，客房部服务员往往有机会接触到这些客人，服务员不能借机索要客人签名，更不能随便向客人要求合影。

3. 应注意保持楼层的安静。不能在楼层或是其他工作场所大声喧哗、聚众聊天、打闹玩笑等。答应客人的招呼时不能大声，如果因距离较远听不见，可以点头或是用手势来领会、示意；如果客人在开会或是座谈而又需要叫客人接听电话，应到客人身边轻声告知，或是请其出场，向其指示电话所在。

4. 因工作需要进入客人房间时，要先敲门，得到客人许可后方可进入。一般来说，要敲三次，每次敲三下，每两次之间要间隔几秒钟。在敲门时，还要向客人通报自己的身份，说明是客房的服务员，如果敲三次之后客人仍无回应，可以用钥匙轻轻将门打开。

5. 在退出客人房间之前，要站在门边向客人点头微笑致意，而后再离开，并轻轻把门关上。

6. 接听服务台的电话时，应先通报“这里是客房服务，有什么需要帮忙的吗?”在与客人通话时，应注意措词和语气，如果客人有要紧事情，应适当地做好记录，并进行复述。

7. 要注意保管好客房钥匙，将钥匙随身携带，不能到处摆放。在领取或交出钥匙时要做好交接记录。

8. 在客人的房间里，不能随便坐下，即使客人邀请，一般也不要坐下或停留。更不得在酒店和客房内与自己的亲友会面交谈。

9. 不要轻易接受客人的馈赠，假如客人执意要送礼物，则必须请客人留言说明是真心赠送，并请客人写上他的姓名和房间号码。如果没有这些证明，客房部服务员就不能随便把礼物带出酒店。

10. 要掌握拒绝的技巧与艺术。在服务过程中，会碰到客人提出的要求无法予以满足，必须要向客人说“不”，给以拒绝。这时，客房服务员就要掌握和运用拒绝的艺术，不能直接、生硬地回绝客人，而应该向客人说明实际情况，用委婉的语言向客人表示拒绝；如果必要的话，还可以向客人作更详细的解释，取得客人的理解和原谅。

（三）客房服务准备工作

进行客房服务前须注意以下几点：

1. 注意仪容仪表。客房服务人员每日上岗前要注意修饰仪容仪表，按照规定着装，佩戴好工作号牌，整洁自然，端庄大方。

2. 掌握客人情况。客人到达前，要根据前厅送来的宾客名单或住宿通知单了解客人的姓名、房号、生活习惯、禁忌、爱好、宗教信仰等情况，以便在接待服务中有针对地服务。

3. 整理房间。客人预住的房间，要在客人到达前一小时整理好，保持清洁、整齐、卫生、安全；设备齐全完好，生活用品要充足，符合客房等级规格和定额标准。

4. 检查房间设备、用品。房间整理完后，管理人员要全面检查房间的设备和用品，特别是对重要客人的房间要逐项检查。

5. 调好客房空气和温度。客人到达前要根据气候和不同地区的实际要求，调节好房间的空气和温度，保持空气新鲜。温度一般应保持在22℃～24℃。

6. 准备好香巾茶水。客人入住前，服务人员要根据入住通知单，提前准备好香巾、茶水，以便客人入住后及时服务。

（四）迎接服务礼仪

迎接工作是服务过程的第一个环节，它直接关系后面的几个环节和整个接待服务的质量，所以准备工作要做得充分、周密，并在客人进店之前完成。

1. 了解客人情况。为了正确地进行迎接工作，必须先了解将要来到的客人的到店时间、离店时间、何地来、去何地、人数、身份、国籍、健康状况、性别、年龄、宗教信仰、风俗习惯、生活特点及接待规格、收费标准和办法等情况，以便制订接待计划，安排接待服务工作。

2. 房间的布置和设备的检查：

(1)根据客人的风俗习惯、生活特点和接待规格，对房间进行布置整理。根据需要，调整家具设备，铺好床，备好热水瓶、水杯、茶叶、冷水具及其他生活用品和卫生用品。补充文具夹内的信封、信纸、服务指南、客人须知和各种宣传品，补充冰箱的饮料。

(2)按照接待规格将酒店经理的名片放在桌上，如是重要客人还要准备鲜花和水果，表示欢迎。如果客人在风俗习惯或宗教信仰方面有特殊要求，凡属合理的均应予以满足。对客人宗教信仰方面忌讳的用品，要从房间撤出来，以示尊重。

(3)房间布置好之后，要对房内的家具、电器、卫生设备进行检查，如有损坏，要及时报修。要试放面盆、浴缸的冷热水，如发现水质混浊，须放到水清为止。

3. 迎客的准备。客人到达前要调好室温，如果客人是晚上到达，要拉上窗帘，点亮房灯，开好夜床。完成准备工作后，服务员应整理好个人仪表，站在电梯口迎候。

4. 引导客人进入客房：

(1)引导客人进入客房，到达房间门口时先开门，礼让客人先进房。服务人员进入房间后应放好客人的行李及物品。

(2)客人坐下后，服务员根据客人人数和要求，送来香巾和茶水，做到人到、茶到、香巾到，让客人油然而生亲切感。

(3)简单介绍客房的主要设备、酒店服务项目、服务时间，包括空调、电视、电话的使用方法，以及各餐厅主要风味、楼层和开餐时间等。

(4)介绍宾客住宿须知和酒店情况，介绍时要简洁明了，时间不能拖太长，宾客须知可以让客人自己看。如果接待大批团体客人，应该集中人力具体分工，分别迎接客人。

(5)服务项目和宾客须知介绍完毕后，服务人员应该询问客人："还有什么我能为您服务的吗?"然后告别，祝客人住宿愉快，轻手将门关上。

(五)日常服务礼仪

为了使客人住得舒服、愉快，有"宾至如归"之感，日常的服务工作必须做到主动、热情、周到、细致。

1. 整理房间。为客人整理房间时，须按接待规格和操作程序进行。整理房间又可分为上午整理、下午整理和晚上的寝室整理。整理前先把工作本及用品备齐，然后敲门而进(敲门进房要养成一种习惯)。整理房间要按操作的程序，并且注意早、中、晚客人休息的规律特点，尽量不打扰客人的休息和睡眠。如上午整理，应尽量利用客人外出的时间进行；下午和晚上的整理则应利用客人去用餐时进房收拾。要了解客人是否有午睡的习惯，并且按照白天晚间的不同需要，为客人准备好应用物品和床铺布置。打扫卫生的工具及客房换下来的物品，要及时拿走，不要长时间放在走廊过道，以免影响整洁。

2. 委托代办和其他服务。平时，客房服务员还要认真、细致、及时、准确地为客人办好委托代办的事项，如接发传真、洗衣、房间用餐、访客接待和其他客人委托代办的事宜。

3. 安全检查。酒店首先应对客人的生命财产负责，确保客人的安全是客房部门的一项极其重要的职责：如果因措施不力或工作疏忽，使客人的人身或财物受到损失，不仅酒店在经济上要受到损失，更严重的是酒店的声誉也要受到严重影响。因此，必须在每个服务环节上都有安全措施。

（六）客房清洁服务

进行客房清洁时，有以下几项具体要点。

1. 区分先后。客房的清洁服务工作，一般可按以下规则确定先后，依次进行。

（1）开房率高时。按“请即打扫”房、重要客房、退房、住客房、长住房、空房顺序进行打扫。

（2）开房率低时。按“请即打扫”房、重要客房、住客房、长住房、退房、空房顺序进行打扫。

2. 尊重隐私。尊重隐私，就是尊重客人的房间使用权、尊重客人的习俗和禁忌，以及对客服务零干扰。客房服务员要随时牢记这一对客服务原则。例如在进入客房时，应做到：

（1）按门铃、敲门。首先检查一下房门是否挂着“请勿打扰”牌或上“双锁”；其次，轻轻敲三下门，声音不要太大，以客人能听到为标准，同时自报“服务员”身分；在门外等候10秒钟，倾听房内动静，如无反应，可重复以上程序两遍。

（2）开门。在确认房内无动静后，使用钥匙将门轻轻打开2～3寸报明自己的身份，询问“可以进来吗?”后方可进入；如果客人在房内，要等客人开门后或经客人同意后方可进入并向客人问候，询问“是否可以打扫房间”。

（3）即便是客房门打开着，从外面可以看见客人在房间里面，服务员进入客房时仍旧要遵循敲门、自报身份这一程序。

3. 个性服务。尊重客人，宜从尊重客人的生活习惯、牢记客人的习俗及禁忌开始。在对客服务过程中，常常会见到一些有洁癖的客人，或者是对于房间的颜色、房号、摆放物品位置有特殊要求的客人。只要不损害酒店的利益，客房服务员都应该以客为主，求同存异，尽量满足客人需求，提供个性化服务。

4. 仔细检查。确保房间里面的各项设施设备完好无损，令客人正常、舒适使用，是客房服务员的职责。进入房间后，客房服务员应遵循以下程序定期检查房间设施设备。

（1）打开所有照明灯具，检查是否完好有效。

(2)检查和调节空调到适当温度。

(3)巡视门、窗、窗帘、墙面、天花板、地毯、电视、电话及各种家具是否完好，如有损伤，及时报告领班报修，并在“客房清洁报表”设备状况栏内做好记录。

(4)检查有无客人遗留物品，若有发现，应立即上报并做好记录。

(5)如发现已消费的酒水，填写酒水单，在下班时递送前厅收银处并报告领班。

(6)随手将小酒吧冰箱清洁干净。

(7)若发现有损坏的物品，应及时报修，并对客人表示歉意。

5. 卫生整理。卫生整理是客房服务员的常规工作，卫生整理工作要到位，特别是要考虑整理后垃圾的处理，不能给客人带来不适之感。

(1)将房内的垃圾桶及烟缸内的垃圾拿出倒掉前，应检查一下垃圾桶内是否有文件或其他有价值的物品，烟缸内是否有未熄灭的烟头。

(2)清洁垃圾桶和烟缸，确保垃圾桶及烟缸干净无污迹。

(3)清理后将脏衣物等放入专用布袋中，不能随意堆放在楼道或者是房间的地面。

(4)将客人放在床、椅等处的衣服用衣架挂起，挂入衣橱内。

(5)把床上的床罩、毛毯放在椅子或沙发上。

(七)客房对客服务

对客服务，在此指的是客房服务员直接面对客人，为其进行服务。其具体要求如下：

1. 尊称姓名。遇见客人时，在不知道客人姓名时，称呼客人“先生”、“女士”是酒店服务的规范做法。但客房服务中，如能有机会接触到客人姓名能记住并尊称客人姓名也是一种良好的服务方式。

2. 迎接客人。客房楼层迎接客人要做到以下几点：

(1)了解客人的姓名、国籍、身份。

(2)事先按照不同规格布置房间。

(3)在指定的楼层(或地点)迎候客人。

(4)站在服务处面带微笑，表示欢迎。

(5)带(或待)客人进入房间，随后送入欢迎茶(面向客人退出)。

3. 关怀适度。对待客人既要关怀备至，也要关怀适度。要处理好“做什么”、“怎么做”、“什么该做”、“什么不该做”这几个问题。如对于顾客交代的小孩托管，服务员就要掌握分寸，明白什么能做，什么不该做。像擅自给小孩零食，这就是不明智的做法。

4. 程序到位。对客服务中，对于该遵守的操作程序，服务员一定要遵守到位。以客房洗衣服务为例，要做到：交洗的客衣应检查是否有破损或物品遗留在袋内；要对洗衣单所填写客人姓名、房号、件数、日期、时间进行核对，并做好登记；集中放在

指定地点，在规定时间点交给洗衣房；快洗或有特殊洗涤要求的衣物在洗衣单上做好标记，向洗衣房交代清楚。而且，洗衣服务原则上一定要得到客人在洗衣单上的签名认可。这样做可以避免因洗涤方法不同而造成的误会。

5. 提前预防。提前做好接待准备，保证客房设施设备的完好是做好客房服务工作的关键。如酒店的热水供应，如果有一段时间未使用，初开水龙头时，会流出浑水，让客人感觉不适。针对这种情况，客房服务员应在客人进入房间前，提前打开水龙头，放出浑水。

（八）客房送餐服务

送餐服务是指客房部服务员将客人所点的食物送到客房的一种服务。在具体的操作中，要注意以下一些事项：

1. 注意效率。从接受电话点餐，到及时将餐点送达客房，要求服务员快速办理。如需要客人等候，也要事先约定送餐时间，以免客人久等。

2. 动作优雅。从送餐进入客房，到餐桌前为客服务，服务员都应注意动作的优雅。所有餐具的拿法都要注意不能用手触及客人使用的区域，操作要考虑客人的感受，动作优雅大方，业务娴熟。

3. 语言得体。语言得体具体表现在向客人介绍菜肴口味、特点等方面，要力求专业，同时注意交谈的距离、高度，不能因距离或高度掌握不好，而将唾沫溅到菜肴上使客人不快。对客服务时，后退一步，身体前倾，便能表现出自己的专业及对客的恭敬。

4. 及时整理。客人用餐完毕后，应及时整理及收取餐具，以保证客房环境、方便他人。收取餐具前，需和客人预约收取时间，给客人留足够多的用餐时间，以免给客人造成催促之感。

（九）客房维修服务

进行客房维修服务时，应当注意以下几点：

1. 及时维修。如果客房设施设备出现需要维修的状况，这实际意味着提供的产品是不符合要求的。所以，应该尽快维修，给客人一个完好的住宿环境，并对客人的理解及配合表示感谢。

2. 注意操作。维修人员上门服务时，一般应有客房服务员陪同进行。维修人员的职业着装、专业工具的准备都反映出维修人员的专业化程度。对于已经清洁完毕的客房，进入房间时应铺清洁垫；维修过程中需要挪动住客用品的，维修完毕应及时归位。

3. 表示歉意。维修时尽量选择客人不在房间时进行；如客人在房间，要对客人表示歉意。如有需要，可向客人解释维修的原因，并再次对因设备原因给客人带来的不便表示歉意。

4. 表示感谢。维修完毕，应对于客人的配合及理解表示感谢，也可请客人检查维修后的设施设备可否正常使用，并再次表示感谢。

（十）客房公共区域清洁服务

清洁客房的公共区域时，要求服务员能娴熟地运用专业设备，快速高效地完成服务工作。具体要求如下：

1. 事先提示。客房公共区域的清洁服务分为计划性及日常性两种，不论哪种清洁，整理时均应事先公示，并合理摆放提示牌。提示牌的语言使用要体现礼仪规范，尽量不要使用“严禁、禁止”等语气，多用商量语气，善意提醒为佳。

2. 动作专业。清洁服务工作涉及许多专业设备。对于各种专业设备的使用，服务员要熟练掌握、操作规范、动作娴熟。以木制地面清洁保养为例，工作时应注意以下几点：

（1）最初的保养。新的木质地板要进行沙擦、吸尘、填实后罩上三层保护层，而且每罩一层都须抛光。溶解蜡和擦光剂均可采用。

（2）每天进行。用大功率柔擦机擦亮，然后上第二层蜡后再次打光。使用带蜡的拖把除尘时，应注意经常更换拖把。必要时也可使用略带水分的湿拖把。

（3）定期进行。用零号钢丝绒或尼龙衬垫软擦地面；用湿拖把和稀释清洁剂擦净某些污垢处；如需要可在表面上再加点蜡。

（4）隔天进行。如地面有污物，可用上光剂或液体蜡、糊状蜡，将钢丝绒刷装在柔擦机上柔擦。

3. 注意回避。服务时，如碰到客人交谈或自身服务有可能对客人带来不便，均应及时回避，避免出现侵犯别人隐私的嫌疑。

4. 设备归位。服务完毕后，各种工具要清理并摆放归位，不能摆放在过道或者是客人通过的区域，以免给客人带来不便。

（十一）客房特殊情况处理

在其他场合里，客房服务员为客人提供服务，亦有规可循。

1. 财物丢失。客人在酒店住宿期间，出现财物丢失的情况是酒店最不希望发生的。一旦出现，必须做到：

（1）及时报告。酒店客房部员工得知客人财物丢失情况后需迅速向保安部、上级领导及公安部门报告，并做好客人的安抚工作及丢失现场的控制工作。

（2）同理表达。客人丢失财物，心情肯定不佳。员工要换位思考，并用客人能接受的语言，诚意安抚。如帮助客人回顾丢失经过，及时帮助顾客处理丢失带来的不便等，让客人感受到酒店对他的关心。

2. 访客接待。酒店客房是住客的“家外之家”。做好访客的礼貌接待工作，也是对住客的尊重。

（1）用具添加。对于来访客人数量、来访时间要注意观察并及时记录。同时根据人数，及时添加各种用具，如茶杯、椅子。“服务在招手之前”，而不应等待住客要求，以免失礼。

（2）坚持原则。访客接待亦要坚持酒店的客房政策。为了保障住客的安全，及创造一个良好的休息环境，对于访客的拜访时间，需提供的证件核实，酒店都有明确的规定，服务时要注意坚持，同时讲究服务方式。

（3）灵活处理。对于访客接待过程中出现的各种情况，一定要遵循灵活处理的原则。如住客不在，则可以向客人提供留言服务；而对于访客要求进入客房，及代为保管物品等要求，则要根据酒店规定及现场情况，灵活处理。

3. 停电处理。停电事故可能是外部供电系统引起，也可能是酒店内部供电发生故障。停电事故发生的可能性比火灾及自然灾害要大。因此，对有 100 个以上客房的酒店来说，应配备有紧急供电装置。发生停电事故时应做到：

（1）向客人说明这是停电事故，保证所有在客房内的客人平静地留在各自的客房里。

（2）用手电照明公共场所，帮助滞留在走廊及电梯中的客人转移到安全的地方。

（3）在停电期间，注意安全保卫，加强客房走道的巡视，防止有人趁机行窃。

（4）恢复供电后，向客人表示歉意，并对客人的配合表示感谢。

4. 醉客处理。醉酒客人的破坏性较大，轻则行为失态、大吵大闹、随地呕吐，重则危及客房设备、家具或酿成更大的事故。

（1）保持冷静。客房服务员遇上醉客时，头脑应保持冷静。根据醉酒客人不同的种类及特征，分别处理。对轻的醉客，应适时劝导，安置其回房休息。对重的醉客，则应协助保安人员，将其控制，以免扰乱其他客人或伤害自己。

（2）密切注意。在安置醉酒客人回房休息后，客房服务员要特别注意其房内的动静，以免客房的设备及家具受到损坏或因其吸烟而发生火灾。

5. 伤病处理。由于酒店较少配备专业医护人员，所以，客房部员工应接受有关急救知识及技术的专业训练。在遇到客人出现伤病的时候，能协助专业医护人员或独立地对伤病客人进行急救。酒店还应备有急救箱，箱内应装备有急救时所必需的医药用品与器材。

（1）任何员工在任何场合发现有伤病的客人均应立即报告，尤其是客房部的服务员及管理人员在工作中，应随时注意是否有伤病客人。对直到中午 12 点仍挂有“请勿打扰”牌房间的客人，要通过电话询问。电话总机也要注意伤病客人来电求助。

（2）接到有伤病客人的报告，客房部管理人员应立即与专业医护人员或受过专业训练的员工赶到现场，实施急救处理。如伤病情况不严重，经急救处理后，或安排医生来出诊或送客人去医院，作仔细检查及治疗；如伤病情况严重的话，应边进行急救处理，边安排急救车将伤病客人送到医院去治疗，绝不可延误时间。

客房各岗位员工在服务工作中，以服务礼仪规范为标准，坚持优质服务，既是自身素质的体现，也是塑造酒店良好形象、满足客人需求、创造经济效益的关键。

项目二　会展服务礼仪

案例导入

人文关怀进展会

走进第28届世界遗产大会主会场——苏州规划展示馆，迎面是一块醒目的蓝色指示牌，上面用中、英、法三种文字写着“祈祷室”。根据指示牌的提示，很方便就能找到专为与会的穆斯林代表做礼拜而设的祈祷室。祈祷室占据了整个会场最靠西的房间，因为伊斯兰教圣地麦加位于中国的西方。

思考：

会展项目运作水平的高低，有时候体现在主办方独具匠心的人文关怀和细致入微的服务上。苏州世界遗产大会以人为本的运作方式值得其他城市运作会展项目借鉴，相信这样的办会理念更容易赢得参展商的青睐和良好的国际声誉。

一、会展服务礼仪概述

（一）会展与会展服务

1. 会展。会展是会议和展览会的总称，即通过举办各种形式的会议和展览会，吸引大量商务人士和参观群众，促进产品市场的开拓、技术和信息的交流、对外贸易和旅游观光的发展，由此带动相关产业的发展。会展范畴广泛，包括展销展览、会议节庆、文化博览活动等。

2. 会展服务。会展服务，是主办方或承办方在会展前的策划和准备、会展期间的实施，以及会展后续服务的过程中展现出的一种行业规范。会展服务渗透在会展的各个环节——会展报名，会展的议题，会场的选择；会展的筹备、策划、日程安排，与会者的膳宿，会展的布置，现场服务以及后续工作，等等。会展服务作为服务业的一种，它适用普通服务业的一般原则，但作为一个具有较强专业性、针对性的新兴服务行业，它还具有专业性要求高、主题突出、目标明确等一些特点。

（二）会展服务礼仪的意义

会展服务礼仪是指会展从业人员在会展一系列的服务活动中所表现出来的律己、敬人的良好品行，它涉及穿着、交往、言谈等内容。从修养角度看，会展服务礼仪是会展人员内在修养和综合素质的外在表现。

1. 塑造良好的国家形象。在国际大型的会展活动中，会展从业人员和志愿者的形象及会展企业的形象，就代表着一个国家的形象。比如，2010年上海世博会在全世界面前展现了中国人民的文化素养和精神风貌，展现了中华民族礼仪之邦的美好形象。因此,我们的会展从业人员、会展企业都必须重视学习会展服务礼仪。

2. 塑造良好的企业形象。会展活动本身是传递企业形象价值的过程,良好的会展服务礼仪是企业品牌、信誉、服务水平的最直接的体现,它可以指导企业合乎规范地展示自身形象,从而赢得顾客的信任,赢得市场,提高企业的知名度和美誉度。

3. 塑造良好的个人形象。良好的会展服务礼仪可以指导从业人员按规则、按惯例办事,提高工作效率,减少工作失误,塑造良好的职业形象,给参展者留下美好的印象。

二、会展准备阶段服务礼仪

"凡事预则立,不预则废",在会展前进行详细、周密的计划,可以为会展的成功奠定良好的基础。

(一)邀请礼仪

目前会展组织者常用的邀请方式有发送邮件,电话、传真、互联网联系,人员拜访,代理招展,参加相关主题展览会、新闻发布会等。下面择要予以说明:

1. 上门邀请礼仪。首先,要预约,这样可以让对方有所准备,避开一些不方便的时间和场合,提前了解你上门拜访的主要目的。其次,上门前要把相关材料准备好,并做好相应的心理准备。再次,上门拜访要注意礼仪,如准时到达,见面交谈时言简意赅、切中主题,而且友好谦虚,拜访结束后真诚地向对方表达谢意,并礼貌道别。

2. 邀请函礼仪。首先邀请函应该文字简练、语气诚恳,格式和内容上符合规范。其次要注重美感,让人获得赏心悦目的感受,从而引起对方的阅读兴趣。再次是注意礼俗禁忌,根据会展活动的主题和潜在参展对象的社会文化背景来设计,注意回避被邀请对象的各种禁忌。

3. 电话邀请礼仪。电话邀请时的礼仪要求:首先问话应切题,态度热情而谦虚,认真倾听并能正确理解、分析顾客所说的话,记录下顾客的需要;其次应随机应变,依据顾客的不同反应作出适宜的应对。当顾客有意参加时,应适时加强其购买意愿,争取早日签订协议;当顾客就参展、参会问题发表意见时,首先应赞同其观点、体谅其心情,随后再从客户的角度出发作出合理的解释,让他们重新认识参展的好处,消除顾虑;当顾客犹豫不决时,应多询问、多倾听,给予对方合理的建议,并且传递出自己的关心和信心,帮助客户作出购买决策;当顾客最终拒绝参展或参会时,同样应该礼貌致谢,给对方留下好的印象。

(二)会展现场布置

1. 展览会现场布置。展览会场布置讲究科学性和整体性,要突出展览会的特点以及地方、民族特色。同时注意以下几个原则:

(1)专业性原则。展区划分的主要标准是展区所属的专业题材。同一专业题材的展览内容相对集中,有利于提高展出效果。

(2)充分利用原则。展览会现场应该充分利用好每一寸展览场地，做到合理安排，地尽其用。

(3)便于管理原则。展览会现场布置必须充分考虑观众参观和疏散的要求以及现场管理和服务的要求，留出足够的进出通道、消防通道等。

(4)美学原则。现场布置要有美感，让观众感到赏心悦目，得到美的享受。

2. 展台的布置。在会展期间，展台就是公司的店面，所以要进行相应布置，以实现突出展品、吸引专业观众、传递信息、树立企业形象的目的。在布置中，既要充分考虑企业的需要，更要重视观众的需求。比如：展台设计要忠实于企业视觉识别系统原则，又要迎合观众的口味，曲高和寡、庸俗随大流都难以得到观众的认同；要考虑到观众的文化背景、当地的社会习俗与禁忌，不能只注重自身的喜好和需求；既要充分利用空间，也要给观众留下充足的地方以便参观，所有的文字、图案信息等都应考虑到便于观众阅读和理解。

3. 会议现场布置：

(1)会场的选择。做到及早预定会场；按参会人数和会议性质来确定会场面积；检查会场的硬件设施设备是否完好，对会场周边的交通状况是否理想，会场的服务质量是否良好等都应该事先考察。

(2)会场环境设计。会场环境布置的基本要求是“以人为本”，既要方便与会人员，又要突出会议特点。有几个方面要用心去做：①应有路标及相关标志，以方便与会者顺利找到会议现场，在设计上可强化会议的品牌形象。②会场里的冷气或暖气要调节到位，让与会者感到温度适宜。③桌椅要合适，让与会者觉得舒服。④灯光强度适当，明暗恰当。⑤背景音乐音量大小适宜，会议进行过程中所需音乐准确无误。⑥横幅和会议主题板的悬挂位置正确，国际会展注意以右为尊。⑦姓名牌应提前制作好。⑧会议现场的花卉修饰要考虑到与会人员的文化背景和礼仪习俗。⑨准备好茶水和茶歇，照顾与会嘉宾的生活习惯，同时尽量体现民族和地方特色。

三、会展活动现场服务礼仪

(一)迎接礼仪

迎接是会展活动中一项最常见的工作，也是会展活动主办方的诚意及礼仪形象的重要体现。迎接工作各个环节处理得好，会给参加会展活动的代表们留下美好而深刻的第一印象，并为即将举行的会展活动顺利开展打下良好的基础。

1. 迎接前的准备：

(1)提前了解人员或团体的基本情况。及时、准确地了解与会、参展人员或代表团的情况，如名单、性别、职务、国籍、抵离时间和方式等，做到心中有数，有备无患。

(2)确定迎接规格。明确相应而正确的接待规格，拟定详细而周密的迎接方案。一般应遵循对等或对应原则来确定迎接的规格，也可按照国际惯例或礼仪通则来确

定如何接待，并做好返程票务的落实工作，免除代表的后顾之忧。总之，要让代表们感到满意。

(3)安排好来宾的膳宿与车辆。仔细分析与会者的基本情况，妥善安排好代表们的住宿，做到合情合理分配。在饮食安排上要充分考虑与会者的国家、民族、习惯等实际情况。安排车辆时，应根据人数、行李等因素来配备足够的车辆将会展代表按时送往会展地点参加有关活动。

2. 迎接时的礼仪：

(1)按时迎接。按照国际惯例，会展接待人员一般应提前15分钟来到迎接地点，无论何种原因，迟到都是极不礼貌的行为。

(2)相应的接待形式。接待的具体形式是由接待规格决定的，会展接待人员要按照事先拟定的接待计划，并按照规范程序来操作。

(3)以礼相迎。接到与会代表后，迎接人员应致以热情的问候，如“您好，欢迎您的到来”、“一路辛苦了”等，并通过礼貌的握手、鞠躬、拥抱等方式表示热情的欢迎。

(二)会议现场接待礼仪

1. 报到(签到)服务。会议代表到达现场时，迎接人员应提前在门口迎接，面带微笑，主动问候，体现出主办方的热情。现场接待的第一个环节是报到及签到，接待人员应在接待桌旁站好，热情、主动、耐心指导代表填写，将会议相关资料双手递给与会代表。在会议入场处，接待人员应统一着装，站姿规范，礼貌地引导与会代表入场就座。

2. 引导服务。一些大型的会展或重要会议，均应设专职引导服务人员，为与会者指引会场座位以及提供其他方便。引领与会代表时，应在左前方一米左右，随与会者的步伐轻松前进，并时刻注意保持步速，在转弯或有台阶的地方应及时提醒客人注意。要熟悉场内区域座号，准确无误地为与会者引座，主动搀扶、帮助年老体弱者入座、站立、投票、上厕所等。会议休息或休会时，按规范要求站在自己岗位上，照顾与会者出入或退场。

3. 茶水服务。一些大型、时间较长的会议，通常需要准备茶水服务。服务人员应在会议开始前沏茶，可提前在每个座位对应的桌上一一倒好茶水，也可等与会者入座后，再斟第一道茶，并礼貌热情地说“您好，请喝茶”。会议中注意及时续水，续水时统一使用暖瓶，并随手带条小毛巾；斟水至八分满，动作轻巧、熟练，不影响与会者交谈，不妨碍会议的正常进行。

4. 处理投诉。会展活动的综合性，决定了投诉往往伴随着会展活动的发生而发生。接待人员在现场处理投诉时应注意：①耐心倾听，不要打断投诉者的话语；②注视对方，保持眼神交流，让对方感到你的关注；③礼貌提问，进行一些必要而礼貌的提问，以便更清楚对方的问题；④记录信息，将投诉的事项记录下来，表达自己对对方的重视；⑤给予答复，能现场解决的立即解决，现场无法解决的，应向对方说明，日后将答复情况及时告知对方；⑥表示感谢，对投诉的客人表示真诚的谢意会让对方感到欣慰。

5. 安全服务。安全服务部门和服务人员要坚守岗位，认真负责地做好出入会场区域人员的验证工作和安全检查工作，做到凭证出入，防止非与会者和非会务人员入内。

(三) 展位接待人员礼仪

参展商的展位能否在展会上取得成功，很大程度上取决于展位接待人员的表现。因此，企业在参展前应注意展位接待人员和志愿者的挑选，并对这些人员进行专业知识和礼仪接待等各方面的培训，并在展位接待中注意以下礼仪要求：

1. 注重外在形象：

(1)仪容礼仪。女士最好淡妆上岗，男士应当剃须。作为会展工作人员要时刻注意细节：头发是否干净整齐，脸上的妆容是否残缺，口中是否残留异味等。

(2)服装礼仪。展位接待人员一般应统一着装，可着深色的西装、套裙，也可着本单位的制服。有时，为配合展览会主题，接待人员或志愿者可身着富有特色的服装。在大型展览会上，如果安排专人迎送宾客，宜统一着色彩鲜艳的单色旗袍，并胸披印有参展企业或者展品品牌的绶带。

(3)举止礼仪。展位接待人员的站姿要端正、自然、亲切而稳重，走姿要稳健、自然、大方，要面带微笑。尤其要注意两个问题：一是手势的恰当。当客户走近展台时，主动打招呼，面向客户，稍许欠身，伸出右手，掌心向上，指尖直指展台，请对方参观。为客户解说、答疑时，手势表意明确、自然适度，手势不宜过多。二是眼神的交流。投给客户热情、亲切、诚实、可信的目光，给客户以安全感、信任感，以坚定客户与你沟通的决心。当与客户正式开始交流时，注意观察客户的眼神、表情的变化，目不斜视，不能左顾右盼，心不在焉。

2. 热情待客、尊重客户。展会规模越大，参展单位越多，竞争就越激烈，要想赢得客户的青睐，展会接待人员应当在开展前做好精心准备，热情待客，用微笑对待每一位经过展位的客户，主动向对方打招呼，如“您好，欢迎参观”、“请您参观”等。当客户离去时，应礼貌地道别，并致以“谢谢参观，再见”等礼貌用语，给客户留下美好的印象。在接待中，要注意待人接物的礼貌礼节，意识到热情、主动、周到的服务是每一位展会接待人员的天职，要将其落实在自身行动中。要特别注意做到尊重客户，如客户在展位上参观，可随行其后，随时准备解答客户的提问，也可以请其自便，不加干扰。而对于那些不守展览会规则，乱摸乱动、乱拿展品的观众，仍需以礼相劝，不可恶语相向、讥讽嘲弄或者擅自动粗。

3. 熟悉展品。展位的接待人员接待前应当进行必要的专业知识的培训，让接待人员全面了解公司的产品，对产品的价格、性能、特点、优点等掌握得越多越好，这样，他们才能专业、自信地和客户打交道。另外，还应让接待人员了解竞争产品的信息以及重要客户的情况，让他们明确参展的目的和期望等，使接待人员胸有成竹，自如应对接待中可能出现的各种问题。

4. 善于交流、注重倾听。展会接待人员除了能熟练地使用接待礼仪外，还应当擅长与陌生人交谈，了解观众与客户的需要，具有较好的亲和力，如：能够巧妙地设计开场白，吸引对方的兴趣和注意力；能与观众亲切自然地交流；动听的声音、流利的解说能力，等等。接待人员的语言应简明、富有魅力，能抓住观众的心理，抓住展位的特点。同时，要善于运用解说技巧，注意“FABE”并重，“F”指产品特征，“A”指展品优点，“B”指客户利益，“E”指可靠证据。这样的解说能使观众和客户觉得言之有理，乐于接受。

展览会是一种双向沟通的活动，展会接待人员与客户交流时不能不理他们的反应，自顾自地滔滔不绝。所以，注重倾听对于展会接待人员来说是非常重要的。要学会用专注而柔和的目光注视客户的一言一行，把80%的注意力放在倾听客户需求上。在倾听中了解客户的兴趣和爱好，捕捉细节，这是尊重客户、赢得客户信任的有效方法。

四、会展结束阶段服务礼仪

（一）安排代表返程，清理会议现场

1. 返程安排。提前为代表们预定或购买返程票，在会议即将结束时，把票交到与会代表手中，并请求确认，如无误，再具体安排代表的送行方式及返程时段。

2. 送别礼仪：

（1）确定送别规格。按照对等或对应原则，根据来宾身份和参加会展的目的来确定送别规格，安排合适的人员进行送别。国际性的会展，注意按照国际惯例和国际礼仪通行原则来操作。

（2）送别地点和场景。一般在会场出口处、签到处安排相关人员送别；或送行到机场、车站后话别；或到与会者房间走访告别等。

（3）注意几个环节：一是应当向来宾表示诚挚的谢意。二是握手道别时，伸手在后。三是在必要的情况下，赠送纪念性礼品。四是听取来宾的意见或建议。五是了解来宾有无需要帮忙代劳之事。六是安排好车辆，将来宾送至机场或车站。七是预祝对方一路平安，要等交通工具启动，再行离开。

3. 清理会场。会议结束后，检查会场与房间，要把会场恢复到跟使用前一样的状态，这是对会场使用者最基本的要求。会议服务人员在检查时要注意与会者离会时可能会在会场与房间里遗忘一些物品和文件，一旦发现，应及时送还。

（二）会展后续服务

1. 展后跟踪。记忆是印象的延续，展览会结束不久，参展商和参观商对展览的

印象仍在记忆中，此时应抓住机会，深入与客户的关系。印象是在展览会留下的，而记忆是在跟踪服务工作中加强的。跟踪服务做得越早，效果就越明显。展后跟踪的主要工作包括：

（1）表达感谢。向所有的参展企业、重要的参展商和支持单位、合作单位及曾给予展览会大力支持的媒体，表示感谢。可选择登门致谢，也可选择电话或电函方式表达谢意。

（2）征询意见。可以在后续服务中向参展企业征询对此次活动的意见和看法，然后把这些有益的反馈意见进行收集、整理和总结，为下次会展的筹划和举办做好铺垫。

2. 会后宣传。如果展会举办得很成功，可以通过会后宣传进一步扩大展览或会议的影响力。比如，举行记者招待会或新闻发布会，将会展的有关情况等提供给新闻媒体等。这种会后的宣传无疑对加深人们的印象和记忆是非常有帮助的。

（三）后续服务的礼仪要求

1. 热忱。要做好会展后续工作，需要会展工作人员热忱的工作态度。首先对后续工作本身态度要热心，要意识到会展后续工作的重要性。其次是对待客户要热心，不能把跟踪服务变成机械的、例行公事的工作，对客户缺乏热情，会让客户反感。

2. 耐心。在会展后的电话调查、登门拜访询问等过程中，工作人员可能会碰到不同态度、不同要求、不同喜好的客户，他们对待同一个问题的看法或回答可能千差万别。工作人员要始终耐心、认真地倾听顾客的所有意见，包括顾客的批评、埋怨、指责，会展工作人员不要抱怨，不可与客户争辩，要始终保持微笑，用谦逊的语气接受客户的各种意见和想法。

3. 仔细。会展结束后，会展工作人员要细心整理客户资料，做好各类客户的细分工作。根据客户留下的资料情况，仔细询问一些十分重要的其他信息。只有把会展的每一项后续工作都尽量做细、做实、做到位，会展工作人员的服务工作才算有始有终。

项目三　导游服务礼仪

案例导入

优质的导游服务

导游员小磊十分注重自身的仪容和仪表，经常刚与游客见面，游客就说："一看到小磊就感觉亲切，衣着得体，不像有的导游，浓妆艳抹，衣着暴露。"在游览过程中，她绘声绘色、声情并茂，对景点的历史、特色、背景、价值、名人评说做出有始有终的讲解。对游客的各种询问，也都娓娓道来。小磊还扶老携幼，与游客结成了一种亲密和谐的关系。有一次，旅游团里有位长者耳朵背，听不清楚讲解，她知道后，便一直让老人坐到靠近她的座位听她讲解，老人深受感动。

在导游过程中，小磊始终将自然和人文历史紧密相连，让游客既领略到得天独厚的自然风光和深厚的文化底蕴，更从中受到熏陶。因为获得了游客的认可，所以大家在旅游过程中都积极配合小磊安排的各项活动。游览活动结束时，经常有游客与她合影留念，甚至邀请她到他们的家乡做客。

思考：

为什么导游员小磊会得到这么多游客的喜爱？

导游人员是导游服务的承担者，是为游客提供导游服务的主体。导游服务是旅游服务中的一个重要组成部分。导游人员在旅游活动中，同游客交往时间最长、联系最多，其服务质量的状况直接影响游客旅游活动是否舒适愉快。因此，导游人员在导游服务的过程中，要始终为游客提供礼貌、热情、周到的服务，尤其是在迎来送往、沟通协调、导游讲解、处理突发事件等环节中，更应注意提供符合礼仪规范的服务。

一、导游迎送接待礼仪

（一）欢迎礼仪

1. 导游人员与游客大多为初次见面，游客对导游人员的第一印象将成为游客在之后整个旅游过程中与导游人员交往的心理基础。因此导游人员在上岗前应认真做好仪容、仪表方面的准备工作，着装既要结合本民族、本地区的着装习惯和导游人员的身份，也要方便导游服务工作，体现出整洁、大方、自然；化妆要适度，不浓妆艳抹，不使用味道太浓的香水。

2. 为保证旅游团在迎接地点得到及时、热情、友好的接待，导游人员应提前半小时抵达机场（车站、码头）迎接游客，当旅游团所乘的交通工具抵达后，导游人员要佩戴导游胸卡，持接站牌在出站口醒目位置热情迎接旅游团。

3. 旅游团出站后，导游人员应尽快从出站游客的民族特征、衣着、组团社的徽记等来分析、判断或上前委婉询问，主动认找自己的旅游团，准确使用礼貌用语和问候语，要特别注意谦虚、谨慎。如该旅游团有领队或全陪，导游人员应及时与领队、全陪接洽、确认，避免出现漏接、错接情况，造成游客抱怨、投诉，影响游客情绪。

4. 接到旅游团后，导游人员应认真核实游客的实到人数，主动协助本团游客将行李集中放在比较安全的位置，礼貌提醒游客检查其行李是否完好无损，与领队、接待社行李员（或宾馆行李员）共同清点行李，行李核对无误后移交给行李员，双方办好交接手续。

5. 导游人员在提醒游客检查自己的随身物品是否带齐后引导游客前往乘车处，

如游客所带物品过多需要帮助可替游客提携。游客上车时，导游人员要恭候在车门旁，如有老人、小孩等游客，要扶携、照料。待游客全部上车后应帮助游客将手提行李和随身物品放在行李架上协助游客就座。等游客坐稳后，导游人员应检查一下游客行李架上的物品是否放稳，礼貌地清点人数后，请司机开车。

6. 从机场（车站、码头）到下榻饭店的行车途中，导游人员要向游客致欢迎词。致欢迎词时，如果旅游车的车型允许，导游人员应该采取面向游客的站立姿势，站在车厢前部，靠近司机、全体游客都能看到的地方。欢迎词的内容应视旅游团的性质及其成员的文化水平、职业、年龄及居住地区等情况有所不同，注意用词恰当，给游客以亲切、热情、可信之感。欢迎词可以有不同模式，但应包括以下内容：代表所在接待社、本人及司机欢迎游客光临本地；介绍自己的姓名及所属单位；介绍司机；表示提供服务的诚挚愿望；预祝旅途愉快顺利。致欢迎词时应注意音调适度，举止大方。

7. 致欢迎词后导游人员应根据车程长短进行首次沿途导游，以满足游客的好奇心和求知欲。首次沿途导游是显示导游人员知识、导游技能和工作能力的好机会，精彩的首次沿途导游会使游客产生信任感和满足感，有助于导游人员树立良好的第一印象。首次沿途导游的内容主要是介绍当地的风光、风土人情及下榻饭店的情况。

8. 客人到达酒店后导游人员应协助全陪和领队办理入住手续，导游人员要掌握全陪、领队和团员的房间号并将自己的联系方式告诉全陪和领队，以便有事时尽快联系。导游人员要认真地向游客介绍饭店设施，让游客及时了解饭店的基本情况和住店的注意事项，帮助游客进住房间并取到行李，并通知游客当天或第二天的活动安排，带领旅游团用好第一餐。在离开饭店之前，应与领队或全陪确定第二天的叫早服务，通知饭店总服务台或楼层服务台叫早时间，将所有游客安排妥当。

（二）欢送礼仪

1. 当旅游团结束本地的参观游览活动后，导游人员应使游客顺利、安全离站，并确保遗留问题得到及时妥善的处理。

2. 在旅游团离开的前一天，导游人员应认真核实旅游团离开的机（车、船）票，核对团名、代号、人数、去向、航班（车次、船次）、起飞（开车、起航）时间、在哪个机场（车站、码头）启程等事项。

3. 导游人员送团到达机场（车站、码头）时必须留出充裕的时间。一般情况下，出境或去沿海城市的航班，提前两小时；乘国内航班提前 90 分钟；乘火车提前一小时。应及时与领队、全陪商议出发时间，同时征求司机的意见，确定后及时通知游客，并通知饭店有关部门及时叫早，安排好早餐。

4. 导游人员应及时提醒、督促游客尽早与饭店结清与其有关的各种账目（如洗衣费、长途电话费、饮料费等);若游客损坏了客房设备,导游人员应协助饭店妥善处理赔偿事宜;若无特殊原因,导游人员应在中午12:00以前办理退房手续。

5. 导游人员要恭候在车门旁,协助游客上车,等游客放好随身携带的行李入座后,导游人员要礼貌地清点实到人数。全体到齐后,提醒游客再检查清点一下随身携带的物品,如无遗漏则开车离开饭店。

6. 在行车途中或在机场(车站、码头),导游人员应向游客致欢送词,以加深与游客之间的感情。致欢送词时语气应真挚、富有感情,欢送词的内容一般包括回顾旅游活动,感谢大家的合作;表达友谊和惜别之情;诚恳征求游客对接待工作的意见和建议;若在旅游活动中有不顺利或旅游服务有不尽如人意之处,导游人员应借此机会再次向游客赔礼道歉;最后,表达美好的祝愿。

7. 旅行车到达机场(车站、码头)下车前,导游人员应提醒游客带齐随身的行李物品,照顾全团游客下车后,要再仔细检查一下车内有无游客遗漏的物品。

8. 送乘坐国内航班(火车、轮船)的游客离站时,导游人员应等旅游团所乘交通工具启动后方可离开;送乘坐国际航班(火车、轮船)出境的游客时,导游人员要在旅游团进入隔离区后方可离开。

二、导游沟通协调礼仪

导游人员的服务对象非常广泛,在与各类层次不同、品质各异、性格相左的中外人士打交道的过程中,应能够礼貌有效地进行沟通协调,熟练运用相关知识随机应变处理问题,在待人接物时自然、得体,搞好各方面的关系。

导游人员应较快地在游客心目中树立起良好形象,较为深入地洞悉游客的希望和想法,为安排好日程、提供有针对性的服务创造前提,尽快缩短与游客之间的心理距离,融洽彼此之间的关系,这样有利于沟通协调工作的开展。良好形象可以通过良好的仪容仪表和自信的仪态来树立。导游人员作为服务人员要时刻注意自己的身份,服饰化妆不能太艳丽,以免影响工作,要尽量避免让人用“太”字来评价自己的服饰和化妆;待人要自然大方,办事果断利落,站、坐、行有度,与人相处直率而不鲁莽,活泼而不轻佻,自尊而不狂傲,工作紧张而有条不紊,这样的导游人员才能较为容易地获得游客的信任。

由于导游工作的性质特殊,导游人员要培养自己具有活泼、外向的性格,使自己在工作岗位上永远情绪饱满、具有爱心、待人诚恳、富于幽默感,对自己的工作充满自信,在旅游过程中遇到问题有能力进行解决,让游客感到可以信赖和依靠。

导游人员接受工作任务后,要根据旅游合同安排旅游活动并严格执行旅游接待计划,在安排旅游活动时要有较强的针对性并留有余地,在组织各项活动时要讲究方式方法并及时掌握变化着的客观情况,灵活地采取相应的有效措施,避免出现不必要的问题和纠纷,带领全团人员游览好、吃住好。

导游人员应能够随时调动游客的积极性,使游客顺着导游的思路去分析、判断、欣赏和认识，从而获得旅游的乐趣和美好的享受；熟练地运用丰富的知识、幽默的语言、抑扬顿挫的语调、引人入胜的讲解以及有节奏的导游活动来征服游客，使游客沉浸在欣赏美的愉悦之中，自觉配合导游的工作。

在整个服务过程中，导游人员应经常地、真诚地与游客进行沟通。与游客进行沟通包括意见沟通和情感沟通两方面。意见沟通是指当导游人员在导游服务过程中与游客产生意见分歧时，导游人员应及时排除，以求得与游客的意见趋于一致。为此，导游人员要把自己的意图明确表达出来，让游客了解自己，同时要设法让游客说出自己的真实想法，以达到相互了解的目的，在此基础上求得意见的一致。情感沟通是指导游人员要促进与游客之间的情感共鸣，即：一方面要满足游客正当的情感需要，如自尊的需要、友爱的需要等；另一方面要尽量使自己的情感频率与游客的情感频率趋于一致，即乐游客之所乐，忧游客之所忧。

对游客提出的有关问题，要热情地给予答复，如果没有听懂客人的问话，可请求其再重复一遍。陪同客人参加活动时，要注意遵守各种活动、各种场所的礼貌礼节和服务礼仪。

在服务过程中，为了使旅游活动顺利进行，使所有游客，至少使绝大多数游客获得旅游的愉悦、美的享受，导游人员要善于处理好一些关系，如强与弱的关系、多数与少数的关系、劳与逸的关系等。

导游人员在旅游团整个旅游过程中，要与领队协调好关系，得到领队的理解、合作和支持是导游人员带好旅游团的一个重要方面。导游人员要诚心诚意地尊重领队，支持领队工作，尽量避免与领队发生正面冲突。

导游人员应协调好和接待单位的协作，应在共同的工作原则之下，互利合作，坚持原则，平等协商，相互支持。遇到合作者随意改变日程、增加购物等不正确的做法，首先尽量说服对方按协议执行计划，如对方一意孤行，则要采取必要措施保护游客的利益。

三、导游讲解工作礼仪

导游人员的讲解服务是一个语言传播的过程，在这个过程中，应使用规范化语言，将知识性、思想性、趣味性相结合，达到传播知识、沟通思想、交流感情的目的。

在讲解中要注意条理分明、脉络清晰、符合逻辑，把所讲的内容交代清楚，同时注意语言的趣味性与感染力，适当运用幽默，用充满活力的语言打动游客，制造一种轻松、愉快的气氛。

在讲解过程中，所讲解景点的背景材料必须准确，要有根据、有出处，不能胡编乱造；对民间传说也要有据可查，不可信口开河；对说法不一的内容可忽略不讲或有选择地将具有代表性的说法介绍给游客，请他们根据自己的理解来作出判断。

在讲解过程中，导游人员应善于利用各种手段，如体态、动作、手势、表情、图片等，把信息有计划地与游客进行交流，同时还应了解客源地的民族历史、生活方式、风俗习惯、文化艺术等，与游客建立起共识，达到有效交流。

在导游讲解时要有针对性，要因人、因时、因地而异，不能千篇一律，应根据不同对象决定讲解的内容、顺序、语言方式、音量高低等。要了解游客的背景，做好准备工作，包括知识准备和心理准备，根据游客的性别、年龄、职业、爱好、文化程度、宗教信仰等，选择适当的讲解方法和内容，使特定景点的讲解适应不同旅游者的文化修养和审美情趣。

在使用口头语言时要学会并善于运用一些修辞手法，如比喻、比拟、对比、夸张、映衬等来美化自己的语言，切忌死板、老套、平铺直叙。要把故事传说、名人轶事、自然风物等讲得鲜明生动、风趣活泼才能打动听众、吸引游客，使其领会导游人员的意图，并体验其中的意境。

在讲解中要注意讲解语言的文明优雅，把美传递给游客，注意不要使用不文明的词语，以免给游客留下粗俗的印象；不使用游客忌讳的词语，以表示出对游客的尊重；不讲黄色故事、黄色笑话，避免影响自身形象和行业形象。

在讲解服务中还要善于使用体态语，包括表情、姿态、动作，帮助导游人员传递有声语言无法传递的信息，补充和强化有声语言的作用，如善意的微笑、抱歉的眼神等。

导游人员应随时注意对自己思维能力和表达能力的锻炼，做到讲解时思路清晰、口齿伶俐，避免由于紧张、对所讲内容不熟悉或是思维不敏捷造成思维出现空白，出现不良的习惯性口语，不自觉地用“这个……”、“嗯”、“啊”等无意义的字眼来重复，用以延长时间，妨碍讲解内容的连贯性，进而影响游客的心情。

在讲解服务中，对游客提出的合理但不可能实现的要求或不合理但可能实现的要求，以及不合理又不可能实现的要求，导游人员应给予回绝。在拒绝游客时，要注意给他们一个体面的台阶、一个合理的解释，不能伤害游客的自尊，特别是在他们的要求合理但满足不了时，最好先肯定其动机，然后婉言回绝。

大部分游客出行的目的是为了放松、休闲和娱乐，一旦离开原来的生活环境，解放感油然而生，懒散心态随之而来，导游人员在讲解服务过程中，应当就可能危及游客人身、财物安全的情况，向游客作出说明和警示，提醒时语言要尽量委婉，多用“请”，少用“不准”、“不许”、“必须”等命令性语言，以免游客反感。

导游服务工作繁杂多变，导游人员的主观失误或相关部门服务上的欠缺，以及不可抗拒的自然因素都会造成工作上的麻烦，引起游客的不满、抱怨甚至投诉。一旦出现不愉快，不管原因是主观的还是客观的，不论责任在不在导游身上，导游人员都应妥善处置，同时采取恰当的语言表达，真诚及时地向游客道歉，以消除误会，平息怨气，求得谅解。

项目四　金融服务礼仪

案例导入

银行柜员收到假币

李先生到银行存现金5万元，前台柜员点钞时发现有一张100元是假钞。

柜员："你这张100元是假钞，按规定我们是要没收的。"

李先生："怎么会是假的呢？给我看一下。"

柜员："一看就知道是假的，我们要收缴的，不能拿回去！"

李先生："你把5万元都还给我，我不存了。"

柜员："你不存，假钞也是要没收的。"

李先生要回假钞未果，情绪激动，气得拍桌子，非得要回假钞。柜员不加理会仍按规定办事。

思考：

如果你是那位银行柜员会如何处理？

金融行业是现代社会的一个重要组成部分，是传播文明的重要窗口之一。金融行业服务礼仪，是指在金融业务活动中通行的，带有金融行业特点的礼仪规范和准则。作为金融行业的服务人员，加强礼仪修养，讲究礼仪礼节，既可为社会创造文明风尚，也能树立金融行业良好的社会形象。

一、营业礼仪

营业礼仪是指金融行业员工在营业场所向客户提供柜面服务时以约定俗成的规范的程序、方式来表现律己敬人的一系列行为。规范的营业礼仪对于现代金融服务行业提升服务水平，展示窗口形象，增强竞争力都有重要意义。

(一)服务礼仪规范

1. 基本要求。着装统一，仪容仪表端庄得体、整洁大方。站姿、坐姿、走姿规范，举止文明，用语礼貌，微笑服务。

2. 站立迎候。客户临近柜台时，如手头没有业务，应起立迎候客户，面带微笑，站姿规范，注视客户，礼貌问好。待双手接过客户提交的凭证和钱款后方能坐下。

3. 使用"五声"。客户临近柜面时有亲切的迎客声，如"您好"、"请问您办理什么业务"等；客户询问时有应答声，客户询问时应认真倾听，耐心细致地回答；给客户带来不便时有致歉声，遇到电脑故障或内部差错而引起客人不满时，要使用"对不起"、"请稍侯"、"马上办理"等语言稳定客户情绪；遇到客户表扬时有致谢声，应以

“谢谢”、“不客气”、“没关系”等礼貌用语致谢；客户离柜时有送客声，如“慢走”、“欢迎再来”等。

4. 操作规范。提前到岗，按照规定做好上岗前各项准备工作，工作中精力集中，在为客户办理业务时应做到：一准，熟知业务知识，熟练操作技能，熟悉规章制度，办理步骤准确，让客户业务办理一次成功。二快，即高效、专业地为客户办理业务，减少客户等候时间。三好，对客户要热情友好，做到想客户所想，急客户所急，让客户放心、满意。

5. 主要禁忌。接待客户时，不能用冷漠、鄙夷等不尊重他人的眼神、语气对待客户；办理业务时，不准抛掷卡、钱或单证；不顶撞、刁难、冷落、讽刺客户；不推托、延误、拒绝办理业务；不准压票、随意退票和无理拒付；不能在旁边有顾客或来客的时候自顾说笑，或与正在接待顾客的同事说话，分散其注意力；不对顾客说诸如“这是规定”、“我已经说过了”、“连这你也不知道”等容易激发矛盾、引起顾客不满的话。

(二)主要业务活动礼仪规范

1. 储蓄业务。按照程序规范操作，客户如有疑问，应耐心详细地解释清楚。对客户提出的与制度不相符的要求，应坚持原则，同时本着“一切为客户”的理念，向客户解释清楚，并为给客户带来的不便表示适当歉意。钱款要与客户当面点清，对所有客户应一视同仁，热情周到。

2. 办理银行卡。按照程序规范操作，向客户简明、扼要地说清楚办理过程中的所有要素，不要让对方无谓地往返。对一些关键的要素必要时重复询问、证实，以便客户明确自己的权利和义务，减少其后发生不快的可能。对客户容易疏漏的问题，要主动提醒。

3. 挂失业务。耐心、友善地对待客户，高效、快捷地办理业务，详细、清楚地把有关要素都交代清楚，注意语速、语气的把握及动作的节奏，使客户感到你在尽力为其分忧，切忌漫不经心、慢慢吞吞。

4. 没收假钞。对客户而言，假钞被没收意味着损失，所以要体谅他们的不满甚至愤怒的情绪，耐心解释，切不可凭一句规定，简单了事。要对顾客表示出足够的理解和同情，注意把握自己的语气、神态。而且，要主动教给客户识别假钞的知识，使他们增强识假能力，以避免再次上当。

5. 大堂咨询。咨询人员的责任之一是对那些需要帮助的顾客提供主动、热情、周到的服务，咨询人员应眼观八方，及时、恰当、友好地为顾客提供帮助。另外，咨询人员的责任还有维护营业场所内的秩序，做好保洁工作，疏导客户等；在疏导客户时应耐心解释，真诚表达歉意，争取客户的配合与支持。

6. 个人汇款。耐心、详细地为办理汇款者解释其中的每一个要素，运用掌握的银行知识，热情、专业地为客户当好参谋，维护客户的利益，让客户高兴而满意地完成汇款业务。

7. 大堂保安。保安人员值班时应认真、警觉、精力集中，站姿、走姿规范，不要把手插在裤袋或皮带里，接听电话时，应选择相对隐蔽地方，一方面可以保密，另一方面可维护营业场所的安静有序。同时，尽自己所能，热情、耐心地帮助客户，解答相关问题。

二、金融营销礼仪

在金融业竞争日趋激烈的今天，强化营销已毋庸置疑地成为金融企业谋取自身生存与发展的重要策略和途径。金融产品的营销方式主要有电话营销、人员营销、网络营销等。在营销中注重营销礼仪式非常重要。

（一）电话营销礼仪规范

1. 电话预约的基本要领。电话预约要牢记“5W1H”，即 When（什么时候）、Who（对象是谁）、Where（什么地点）、What（说什么事）、Why（为什么）、How（如何说）。要以客户的时间为基准；谈话简洁，抓住重点；站在对方立场考虑，使对方感到被尊重、被重视。

2. 打电话时的礼仪要求。首先要注意选择打电话的时间，礼貌询问“您现在说话方便吗?”其次是打电话时，姿势要端正，说话态度和蔼，语言清晰简洁、语调自然、语速适中，吐字清楚、发音准确，使用“您好”、“请”、“谢谢”、“麻烦您”等礼貌用语，数字、时间、地点等关键的字眼要特别注意，最好能重复一遍，直至确认对方或自己完全听清楚。再次是接听电话要及时，铃响不过三。最后，通话要简短，一般应在三分钟内结束。

3. 电话营销技巧。首先是建立信任关系。“电话销售就是持续不断的追踪。”电话销售员只有对自己的产品拥有足够的自信，并对顾客提供专业的服务，才能使顾客对销售人员产生信任感。其次，电话营销是一个双向沟通的过程，销售人员必须在极短的时间内引起客户的兴趣，否则客户可能随时中止通话。所以，一方面销售人员必须提高自己的说话技巧，要言之有物、言之有理，能引起客户的兴趣和注意。同时，还要学会倾听客户，把握时机赞美客户，拉近距离，并迅速了解对方的信息，营造双方的认同感。最后，应尽量坚持以客户关系为导向，要懂得维护与客户的长期联系，侧重与客户建立情感联系，让对方自然而然地成为你的客户。

（二）人员营销礼仪规范

人员营销包括上门营销和柜台营销两种方式，需要营销人员通过各种努力感染客户、打动客户、说服客户，最终让客户接受所销售的产品。

1. 仪容仪表礼仪。要给客户留下美好的印象，就必须做到整洁，如身体、面部、口腔、头发、双手、制服等。

2. 拜访礼仪。拜访是营销人员经常使用的形式，可以达到加深情感、增进友谊、沟通信息和产品销售的目的。在拜访时要做到事先有约、做好准备、遵守时间、上门有礼。

3. 交谈礼仪。营销人员与客户交谈时，态度要诚恳热情，措辞要准确得体，语言要文雅谦恭；不能信口开河，也不要含糊其词；还要注意倾听，给客户说话的机会。要注意做到：使用敬语、真诚微笑、眼神认真、言语规范、注意倾听、诚实守信，并正确对待客户的异议。

（三）网络营销礼仪规范

1. 信息要真实。互联网的宣传面相当广泛，影响面很大，企业要想提高自身在消费者中的知名度，就必须客观地反映自己产品的特点，注意所提供信息的真实性。

2. 主题要明确。在互联网上对公司或产品进行介绍时，一般要有一个明确的主题，以便客户准确、快捷地找到自己需要的信息。

3. 语言要流畅。网上公布的信息要便于阅读，就必须语言流畅。所用数据、资料应准确无误。

4. 承诺要兑现。金融企业在网上应针对不同的用户采取灵活多样的服务方式，达到吸引和方便消费者的目的。要诚实守信，兑现承诺。

项目五　商场服务礼仪

案例导入

不愉快的购卡经历

10月的某一天，王小姐到某商场想为过生日的朋友买贺卡。王小姐转了一圈没找到卖贺卡的柜台，就向附近的工作人员询问："请问哪里是卖贺卡的柜台？"只见那位工作人员一边整理货物，一边与同事聊天，不耐烦地说："就在那边，你自己看去吧。"王小姐转身走开还不到两米的距离，就听到那位员工向旁边的同事嘀咕："有没有搞错，什么年代了还买贺卡？"真是让人哭笑不得。

思考：

这位商场服务人员违背了哪些商业服务礼仪规范？

商场服务业是社会文明的窗口。在整个服务行业中，商场从业人员人数最多，部门最庞杂，竞争最为激烈。任何一个商业组织要想向中外宾客提供优质的服务，就必须提高商业服务礼仪水平。

一、柜台服务

商场的柜台，是商业服务人员为顾客提供服务的重要场所，是最能体现服务礼仪质量的窗口。商场服务人员要想满足顾客需求，使顾客高兴而来，满意而归，就必须充分利用柜台这个最前沿的窗口，提高柜台服务礼仪水准。

（一）规范的柜台服务

柜台服务是整个商业销售过程的重点，只有做好这一环节的工作，其他各项工作的开展才有基础。按照服务礼仪要求，服务人员应做到以下几点：

1. 保持柜台的清洁。在开门营业之前，服务人员应做好清洁工作，把柜台和货架擦洗一遍，给顾客以窗明几净的良好印象。

2. 严格遵循相关法规。例如，经营食品的柜台，散装食品要盛放在清洁的容器内，并加盖。服务人员应戴口罩、穿制服，使用食品夹，不能用手抓食品。柜台服务人员还要特别注意个人卫生，勤换工作服和口罩，不留长指甲，不涂指甲油，在营业时不搔头皮、抠耳朵或挖鼻孔。

3. 合理陈列商品。柜台陈列、商品陈列既要符合审美原则，具有整体观，让人身临其境，赏心悦目，还要合理设置商品货架，让营业员在工作时得心应手，同时便于客人察看和选择。

4. 明码标价，货真价实。商品要明码标价，货牌上应写明产地、规格和型号。严禁出售假冒伪劣产品。

5. 主动迎客，微笑服务。在柜台里，营业员应面带微笑，站立服务。一旦客人走近，应主动问候、目光亲切，鼓励客人放心挑选，在客人没作出表示前一般不要轻易发问，但留给客人的感觉必须是“我随时愿意为您服务”。应察言观色，从客人的眼神、举止中推测客人的购买意图，从而更有针对性地服务。

6. 举止文明、礼貌答问。柜台服务人员着装要整洁大方，不要敞胸露怀，不能穿背心、拖鞋上班。在工作时应保持良好的站姿，不能趴在柜台上，或东倒西歪、无精打采。不可在营业时间抽烟、大声闲聊。取物品时应轻拿轻放，动作要轻巧。顾客比较多时，按照“接一顾二招呼三”的接待方式，让顾客都能感受到你的亲切和对大家的尊重。应当好顾客的参谋，主动介绍商品的性能、特点等，比较同类商品的特色，解答顾客的疑问，帮助客人作出购物的判断。在回答客人提问时，应热情礼貌、百问不厌、实事求是。对于挑剔的顾客，应态度冷静、礼让三分、以理服人，使顾客感到温暖和受尊重。顾客离开柜台时，要致谢道别，目送顾客离去。

（二）巧妙使用服务语言

“话有三说，巧者为妙。”巧妙的柜台服务语，能解决各种难题，顺利地促成交易。柜台服务人员应随机应变地使用好下面一些语言技巧：

1. 含蓄委婉。营业员应避免使用会让顾客难堪或易引起反感的词句，而应以与之意义相同或相近的词语替代，如不说“您要买点什么”而说“您想看点什么”；不说客人“太瘦”、“太胖”而用“秀气”、“苗条”和“丰满”、“富态”来表示。要善于暗示烘托，故意说些与本意相关的词语，来烘托自己的本意。

2. 慎择句式。少用否定句，多用肯定句。如顾客问“这种式样的衣服有红色吗”，营业员若回答“没有”，可能会导致客人离去，如果换成“对不起，现在只剩下白、蓝和黄色，这几个颜色你穿起来更漂亮”，就更容易促使顾客购买。

3. 善用赞语法。自夸自己，自夸产品，如“先生、太太，我们商场近年来连续被评为上海市‘讲文明、守信誉’单位，在这里买东西你们尽管放心”、“这种服装是出口转内销的，质量绝对没问题，您摸摸，这料子手感多好”；也可通过赞美顾客达到促销目的，如“小姐，您可真有眼力，这条项链真的很适合您”。

4. 巧用正反对比。任何商品都有优点，也有缺点，营业员可巧妙运用正反对比法来影响客人。如下面两种说法就有不同的效果：“这块表虽然有点贵，但质量很好。”“这块表质量很好，但有点贵。”两句话语序不同，听上去的感觉就不同。前者更强调商品的质量，有利于增强顾客的购买欲，而后者却落脚在价钱贵，冲淡了顾客的购买欲甚至会引致反感。可见，在介绍产品时，既要实事求是地介绍，又要巧妙地把语句重点放在产品的优点上，促成顾客的购买。

(三) 严禁使用的服务用语

1. 十不讲。即不讲有损顾客人格的话；不讲伤害顾客自尊心的话；不讲埋怨、责怪顾客的话；不讲顶撞、训斥顾客的话；不讲生硬唐突的话；不讲欺瞒、哄骗顾客的话；不讲低级庸俗、粗暴无礼的话；不讲讽刺挖苦、反唇相讥的话；不讲刺激顾客、激化矛盾的话；不讲脏话、怪话、废话。

2. 易使对方生厌的12种说话方式。以下12种说话的方式极易引起顾客反感，柜台服务人员应避免使用：语气黯淡、声调激烈、吞吞吐吐、疑虑重重、单方冗谈、立即反对、自满自大、妄自菲薄、强词夺理、词语冷僻、阿谀奉承、冷嘲热讽。

二、商品导购服务

导购是指为消费者购买商品、服务进行引导。导购员一般佩戴鲜明标志，或立于门口，或走动服务。现代商业的服务人员，都有必要了解导购知识和相关礼仪要求，以便更好地开展工作。

(一) 接近顾客

商业服务中的导购工作要想成功，必须首先接近顾客，以此为起点，否则便没有机会引导消费者购买。接近顾客时应注意下面几个问题：

1. 讲究方式。当发现顾客需要导购服务时，应主动上前为其提供导购服务。如果客人不需要，不必一直尾随身边，过分热情地介绍。

2. 选对时机。接近顾客的时机很有讲究。时机选得好，则言出事成。一般下列时机是接近客人的良好时机：顾客产生兴趣之时和顾客提出要求之时。此时应“该出手时就出手”，因势利导，往往会取得成功。

3. 注意礼节。接近顾客时，应微笑问候，举止大方自信，让顾客感到亲切和舒服，从而对导购员产生亲切感和信任感。

（二）影响顾客

导购人员与顾客之间往往是相互影响的，导购服务人员需要想方设法去影响顾客，以推动顾客的购买。而要做到这一点，导购人员需要遵循以下几个原则：

1. 情感原则。“感人心者，莫先乎情。”尽快接近客人，消除导购人员与顾客之间的心理距离，激发和维持顾客对导购人员的亲切感和信任感是成功的关键，这就决定了导购人员必须具有正确的情感导向性。导购人员应用自己的热心加爱心，去感动顾客，从而影响顾客的购买。同时，作为一名导购人员，要记住人的情绪是会传染的，即便有些顾客看上去很冷淡、被动，但只要有分寸地坚持引导，顾客往往会受到感染，受到影响。

2. 诚实有信原则。以诚相见，真诚待客，是中华民族人际交往的美德。导购人员的真诚与热诚是非常重要的，真诚，即导购员向宾客传递的语言信息要“真”和“实”，要说真话和实话，不可说假话和虚话；热诚，即导购人员要多从顾客的角度进行表述，表现出自己确实是真心实意地为顾客着想。

3. 价值第一原则。顾客花钱买东西，当然首先讲的是物有所值。所以，导购人员在服务时必须本着价值第一的原则。从商品的使用价值、价格等角度去引导，让客人强烈地感受到买此商品很实用、很值得，从而产生购买欲望。

4. 形象服务原则。在导购的从业人员中，一直流行着这样一句话：“以形象服务。”即导购人员面对顾客时，必须树立良好的个人形象，以良好的仪容仪表、言谈举止让顾客产生良好的印象，从而拉近和顾客的心理距离，让顾客产生信任感。

（三）争取顾客

导购员为顾客服务过程中，必须在热情有度、两厢情愿的前提下，摸清顾客心理，见机行事，努力争取顾客，最后达成交易。

（1）摸清客人心理。孔子说：“不患人之不己知，患不知人也。”所谓知人，就是要了解对方想什么、需要什么、有什么顾虑等，根据情况，因势利导。如果顾客仔细察看某商品，那他很可能是想买这件商品，这时，导购员就应大力推荐、介绍，促成购买。有些顾客买东西犹豫不决，常说出一些试探性的话，导购人员应善于洞悉顾客的心理，听出言外之意，给以满意的回答。

（2）现场反应敏捷。导购人员在现场必须做到“六快”：眼快，看清顾客的态度、表情和反应；耳快，听清客人的意见、反应和谈论；脑快，准确作出判断，迅速作出回应；嘴快，及时回答问题，及时介绍说明，得体地和客人沟通；手快，为客人取拿商品，又快又稳；脚快，腿脚利索，行动速度快，办事效率高。

总之，一位讲究礼仪的商场服务人员，应该做到：主动微笑迎客，给人以亲切感；使用敬语待客，给人以温暖感；实事求是介绍商品，给人以诚实感；热心为客人当好参谋，给人以信任感；礼貌送别客人，给人以留恋感。只有这样，才能真正做到文明接待，优质服务。

项目六　实训

任务一　酒店礼仪训练

一、酒店礼仪训练一

(一)实训项目

前厅礼仪实训

(二)实训场地

酒店前厅实训室

(三)实训要求

1. 熟悉规范的迎宾用语;

2. 掌握标准的迎宾距离。

(四)实训方法

1. 示范讲解;

2. 分组练习。

(五)实训操作

1. 模拟前厅接待时的场景;

2. 接待时注意接待的顺序;

3. 实际操作时注意仪容、仪表和仪态以及前厅服务礼仪;

4. 对客服务时,扮演客人的学生应该制造一些意外情况,考验前厅服务人员的应变能力;

5. 学生互相点评。

(六)评分标准

满分为 100 分,仪容、仪表、仪态、语言服务、处理问题能力各 20 分。

二、酒店礼仪训练二

(一)实训项目

餐厅礼仪实训

(二)实训场地

酒店餐厅实训室

(三)实训要求

1. 熟悉规范的服务用语;

2. 掌握标准的服务距离。

（四）实训方法

1. 示范讲解；

2. 分组练习。

（五）实训操作

1. 模拟餐厅接待时的场景；

2. 接待时注意接待的顺序；

3. 实际操作时注意仪容、仪表和仪态以及餐厅服务礼仪；

4. 对客服务时，扮演客人的学生应该制造一些意外情况，考验餐厅服务员的应变能力；

5. 学生互相点评。

（六）评分标准

满分为 100 分，仪容、仪表、仪态、语言服务、处理问题能力各 20 分。

任务二　会展礼仪训练

（一）实训项目

制订会展宣传策划方案

（二）实训场地

多功能厅

（三）实训要求

1. 严格按照会展专业要求进行模拟训练；

2. 对重点内容重复练习。

（四）实训方法

1. 自选主题；

2. 分组练习。

（五）实训步骤与操作标准

1. 组织学生按照专业实训要求和商业规律拟定展销会工作方案，锻炼学生会展策划和组织的实践操作能力；

2. 按照拟定的工作方案组织学生进行招商工作，保证参展商达到 30 家以上；

3. 按照专业标准及商业运作惯例组织布展活动，为学校师生提供学习、生活用品销售服务；

4. 对会展进行总结，进行财务结算。

（六）实训报告

1. 撰写可行性分析报告；

2. 根据会展主题，拟出展区筹划方案；

3. 撰写会展策划宣传方案。

（七）评分标准

满分为100分，可行性分析报告、展区筹划方案、会展策划宣传方案、处理问题能力、实施情况各20分。

任务三　导游礼仪训练

（一）实训项目

地陪人员接待礼仪

（二）实训准备

数码照相机、摄像机、多媒体教室

（三）实训要求

正确运用导游接待礼仪，一位同学结束后，与其他同学互换角色。

（四）实训方法

1. 将学生分组，每组10人；
2. 由学生分组练习，教师指导；
3. 学生分组考核，用器材记录学生考核过程；
4. 回放考核过程，学生自我评价，教师总结点评学生存在的个性和共性问题。

（五）实训操作

1. 模拟导游接待时的场景；
2. 接待时注意接待的顺序；
3. 实际操作时注意仪容、仪表和仪态以及导游服务礼仪；
4. 对客服务时，扮演游客的学生应该制造一些意外情况，考验导游的应变能力；
5. 学生互相点评。

（六）评分标准

满分为100分，仪容、仪表、仪态、语言服务、处理问题能力各20分。

任务四　银行礼仪训练

（一）实训项目

银行柜员接待礼仪

（二）实训场地

多功能室

（三）实训要求

正确运用银行接待礼仪，一位同学结束后，与其他同学互换角色。

（四）实训方法

1. 将学生分组，每组10人；
2. 由学生分组练习，教师指导；
3. 学生分组考核，用器材记录学生考核过程；

4. 回放考核过程，学生自我评价，教师总结点评学生存在的个性和共性问题。

（五）实训操作

1. 模拟银行柜员接待时的场景；
2. 接待时注意接待的顺序；
3. 实际操作时注意仪容、仪表和仪态以及银行服务礼仪；
4. 对顾客服务时，扮演顾客的学生应该制造一些意外情况，考验柜员的应变能力；
5. 学生互相点评。

（六）评分标准

满分为100分，仪容、仪表、仪态、语言服务、处理问题能力各20分。

任务五　商场礼仪训练

（一）实训项目

商场营业员接待礼仪

（二）实训场地

多功能室

（三）实训要求

正确运用商场营业员接待礼仪，一位同学结束后，与其他同学互换角色。

（四）实训方法

1. 将学生分组，每组10人；
2. 由学生分组练习，教师指导；
3. 学生分组考核，用器材记录学生考核过程；
4. 回放考核过程，学生自我评价，教师总结点评学生存在的个性和共性问题。

（五）实训操作

1. 模拟商场营业员接待顾客时的场景；
2. 接待时注意接待的顺序；
3. 实际操作时注意仪容、仪表和仪态以及商场服务礼仪；
4. 对顾客服务时，扮演顾客的学生应该制造一些意外情况，考验营业员的应变能力；
5. 学生互相点评。

（六）评分标准

满分为100分，仪容、仪表、仪态、语言服务、处理问题能力各20分。

（备注：以上5项实训任务可以根据学生的专业需要，选择相关的实训项目进行训练）

参考文献

[1] 金正昆. 涉外礼仪教程[M]. 北京:中国人民大学出版社,2005.

[2] 吴新红. 商务礼仪[M]. 北京:化学工业出版社,2006.

[3] 丁萍萍. 会展营销与服务[M]. 北京:高等教育出版社,2006.

[4] 胡爱娟. 餐饮技能实训[M]. 北京:北京大学出版社,2007.

[5] 胡爱娟. 饮食文化与现代旅游[M]. 杭州:浙江大学出版社,2009.

[6] 袁平. 旅游礼仪[M]. 大连:大连理工大学出版社,2009.

[7] 胡成富. 社交礼仪[M]. 北京:中国财政经济出版社,2005.

[8] 邹泓燕. 服务礼仪[M]. 北京:北京师范大学出版社,2011.

[9] 李博祥. 旅游服务礼仪[M]. 成都:西南财经大学出版社,2011.

[10] 刘辉. 商务礼仪[M]. 大连:大连理工大学出版社,2012.